ろう教育と「ことば」の社会言語学

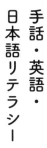

中島武史
Nakashima Takeshi

手話・英語・
日本語リテラシー

生活書院

ろう教育と「ことば」の社会言語学

手話・英語・日本語リテラシー

目次

第1部　序論

第1章　はじめに

1.1　本研究の背景　*10*
1.2　本研究における「ろう」の位置づけ　*13*
1.3　本研究の位置づけとめざすもの　*16*
1.4　研究手法と本研究の構成　*16*
1.5　筆者の立ち位置と本研究で用いる「手話」用語の説明　*19*

第2章　ろう学校について

2.1　ろう学校の入学対象者　*23*
2.2　ろう学校数と生徒数の変遷　*23*
2.3　ろう学校の授業形態と学習進度　*25*
2.4　インテグレーションという現象　*27*
2.5　ろう教育の変遷　*30*

第2部　現在のろう教育現場で起きている「ことば」の問題

第3章　ろう児と聴者教員の関係性と低学力

3.1　教育指導法・言語メディアと低学力の関係　*38*
3.2　関係性という切り口と先行研究　*40*
3.3　調査の概要　*43*
3.4　教師のストラテジー　*44*
　3.4.1　「弱者」としての「障害者」と想像されるろう児　*49*
　3.4.2　「コミュニケーション弱者」としての聴者教員　*51*
　3.4.3　「教員の友達化」による「指導をためらう教員」　*54*
　3.4.4　「教師のストラテジー」を用いて達成されること　*60*

3.5 教師文化を内面化するろう学校の聴者教員たち *63*
3.6 ろう児と聴者教員の関係性が「ろう児の低学力問題」へ与える影響 *65*
3.7 まとめ *67*

第4章　ろう児・者への英語リスニング試験

4.1 ろう教育のなかの英語教育 *73*
4.2 リスニング特別措置を検討する目的 *74*
4.3 リスニング特別措置の内容 *76*
　4.3.1 公立高等学校／大学センター試験のリスニング特別措置 *76*
　4.3.2 英検のリスニング特別措置 *78*
4.4 「平均聴力レベル」という基準の曖昧さと「特別措置」内容の格差 *80*
　4.4.1 「聞こえにくさ」の質 *80*
　4.4.2 「特別措置」の判断基準とその中身が抱える問題 *82*
4.5 「(聴覚)障がい者に関する特別措置」の変遷から見る、
　　教育と制度の関係 *84*
　4.5.1 変化する「(聴覚)障がい者に関する特別措置」 *84*
　4.5.2 「特別措置」制度と教育理念 *86*
4.6 より公平な特別措置について *87*
4.7 リスニング「免除」にともなう新たな課題 *88*
4.8 おわりに *90*

第3部　ろう教育の変遷のなかで見られる「ことば」の問題

第5章　口話法と近代的言語観

5.1 ろう教育の学際化 *94*
5.2 口話によるろう児の社会参加という考え方 *96*
5.3 口話主義と「国語」・「近代的言語観」 *99*
5.4 「一国家一言語」思想と「手話言語」・「多言語社会」 *103*
5.5 インテグレーションに見る「近代的言語観」の現在的影響 *105*
5.6 おわりに *106*

第6章　言語権とバイリンガルろう教育

6.1　口話法の補助機能としての手話導入　*109*

6.2　「言語」としての手話導入　*111*

6.3　バイリンガルろう教育の動向について　*112*

6.4　バイリンガルろう教育の直面する課題について　*119*

6.5　バイリンガルろう教育におけるバイリンガルイメージの修正　*121*

6.6　ろう学校の聴者教員が手話技能に関して置かれている困難さ　*124*

6.7　「言語権」について　*125*

6.8　「言語権」がろう学校の聴者教員に与えうるもの　*126*

6.9　おわりに　*129*

第4部　ろう教育における「リテラシー（読み書き）」研究がもつ問題

第7章　リテラシー論の現状と射程

7.1　はじめに　*136*

7.2　リテラシーの多様性　*137*

7.3　機能的リテラシー　*141*

7.4　批判的リテラシー　*144*

7.5　リテラシーのもつ「排除の領域」　*149*

　7.5.1　近代のプロジェクトとしてのリテラシー　*150*

　7.5.2　イデオロギー装置としてのリテラシー　*152*

　7.5.3　排除の領域を形成するリテラシー　*153*

7.6　障害学的社会言語学のリテラシー論　*156*

7.7　リテラシーによる「排除」の乗り越えにむけて　*160*

7.8　リテラシー研究における「障害者」排除と研究姿勢　*165*

第8章　ろう児のリテラシー論の特徴と課題

8.1　はじめに　*176*

8.2　ろう児に対するリテラシー教育の歴史的展開　*176*

  8.2.1　ろう教育分野でのリテラシー研究　*178*

  8.2.2　医学分野でのリテラシー研究　*183*

8.3　ろう児のリテラシー研究に見られるリテラシー観の小括　*186*

8.4　「健常者」基準の諸検査がもつ問題　*188*

  8.4.1　J.COSS 言語検査の標準化対象者／ALADJIN の「聴児」データ対象者　*189*

  8.4.2　田中ビネー知能検査・K-ABC・WISC の標準化対象者　*191*

  8.4.3　「日本語を第一言語とする健常者」という基準と、
      排除の領域を形成するリテラシー　*195*

8.5　ろう児のリテラシー研究に見られる日本語擁護の言説　*198*

  8.5.1　日本語＝（母）国語の必要性と有効性の主張　*200*

  8.5.2　「正しく、美しい」日本語像と「国語」の成立　*203*

8.6　「識字者」＝「強者」の論理　*205*

  8.6.1　書記手話の軽視とリテラシー間の格差　*206*

  8.6.2　見えにくい「識字者」の優位性　*206*

8.7　「機能的リテラシー」観の乗り越えにむけて　*208*

  8.7.1　言語現象の個人モデルによる同化主義　*209*

  8.7.2　言語現象の社会モデルがもつ可能性　*211*

8.8　まとめ　*212*

第9章　ろう児の日本語リテラシー実践

9.1　ろう児の日本語リテラシー研究にエスノグラフィーを適応する意図　*217*

9.2　「リテラシーイベント」という分析ツール　*219*

9.3　調査の概要　*221*

9.4　「リテラシーイベント」のもつ効果　*223*

9.5　「リテラシーイベント」にまつわる困難　*225*

  9.5.1　リテラシーイベントを作り出す難しさ・媒介による効率の差・スピーチ
      イベントとの重なり　*225*

  9.5.2　ろう児・者が難しいと感じる日本語の領域　*228*

9.5.2.1 言い回し（慣用句など）の難しさ　*230*

9.5.2.2 漢字の読みの難しさ　*230*

9.5.2.3 助詞（て・に・を・は）の難しさ　*233*

9.5.3 聞こえない・聞こえにくいという身体性をもつ人と現状の日本語　*233*

9.5.4 日本語・日本語リテラシーを身につけていくペース　*234*

9.6 「リテラシーイベント」にまつわるストラテジー　*236*

9.6.1 「リテラシーイベントを起こすためのストラテジー」　*236*

9.6.2 「日本語リテラシーを補うストラテジー」　*241*

9.6.2.1 情報資源と人のネットワークの活用　*241*

9.6.2.2 ネットワークを活用するろう児・者の姿が示す、
ろう教育のマスターナラティヴとは異なる生き方　*243*

9.7 日本語リテラシーに対する心理的負荷　*246*

9.7.1 「正しい」日本語、「きれい」なことばという言語観の存在　*248*

9.7.2 日本語の質が人への評価に影響する社会　*249*

9.7.3 ろう児・者自身に見られる日本語の質で人の価値をはかる心理　*251*

9.8 別様な（日本語）リテラシーの存在　*253*

9.8.1 日本語の「間違い」への寛容さ　*253*

9.8.2 わかりやすさを意識した日本語の調整行動　*255*

9.9 ろう児・者の事例から考える「ことばのユニバーサルデザイン」　*256*

9.10 まとめ　*259*

9.11 今後に向けて——アンエンパワメントという考え方の導入　*261*

第5部　結論

第10章　本研究のまとめ

10.1 本研究の結果　*266*

10.2 本研究で残された課題　*276*

文献　*278*

参考 HP　*291*

謝辞　*293*

初出一覧　*297*

第1部

序　論

第1章　はじめに

1.1　本研究の背景

　本研究は、現代日本のマイノリティ教育の一つである、「ろう教育」という領域にかかわる「ことば」の問題のいくつかをおもに社会言語学の視点から読み解こうとする試みである。

　聞こえない・聞こえにくい子どもたちが通う教育機関として聴覚特別支援学校（以下、「ろう学校」とする）という場がある。日本のろう学校は、私立のろう学校2校を除けばすべて公立学校である。公立のろう学校は通常、在籍している聞こえない・聞こえにくい子どもたち全般に対応することを念頭に置いて教育方針が立てられる。そのため、手話や口話などを含む多様な教育方法が複合的に用いられる。一方、2018年現在で存在する私立のろう学校2校は、学校方針としてそれぞれ独自の教育理念を掲げている。そのうちの1校（明晴学園）は、学校で用いられる教育言語に手話を採用し、基本的に聴覚は活用せず、発声や発音の技術も学習の対象としない。反対に、もう一つの私立校（日本聾話学校）は、子どもたちに残っている聴覚を最大限活用することに主眼を置いた教育方針を選択している。前者は、聞こえない・聞こえにくい子どもたちにとって、見ることで確実にわかる視覚言語である手話言語の環境を準備することを重視し、後者は様々な機器を活用しながら音環境を整備することで聞こえにくさを低減し、音声日本語に囲まれた環境作りを重視する。

　ろう教育では、各時代の事情に合わせてこれまでいくつもの議論がなされてきた。まず最初に重要視されたことは、聞こえない・聞こえにくい子どもたちに対する教育機会の確保である。日本で初めて学校教育という形でろう教育が開始されたのは1878年だとされている。この黎明期におけるろう教

育の担い手は一部の篤志家たちであった。それは、公的機関によるものではなく、各篤志家個人を中心とした努力で運営される私立学校の形態で進められていた点から見ても、慈善事業としての側面が強かった。その後、この教育は、聞こえない・聞こえにくい子どもたちにも公教育を受ける権利を保障することをめざし、実現させていくことになる。このように、ろう教育は教育システムから疎外されてきた子どもたちに教育機会を準備し、聞こえる子どもたちと同じように教育の場を保障してきたという実績をもつ。この点において、ろう学校長などの職につき、当時のろう教育をリードしていたろう教育関係者の貢献は小さくない[1]。

　しかし、ろう教育が聞こえない・聞こえにくい子どもたちへの教育を保障しようとする過程においては、その必要性を世間一般に周知していくという課題があった。現在でもそういう傾向はあると思われるが、明治期、大正期、昭和初期においては聞こえない・聞こえにくい子どもたちの存在に注目を集めること自体が困難だったと想像され、さらに彼女ら彼らにも公教育を受ける権利があるという主張は容易に浸透するものではなかった。この課題を解決する一つの手段として発音・発語の技能が注目された。かつては「ろうあ（聾唖）」と呼ばれていたように、聞こえない・聞こえにくい子どもたちは話すことはおろか声を出すこともできないと考えられていた。しかし、そんな彼女ら彼らに発声の仕方を教え、文章を音読できるようにさせ、世間一般に聞こえない・聞こえにくい子どもたちにも教育を施す価値があるということを実証していくことで、彼女ら彼らへの教育の必要性を周知していった。つまり、聞こえない・聞こえにくい子どもたちも聞こえる子どもたちと同様に「ことば」を獲得し、話すことができるという主張を展開したのである。

　このようにろう教育は、「ことば」を獲得できる存在として聞こえない・聞こえにくい子どもたちを捉えなおすことで、それまで世間一般から顧みられることが少なかった彼女ら彼らを公教育の対象とすることに成功してきた。その後も、聞こえない・聞こえにくい子どもたちが「ことば」を獲得することは、就労などの要素と絡み合いながら彼女ら彼らの自立した生活のために一貫して重要であるとされてきた。ただし、ろう児にも獲得させる必要があると主張される「ことば」とは、実際には口話能力とかかわる「話しこと

第1章　はじめに　*11*

ば」と、筆談する能力に関係する「書きことば」の二つにわかれており、口話主義が台頭した1910年以降は「話しことば」の獲得がより重視され、近年では「書きことば」の獲得、つまりリテラシーの獲得がより重視されるように変遷してきている。

　ろう教育の文脈で「ことば」について考える場合、当然ながら手話を外すことはできない。実際に、ろう教育の黎明期からろう学校で手話は用いられており、現在も手話は広く使用されている[2]。しかし1910年頃以降、口話主義が普及するのと平行して手話がろう教育から徐々に排除されていくという現象が見られた。ろう教育において、手話はその後長らく否定され続けた歴史がある。ろう学校において手話という「ことば」が重要視されなかった理由としては、手話と日本語の形式の不一致があげられることが多く、同様の意見はバイリンガルろう教育への疑問点として近年も見られる。例えば、聞こえない・聞こえにくい子どもたちが日本語の学習において特に苦労する項目の一つに助詞（て・に・を・は）があるが、手話では日本語の「て・に・を・は」を表すことがないとされたため、手話の使用は日本語という「ことば」の学習に適さないとされた。実際には、手話言語学が明らかにしているように、日本手話ではNMS（Non Manual Signals）やNMM（Non Manual Markers）と呼ばれる、非手指表現が助詞や接続詞などの機能を担っているため、手話には助詞がないという指摘はあたらない[3]。しかし、手話は聞こえない人たちの「ことば」とはされても、日本語と同じような言語として日本社会のなかに位置づけ、または価値づけられてはいなかった時代背景も影響し、手話という「ことば」よりも日本語という「ことば」の学習が、学校という教育機関の一つであるろう学校での教育、ろう教育において重要視されてきたという経緯がある。かつて（おそらく現在も）、ろう教育において「ことば」と言う場合、それは「日本語（＝国語)」を指していたことからも、手話という「ことば」が軽視されがちであったことがわかる。手話という「ことば」が日本語と同じように独自の言語であるという明確な認識の広がりは、手話が言語と明記された改正障害者基本法第3条3（2011年）や、鳥取県の手話言語条例（2013年）制定のような一連のある種の言語政策的成果を待たなければならなかった。

このように、ろう教育では「話しことば」と「書きことば」のどちらに比重を置くかという違いはあるにしても、日本語（＝国語）という「ことば」の学習を今日に至るまで至上命題とし続けながら、一方で手話というもう一つの「ことば」を許容することもあれば排除することもあった。さらに、日本の公的教育制度に組み込まれているろう教育では、外国語科目として英語という「ことば」の学習も進められている。国語科と違い、英語科の授業や試験ではリスニング能力がはかられる。しかし、聞くことに困難のあるろう児にとって、英語のリスニングは容易ではない。ろう教育と英語という「ことば」の学習・試験のあり方との関係からは、人の身体性という問題の場が浮かび上がるはずであるが、これまでほとんど注目されていない。このように、ろう教育の過去（歴史）と現在は、「ことば」と常に関連して存在しているのであり、ことばとろう教育の関係に焦点をあてた研究の意義はあると考えられる。

1.2　本研究における「ろう」の位置づけ

聞こえない・聞こえにくい人たちを「ろう者」と呼ぶことがある。ただし、「ろう者」が指し示すものはその用語の使用者によって異なってくるため、本研究における「ろう」概念について説明が必要である。「ろう」という状態への意味づけ方は複数存在しており、以下のように三つの「障害モデル」カテゴリーにわけることができる。

一つ目は、「ろう」を聞こえない・聞こえにくいという身体の器質的特徴から捉え、その身体的制約が障害となり彼女ら彼らの社会適応を妨げていると考える立場である。ここでは、聞こえない・聞こえにくいことがインペアメント（欠損）という個人ないの障害として理解され、その障害による不便や不利を個人の学習や努力によって解消することがめざされる。これは「障害の個人（医療）モデル」[4]にもとづく考え方であり、「聴覚障害」という用語の使用が典型的な例として見られる。

「ろう」に関する二つ目の意味づけは、聞こえない・聞こえにくいということによって個人が受ける不便や不利は、聞こえない・聞こえにくい身体条

件にその原因があるわけではなく、社会的環境の不整備によって生じているという理解によって導かれる。つまり、今ある社会とは、社会的多数派である聞こえる身体条件をもつ人たちに配慮された形に整備されており、それゆえ、少数派である聞こえない・聞こえにくい人たちには十分な配慮が得られず不便や不利が生じていると考える。その顕著な例として、不十分な情報保障環境という問題があげられるだろう。これは、ディスアビリティ（能力障害）という意味での「障害」は、社会との関わりのなかで生起する社会的障壁でしかないという「障害の社会モデル」[5]による考え方である。したがって、ここでの「ろう」とは、聞こえるマジョリティ（社会的多数者）に対するマイノリティ（社会的少数者）という意味づけになる。

　三つ目の意味づけは、日本手話[6]という手話言語に重点を置き、その使用者の共有する行動様式ないし思考様式によって「ろう」を規定する[7]立場であり、「障害の文化モデル」と呼ぶことができる。この考え方は、マイノリティという点においては「社会モデル」と共通する面がある。しかし、マイノリティという枠組みだけでなく、言語とそこに見出される文化を共有するものというより限られた層を想定している点では異なっている。「障害の文化モデル」を打ち出すことのメリットの一つは、「ディスアビリティ（欠損による能力障害）の有無とは独立に、インペアメント（欠損）を価値あるものへと変換できる可能性」[8]にある。つまり、聞こえる人のニーズにあわせて設計されている社会のなかで聞こえにくい・聞こえない人たちが受ける不利益の有無とは無関係に、聞こえにくい・聞こえない状態そのものを不幸ではなく、価値あるものや、少なくともその人たちにとって「普通」であると位置づけることが可能になる。

　ここまで「ろう」という意味づけについて「障害モデル」を土台に概説してきたが、この三つのモデルのうち本研究では、「障害の社会モデル」にもとづいて「ろう」を定義することにする。聞こえない・聞こえにくいという身体条件をもつ人が直面する「ことば」の問題を社会全般やろう教育という社会システムのあり方と結びつけながら分析するにあたっては、「ことば」の問題を「障害者」個人のうちにとどめて理解する傾向が強い「障害の個人（医療）モデル」は不適切だと考えられ、聞こえる多数者向けに設計され

14　第1部　序論

た社会のなかで、マイノリティまたは少数派が受けてしまう問題群のなかの一つに彼女ら彼らの「ことば」の問題を位置づけることを可能にする「障害の社会モデル」にもとづいて「ろう」を定義することが本研究の趣旨にそうと考えた。また、「障害の文化モデル」を使用しない理由としては、本研究の対象となる聞こえない・聞こえにくい人たちとは、日本手話話者に限定されるわけではなく、聞こえない・聞こえにくい人たち全般であるという点があげられる。本研究の各論は、公立のろう学校というフィールドによって成り立っているものが多い。私立学校を除く公立ろう学校では、言語環境の面からも受けてきた教育歴の面からも多様な背景の子どもたちが在籍している。彼女ら彼らの用いる「ことば」は手話言語である日本手話に統一されているわけではなく、日本語の一形態として考えられる日本語対応手話、またはそれらの中間的な手話の使用者も多い。そのため、日本手話という言語を核とするアイデンティティに支えられた日本手話話者による文化の共有を必要条件とする「障害の文化モデル」は、本研究の「ろう者」概念にとって適切ではないと考えた。したがって、本研究では「ろう文化」という用語に代表されるような、日本手話話者の行動様式ないし思考様式にまでは言及することができないという制限が必然的に生じることにもなる。ここまで述べたような理由から、日本のマイノリティ教育の一つである、ろう教育と「ことば」の問題を社会言語学の観点から考察しようとする本研究においては、「聞こえる多数派が主流の社会のなかの、聞こえない・聞こえにくいマイノリティ」という意味で「ろう」という用語を使用する。

　本節では、ここまで「ろう」の意味づけについて概説し、本研究における「ろう」概念が「障害の社会モデル」にもとづくことを表明した。これより以降、社会のなかのマジョリティである聞こえる人たちに対して、マイノリティである、聞こえない・聞こえにくい人たちという意味で「ろう者」と記述し、子どもの場合は「ろう児」とする。また、聞こえる人たちについては「聴者」とし、子どもについては「聴児」と記述する。また、聞こえない・聞こえにくいマイノリティである「ろう者」のうち、日本手話の話者に限定して言及する場合は「日本手話話者」とする。

1.3 本研究の位置づけとめざすもの

ろう教育と「ことば」の問題を調査しようとする本研究は、各章で取りあげる「ことば」が日本語・手話・英語と様々でありながらも、分析の主眼は「ことば」や「ことばの使用者」に対する人々の意識と態度に置かれ、ろう教育ではどの「ことば」に価値が置かれ、どの「ことば」が軽視されているのか、ろう教育が重視する「ことば」の能力がはかられる際に、どの集団が有利で、どのような集団が不利益を受けやすいのか、などについて記述しようとする試みである。それゆえ、ろう教育を対象とする研究であるが、教育学ではなく社会言語学領域の研究として位置づけている。ただし、本研究における「ろう」概念は「障害の社会モデル」に立脚していることからもわかるように、本研究は障害学とも深い接点をもつものであり、障害学の要素を取り入れた社会言語学という意味で障害学的社会言語学と呼ぶこともできるだろう。

本研究がめざすものは、ろう教育を取り巻く「ことば」の諸問題を社会言語学的に記述しながら、これまで注目されにくかった角度からろう児が抱えている不利益構造のいくつかを新たな問題点として提起することにある。そして、可能な限り問題の乗り越えにも試みたい。具体的には以下に示す三つの柱にそって論を展開しながら、ろう教育と「ことば」の問題の諸相を示す。

①現在のろう教育現場で起きている「ことば」の問題の分析（第2部）
②ろう教育の変遷のなかで見られる「ことば」の問題の分析（第3部）
③ろう教育における「リテラシー（読み書き）」研究がもつ問題の分析（第4部）

1.4 研究手法と本研究の構成

本研究は、文献調査と質的調査からなっている。文献調査では、各章のテーマについての先行研究を分析し、研究動向から見られる課題や問題点を把握、検討している。本研究の対象となるのは、おもに日本のろう教育と「こ

とば」の関係であるため、日本における文献が中心であるが、バイリンガル
ろう教育やリテラシーの議論については必要に応じて海外の英文文献も参照
している。質的調査は「参与観察」と「インタビュー調査」からなる。筆者
はろう学校の現場教員であるため、ろう教育に日常的に参与する立場にあり、
インタビュー調査についても自身の勤務経験からつながりのある人たち、ま
たはスノーボールサンプリングによって得た対象者をインタビュイーとして
迎えた。

　本研究の構成は以下の通りである。まず「序論」として第1部があり、第
1章では本研究の概要を示し、第2章ではろう学校についての概説を行った。

　第2部では「現在のろう教育現場で起きている『ことば』の問題」という
枠組みから分析し、第3章と第4章を組み込んだ。第3章では、ろう学校の
聴者教員とろう児の関係性に着目しながら、ろう児の低学力問題について検
討した。手話という「ことば」の使用が当たり前になっている現在のろう学
校現場では教員の手話能力が課題として顕在化している。ろう学校の教員異
動システムや研修システムの問題によって聴者教員は手話をほとんど知らな
い状態で赴任するため、授業場面では聴者教員が手話という「ことば」の使
用においてコミュニケーション弱者になっていることを示し、そこから派生
する諸問題がろう児の低学力の一要因になっていると分析した。また、教員
が自身が直面する困難をどのように解決しているのかについて、「ストラテ
ジー」という考え方を用いて分析し、そこに見られるろう児像の二元化戦略
という問題も低学力現象の一因だと考察した。第4章では、日本の学歴社会
のなかで除外することのできない「ことば」の一つとなっている英語に論点
を合わせ、ろう児の英語リスニングに対する特別措置について論じた。リス
ニング特別措置は本来、聞く試験によって不利益を受けるろう児を救済する
措置であるはずなのだが、いくつかの特別措置はろう児の不利益を十分に取
り除くことができていないだけでなく、措置によってはろう児間に不利益の
階層性を作り出してもいることを示した。また、ろう教育のもつ教育理念や
障害観が特別措置の形成過程に影響を及ぼした経緯があることを確認した。

　「ろう教育の変遷のなかで見られる『ことば』の問題の分析」については
第5章と第6章に記し、第3部としてまとめた。第5章では、ろう教育の歴

第1章　はじめに　*17*

史のなかで口話法が台頭する時期になされた言説を読み解いていく。口話法とはつまり、聴児のことばの習得過程になぞってろう児のことばの学習を進めることであり、聴児と同様にことばを話すことに力点が置かれる。口話主義者がろう児に話す能力を与えることの目的は社会参加にあることを示しながら、その背景にある一国家一言語という近代的言語観とそれにもとづく「国語」がいかに口話主義と結びついているかを記述した。第6章では、ろう教育の教育方法のうち、日本では1990年代以降になって注目されるようになったバイリンガルろう教育について取りあげる。特に、日本で展開されているバイリンガルろう教育に関する議論を概観し、その根拠となっている言語権概念について記述する。そして、言語権概念が与える効果について、その直接的享受者であるろう児だけでなく、ろう教育の担い手である聴者教員の側にも焦点を当てて論じる。

　第4部では「ろう教育における『リテラシー（読み書き）』研究がもつ問題の分析」という枠組みで、第7章と第8章、第9章を収めた。ろう教育では、口話教育に代表される「話しことば」と同時に、「書きことば」の指導も重要なテーマの一つであり続けている。第7章ではまず、これまでのリテラシー概念の要約を試み、「機能的リテラシー」と「批判的リテラシー」の枠組みや、砂野（2012）のリテラシー論に見られるリテラシーの「排除」の側面[9]、障害学的社会言語学のリテラシー論のなかの「ユニバーサルデザイン」論についてまとめた。第8章では、ろう児のリテラシーについて、これまでに行われている研究の文献調査を行った。具体的には、ろう児のリテラシー研究をろう教育分野と医学分野に分けて考察しその特徴をまとめた結果、ろう児のリテラシー研究は今のところ機能的リテラシーについてのみ行われており、批判的リテラシーやリテラシーそのものが排除を含む概念でもあるとする排除の領域を形成するリテラシーからの視点が抜け落ちていることを指摘した。また、機能的リテラシーの視点からなされるろう児のリテラシー研究は、聴者を基準にして作られた各種の言語テストや知能検査の結果にもとづいたものがほとんどであり、ろう児を対象にしたリテラシー研究でありながらもその議論の土台が日本語を第一言語とする人たちの平均的日本語に求められているという問題点を指摘した。第9章は、ろう児・ろう者・ろう

18　第1部　序論

教員に対するインタビュー調査から彼女ら彼らの日常における日本語リテラシー実践を記述し、そこに見られる特徴的な事柄や、日本語リテラシーに対するどのような態度が見られるのかを明らかにすることで、機能的リテラシー観からこぼれ落ちる側面の把握を試みた。最後に第5部「結論」を設けて、本研究のまとめである第10章を組み込んだ。

1.5　筆者の立ち位置と本研究で用いる「手話」用語の説明

　筆者は公立ろう学校の現場に立つ聴者教員である。聞こえない身体をもつ父親と聞こえる身体をもつ母親・弟、聞こえない・聞こえにくい身体をもつ複数の親戚がいる。また、筆者は幼少の頃から、地元の聞こえない・聞こえにくい身体をもつ人たちのコミュニティとのかかわりをもちながら育った。

　手話・手話話者に関する筆者の立ち位置は次の通りである。聞こえない・聞こえにくい身体状況をもつ人のなかに、日本手話で言語生活を送る「日本手話話者」たちがいる。日本手話は独自の言語であり、日本手話話者のアイデンティティの核をなす。この日本手話話者が求める、日本手話の社会的な承認と日本手話による教育は、言語的・文化的な観点から保障されるべきだと考える。ただし、日本手話を十分に使用できるものだけが「ろう者」カテゴリーに含まれるという考えにはない[10]。本研究ではこの意味において、聞こえない・聞こえにくい身体状況をもつ人全体を「ろう者」として、「障害の社会モデル」からマイノリティと位置づけている。日本手話話者がろう教育に求めているのは、おもにバイリンガルろう教育であり、第一言語としての日本手話保障と、第二言語としての日本語リテラシーの習得がめざされる。筆者はこのバイリンガルろう教育の考え方を基本的に支持し、その発展を期待している。ただし、人権的な観点からは、第二言語としての習得をめざす日本語リテラシーの程度にかかわらず、日本手話で言語生活をおくるものには日本手話のみでも不自由なく生活できる行政サービスと情報保障、司法などの機能をもつ多言語社会[11]が準備されていることが望ましいと考えている。また、日本語対応手話をおもな手段とするろう者にも同様に、不自由なく生活できる社会条件が必要である。その意味においては、言語がコミ

ュニケーションよりも上位にあるという思考ではない。

　本研究における「手話」の意味範囲について説明する。手話という用語に関しては、言語学の立場からと、手話の使用実態を重視する立場からの意見が混在する。言語学的特徴からは、日本手話という独自の文法をもつ手話言語が規定され、日本語に対応して手話単語や指文字を表す日本語対応手話とは異なる [12] とされる。しかし、その使用実態からは、日本手話と日本語対応手話に二分できず、ろう者が使用する様々な形態の手話の総合体を「手話」と規定する立場 [13] もある。本研究では、第6章でバイリンガルろう教育と言語権に関する議論を展開するため、手話の言語性について考慮する必要がある。したがって、それらの章では「日本手話」「日本語対応手話」の用語を基本的に使用する。しかし、本研究がおもな対象とするフィールドは公立ろう学校であり、そこに在籍している、聞こえない・聞こえにくい身体をもつ子どもたち全体を「ろう児」とし、その総体を「障害の社会モデル」にもとづいてマイノリティと規定するため、「日本手話」「日本語対応手話」を明確に分けて論じることが困難なケースもある。そのような、複合的な手話使用実態や実践を含んで分析対象とする場合には、単に「手話」と表記する。

　次に、ろう学校での手話に関する筆者の立場は以下の通りである。ろう児の教育に日本手話も日本語対応手話も使用しない純粋口話法による指導は、教育効果と人権の観点から支持しない。ろう児の教育には何らかの「手話」が用いられることは最低条件であると考える。聞こえない・聞こえにくい身体をもつ子どもたちを対象としている教育機関であるろう学校は、日本手話による教育というニーズに応え、それを受けられる選択肢を準備しておくことが望まれる [14]。しかし、その選択肢が現状では圧倒的に少ないことに問題が認められる。一方で、ろう学校を選択するろう児が置かれてきた言語生活環境歴は多様であり、ろう児の手話使用の実態もまた多様で複合的でもあることは筆者の勤務経験からも実感するものであり、ろう学校には、日本語対応手話を必要とするろう児も存在することは確かだと言える。したがって、日本語対応手話も同様に必要であり、ろう学校から排除されてはならない [15]。ただし、日本語対応手話で教科指導を受けるろう児に対しても、手話言語の特徴を典型的に有している日本手話を学ぶ機会を提供し、一定の能

力を育てることもまた必要であると考える[16]。現状では複雑化しているろう児の言語生活環境については、手話否定と音声日本語重視の価値観が強かったろう教育史と、これまで日本手話による教育という選択肢が保障されていなかった背景なども反映された結果による状況と捉えている[17]。

　他方、教育学的観点に比重を移し、ろう児に書きことばを習得させるという目的について考える場合、読話や発音・発語などの口話法の技能や補聴機器の活用は否定しない。もちろん、それら技能の習得が目的化されることがあってはならず、それらの技能がすべてのろう児に効果的に作用するわけではないが、口話法の技能が日本語の音韻意識の形成に有効であり[18]、日本語リテラシーを身につけていくうえで資源として役立つことが明確であるならば利用すればよいと考える。ただし、筆者は日本語リテラシーを重視しすぎることが日本語の読み書き能力の規範性を高める危険性について自覚的になる必要があるとも考えている（第4部参照）。

■注

1　岡本（1997, pp.493-508）は、古川太四郎（私立大阪盲唖院長）、鳥居嘉三郎（京都市立盲唖院長）、小西信八（東京盲唖学校長）の三校長が、将来の義務教育化を見通し、1906年には当時の文相に対し盲唖教育令制定の建議を出したことを記している。

2　手話の分類と、ろう学校で使われている手話については、本章1.5を参照。

3　木村（2011）、松岡（2015）など参照。

4　障害の個人（医療）モデルは、「インペアメントがあるからこそ市民的、政治的、経済的、社会的、文化的な分野で、その人は不利を被っているのだという従来のゆるぎない常識」という川島（2011, p.294）の説明にあるように、長く障害を理解する際の「常識」的なモデルとして存在しており、ろう教育の分野でもこのモデルによる研究は多数ある（第8章を参照）。

5　長瀬（1999）、石川（2002）、杉野（2007, pp.113-158）など参照。

6　本章1.5を参照。

7　木村・市田（1995）

8　石川（2002, p.33）　（　）内の補足は筆者による。

9　砂野（2012）は、「近代のプロジェクトとしてのリテラシー」「イデオロギー装置としてのリテラシー」「排除の領域を形成するリテラシー」の三つにリテラシーを分類して論じている。

10　日本手話以外の形態での言語生活をおくる、聞こえない・聞こえにくい人たちも多数存在する。なかには、日本手話での教育が保障されてこなかったという社会的・教育

的・歴史的な要因により、日本手話による教育を望みながらも叶わなかった人もいるだろう。日本手話という言語を獲得するための環境に制限がある社会状況のなか、日本手話能力の差をもって、特定の個人や集団を「ろう者」に含んだり外したりすることは、線引きされる対象者を尊重しない潜在的な排除の危険性を内包していると言える。詳しくは新井（1996）、Nakamura（2006）を参照。

11 義永（2015）では、個人と言語と社会の関係を動態的にみる視点をもつ複言語・複文化主義について論じられている。言語と社会を主要な柱として構成される多言語社会では軽視されがちな「個人」という変数を含む複言語・複文化主義は、多様な言語生活状況や生育歴をもつろう児を対象とするろう教育にとって示唆に富む。また、複雑化している手話概念やろう者カテゴリーの使用状況という様相をもつろう者コミュニティ全体に対しても、複言語・複文化主義は有益な議論を導く鍵概念としての可能性がある。

12 市田（2001）、木村（2011）、赤堀・岡・松岡（2012）、松岡（2015）などを参照。

13 2003 年に出された財団法人全日本ろうあ連盟による「『日本手話』によるろう教育を求める『人権救済申立』に対する見解」（脇中（2009, p.58）に全文掲載）、日本の聴覚障害教育構想プロジェクト委員会（2005, p.9）

14 ただし、日本手話による教育の保障は、特に適切な人材確保・養成の面において、ろう学校単体での努力でどうにかなる話ではない。文部科学省や教育委員会という教育行政レベルでの取り組みが必要になる。

15 音声日本語を獲得した後に失聴する中途失聴の場合、既知の文法知識を使用できる日本語対応手話での教科学習が求められるだろう。また、小学校や中学校までを地域校で過ごし、中学部や高等部段階でろう学校に転入学してくるろう児に対しても日本語対応手話が貢献できる面はある。彼女や彼らの多くは、日本手話の言語環境ではなく音声日本語環境で教育を受けてきており、習得度合いに個人差はあるが音声日本語を第一言語として生活してきているケースが少なくない。このような生育歴や言語環境歴をもつ中学部や高等部段階にあるろう児の教科学習に対しては、彼女や彼らにとって未修の言語である日本手話よりも日本語対応手話のほうが馴染むだろう。また、人工内耳の広まりによって、そもそも音声中心の日本語を第一言語とするろう児も増加していることに加え、ろう学校高等部の生徒同士が会話で使用する手話には、日本語対応手話も含まれており、その割合は以前と比して増加しているという調査（長南2004）もある。

16 授業や休憩時間、放課後でのろう児同士の会話に日本手話や日本手話の要素を含む手話が使用されることはある。また、成人になってから、成人日本手話話者の集まりに参加する際や、活動を共にする際に日本手話の技能が必要になることもあるだろう。したがって、日本語対応手話で教育を受けるようなろう児であっても、日本手話を学ぶことは有益である。

17 斎藤（2007, pp.60-63）を参照。

18 音韻意識は、ろう児が読み書き能力を習得するための重要な役割を果たすと考えられている。音韻意識の研究動向については長南（2005）に詳しい。

第2章 ろう学校について

2.1 ろう学校の入学対象者

　ろう学校には、聞こえない・聞こえにくい幼児・児童・生徒たちが通っている。また、聞こえにくさ以外に知的障害などをあわせもつ重複障害児と呼ばれる子どもたち（以下、「重複児」とする）も一定数在籍している。「両耳の平均聴力 70dB[1] 以上」または、「一側が 90dB 以上で他側が 50dB 以上」という聴覚に関する身体障害者手帳交付基準をもとに理解した場合、聴覚障害児・者とはこの基準に該当する身体障害者手帳を所持しているものである。しかし、2002 年に一部改正されている学校教育法施行令第 22 条の 3 に規定する就学基準によれば、ろう学校の入学対象者として「両耳の聴力レベルがおおむね 60dB 以上のもののうち、補聴器等の使用によっても通常の話声を解することが不可能又は著しく困難な程度のもの」[2] とある。したがって、ろう学校は身体障害者手帳交付基準の範囲で規定される「聴覚障害児・者」のための学校ではなく、身体障害者手帳を所持していない聞こえにくい子どもたちも対象に含んでいる教育機関である。

2.2 ろう学校数と生徒数の変遷

　坂井（2012）と武田（2012）から、ろう学校数や生徒数の歴史的移り変わりをこの教育の黎明期からまとめる。まず、現在の京都府立聾学校の前身である京都盲唖院が 1878 年に日本で最初のろう学校として誕生している。盲唖とあるように初期のろう学校は盲学校との併設であり、ろう児は見えない・見えにくい子どもたち（以下、「盲児」とする）と同じ教育機関で学んでいた。次いで、1879 年には府立大阪模範盲唖学校が設立されたが、翌年に

第 2 章　ろう学校について　*23*

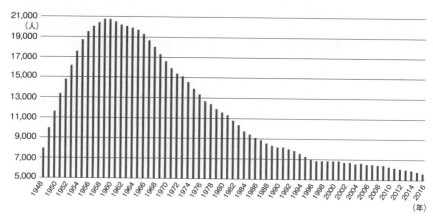

図1　ろう学校在籍者数の推移 1948 年度 -2016 年度
（「特別支援教育資料（平成 28 年度）」より筆者が作成）

予算難のため廃校となっている。同じ大阪の地では 1900 年に盲人である五代五兵衛が私立大阪盲唖院を設立し後の大阪市立聾学校へとつながっている（2016 年度から大阪府に移管され、「大阪府立中央聴覚支援学校」と改名）。東京では 1880 年に楽善会訓盲院が盲唖教育を開始し、現在の筑波大学付属聴覚特別支援学校へと続いている。これら日本のろう教育黎明期に誕生し現在のろう学校へと続いている三つの盲唖学校は当時すべてが私立学校で、手話を用いて教育を進める手話法にもとづく教育を行っていたと考えられている。

その後、盲唖学校は全国各地で設立されるようになり、1905 年には 26 校を数え、生徒数は 1,433 名となっている。以降、盲唖学校数は飛躍的に増加し、1923 年では 80 校に達している。同年 8 月に「盲学校及聾唖学校令」が公布され、ろう学校と盲学校の分離が決定し、ろう児と盲児は別の学校施設で学ぶこととなった。ろう学校と盲学校を別集計した 1924 年の統計ではろう 38 校・盲 72 校となっている。

第二次世界大戦が終了した後、1956 年にろう児と盲児の就学義務制度が完成し、多くのろう児・盲児が公的に教育を受けられるようになった。この時期はろう児の生徒数が全国で 20,000 人を越えるようになり、最多生徒数を記録した 1959 年度は 20,744 名である。しかし、その後は居住地区の地域校に通うろう児が増加するにともなって、ろう学校の生徒数は減少の一途

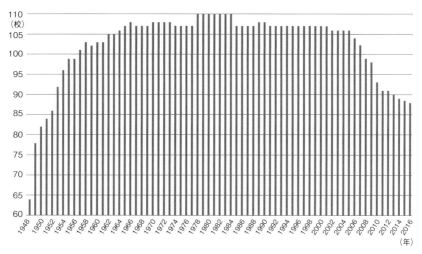

図2　ろう学校数の推移 1948 年度 -2016 年度
(「特別支援教育資料（平成 28 年度）」より筆者が作成）

を辿り、2016 年度では 5,644 名[3] となっている（図1）。ろう学校数は 1948 年度には全国で 64 校となり、その後しばらく増え続けている。1957 年度に 101 校となって以降、100 〜 110 校の間で長らく推移していたが、2008 年度に 99 校となり、2016 年度時点では 86 校である（図2）。

なお、ろう学校は 2007 年からは法令にもとづいて、それまでの特殊学校としての枠組みから「特別支援学校」に統一され、現在は聴覚特別支援学校や聴覚支援学校などと呼ばれることが多い。

2.3　ろう学校の授業形態と学習進度

筆者のろう学校での勤務経験をもとに、ろう学校の授業形態で特徴的な点をいくつかあげる。まず、ろう学校では児童や生徒の机を馬蹄形に配置する点で地域校とは異なる。教員と授業グループないのろう児全員が顔を向け合うことで、お互いの手話や口形が見える教室環境を確保できるという利点があり、ろう教育に従事する教員の間では基礎知識となっている。また、授業内容に関しても目で見てわかることが重要な要素であるため、フラッシュカ

第 2 章　ろう学校について　　25

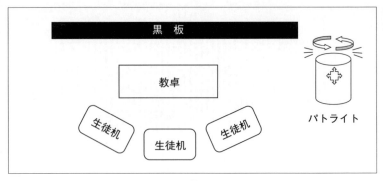

図3　馬蹄形の机配置とパトライトの例

ードや拡大紙、パワーポイントなどを利用した視覚的教材が用いられる。現在は、電子黒板やパッド型端末のようなICT機器を利用した視覚的教材の開発や提示が多く見られるようになっている。授業の開始や終了を告げるチャイムについては、教室に取り付けられたパトライトがチャイム音とあわせて光ることで知らせる仕組みになっており、光の色を赤色にすると緊急時避難の合図にもなる（図3）。また、補聴器や人工内耳[4]を装用しながら授業を受けるろう児に配慮した静かな音環境を作るため、テニスボールを机や椅子の脚にはめて雑音を軽減する工夫を施しているろう学校もある。

　一つの授業グループないにおけるろう児の人数を把握するには、2007年に行われた国立特別支援教育総合研究所の調査[5]をもとにした論考（藤本2010）が参考になる。これによると、ろう学校の授業グループが幼稚部から高等部専攻科[6]までの各学部において1～3人までで編成されることが多いことがわかる（表1）。ろう学校小学部や中学部の学級編成は聴覚の単一障害児童・生徒の場合、1学級最大8人までの在籍者数であり、知的障害などをあわせもつ重複障害児童・生徒の場合は1学級最大3人である。しかし、藤本（2010）は、8人の授業グループで授業を行っているろう学校は全国でも数校しかない現状に言及しており、ろう学校では全国的に少人数での授業が展開されていることがわかる。

　在籍する学年の学習進度に対応した授業グループを「学年対応グループ」と言う。このグループでは通常、地域校の当該学年と同じ教科書を用いる。

表 1　授業グループの人数（藤本 2010, p.36 図 1 を筆者が表に修正）

	1 人	2-3 人	4-5 人	6 人以上
幼稚部	17.1%	31.3%	36.0%	16.6%
小学部	40.5%	41.2%	14.1%	4.2%
中学部	32.1%	43.8%	17.4%	6.7%
高等部本科	36.9%	36.3%	20.4%	6.4%
高等部専攻科	31.0%	44.8%	19.0%	5.2%

表 2　授業グループの使用教科書：小学部・中学部（藤本 2010, p.41 図 3 を筆者が表に修正）

	学年対応	下学年対応	その他
小学部	58.9%	20.8%	20.3%
中学部	56.8%	21.9%	21.4%

一方で、未履修の学習範囲を残したまま進級するような場合は、在籍する学年よりも下の学年の内容を学習するグループもあり、「下学年対応グループ」と呼ばれる。また、知的障害の教育課程を代替えして使用する重複児を対象としたグループがあり、教科書として一般図書（学校教育法付則の 9 条本）が使用される。藤本（2010）は、ろう学校小学部と中学部における教科書の使用状況についても分析している（表 2）。

　ろう学校では小学校・中学校・高等学校に「準ずる教育課程」が採用されるため、当該学年の学習を進めることが基本とされる。しかし、実際には学年対応の教科書を使用する授業グループは小学部で 58.9%、中学部で 56.8% となっており、全てのろう児が学年対応の授業グループで学んでいるわけではないことがわかる。「その他」の内容は一般図書であり、重複児が使用していると思われる。

2.4　インテグレーションという現象

　ろう学校が慢性的に抱えている問題の一つに、ろう学校在籍者数の減少がある。ろう学校では、1959 年を境にして在籍者数が減少し続けている。在籍者数は 1959 年度の 20,744 人が最大であり、2016 年度では 5,644 人にまで

減少している。在籍者減少の実際を確認するため、小学校、中学校、高等学校における第一次と第二次ベビーブームによる在籍者数の増加傾向とろう学校の在籍者数の増加傾向の違いを見てみる。文部科学省[7] によれば、第一次ベビーブームによって小学校、中学校、高等学校はそれぞれ 1958 年度、1962 年度、1965 年度において在籍者数がピークに達している。図 1 を見ると、この 1958 年度から 1965 年度にかけてろう学校でも在籍者数のピークを迎えていることがわかる。しかし、第二次ベビーブームでは小学校、中学校、高等学校はそれぞれ 1981 年度、1986 年度、1989 年度において在籍者数が二度目のピークに達しているにもかかわらず、ろう学校では同じ 9 年間で一貫して在籍者数が減少している。この在籍者数減少の要因にはいわゆる少子化の影響もあると思われるが、これにも増してろう児の居住地域校（おもに小学校）へのインテグレーションという保護者とろう児の「選択」の流れが影響していた。ろう学校には、選択されなければろう児が集まらないという私立学校と似た特徴がある。

　この在籍者数減少問題とその背後にあるインテグレーションは当時のろう学校現場に相当な危機意識を与えたようだ。例えば、大阪市立聾学校（現、大阪府立中央聴覚支援学校）の 1991 年度紀要には以下のような記述が見られる。

　　聾学校教育の低迷が言われてから久しい。私たちがかかえるいくつかの課題のなかでも深刻な状況は、児童生徒数の歴史的減少現象であろう。（中略）インテグレートする子供達へのフォローもほとんどなく、聾学校が社会的に何を要請されているかという自己点検も機能していないシステムのままでは、聾学校の再生への道はありえまい。[8]

　また、1992 年版では、この年度の校内研究会の助言者である教育委員会の指導主事が「私自身、聾学校がなくなるとは思いませんけれども、かなり存亡的な状況になていくことが事実ですし、その傾向は変わらないと思う。（原文ママ）」[9] と発言している記録が残されている。このように、在籍者数の減少という問題に対して「聾学校教育の低迷」や「再生」という踏み込ん

28　第 1 部　序論

だ議論がろう学校内部でなされ、教育委員会の指導主事からも当時の状況への厳しい言及がなされていた。このような危機意識のもと、各ろう学校では学校の力を高める努力や工夫がなされたと思われるが、全国的な在籍者数の減少は現在でも止まっていない[10]。

インテグレーション増加によるろう学校在籍者数の減少の要因は何だったのだろうか。当時なぜインテグレーションが保護者によって選択されたのかを見てみたい。この点についても大阪市立聾学校の 1991 年度紀要が参考になる。

> 関係者の多くが指摘するように、聾学校のシステムでは求められない条件（一般児童生徒との日常的交流や音声言語の習慣を必然化させる環境など）を求めての積極的なインテグレーションというよりは、聾学校の専門性（言語教育や行き届いた少人数教育など）に対するなんらかの不満や失望感[11]

上記からわかるように、ろう学校の専門性への不満や失望感をインテグレーションの理由として想定している。また、上農（2003）は「ろう教育を考える全国討論集会」において重ねられてきたインテグレーションに関する議論を整理し、インテグレーションを選択した保護者の言い分を以下のようにまとめている[12]。

・勉強が学年に対応していないという問題
・書記日本語（読み・書き能力）の指導が不徹底
・小集団ゆえの社会的孤立という問題（親から見た場合の心配事）
・手話が使われていない→わかりやすい授業とアイデンティティ形成の不成立
・障害認識の指導理念が不十分
・遠距離通学の負担→さまざまな事情がある

勉強が学年対応になっておらず、書記日本語、いわゆるリテラシーの指導

第 2 章　ろう学校について　29

も不十分であることがあげられている。さらに、ろう学校では手話が使われていないという理由も見られ、手話を取り入れない授業はわからないと続く。これらを手話に比重をおいて解釈すれば、口話では授業の内容がわかりにくい面があり、その影響もあって書記日本語の指導もふるわず、結果として学習進度が遅れる一因となったと理解できるだろう。実際に「書記日本語（読み・書き能力）の指導が不徹底」という保護者の不満の一例として、「聴覚口話法だけを絶対化しているからではないのか？」[13] があげられている。このように、地域校での環境に理想を求めているのではなく、ろう学校の教育に対する不満もろう学校「不選択」の背景にあったことが読み取れる。

　しかし、インテグレーションしたろう児たちの置かれた教育環境の実際は望ましいものではなかった。まず、インテグレーションとは手話のない聴覚口話法による指導を意味する。インテグレーション環境とは音声言語環境であり、ろう児は補聴器などの補聴機器を頼りに音声に囲まれた学校生活を送ることになる、しかし、ろう児の聞こえは程度に差はあるものの音声を正確に理解することができない点では同じであり、常にまだらな理解のまま学校生活を送ることになる[14]。聞こえないまま・理解できないまま過ごす学校生活は、聞こえているふりや理解できているような態度を取ることでその場をやり過ごす習慣をろう児にもたらす[15]。このように、しかたなくわかったふりをすることで周りに追随する習性が身につくことは、自己形成を疎外すると指摘されている[16]。それでも優秀な成績を残し、大学に進学するろう児もいるが、そのようなろう児たちも音声での授業内容が完全にわかるわけではないため、結局は家庭などでの自力学習という条件を強いられていた[17]。

2.5　ろう教育の変遷

　坂井（2012）と武田（2012）によれば、1910 年頃からは、それまでの手話法から発音・発語指導や口唇の形を読む読話を中心とした口話法へとろう児の教育指導法が切り替わりを見せていく。1920 年にはアメリカの口話法指導による日本聾話学校が東京で設立され、名古屋盲唖学校では全学年に対し口話法での授業を開始している。1925 年には日本聾口話普及会が発足し、

『口話式聾教育』という雑誌が創刊されるようになった。次いで、1926年には学校名に「口話」という文言が冠せられた私立大阪聾口話学校が設立された。このような流れのなか、1933年の全国聾唖学校長会において鳩山一郎文相は口話法によるろう唖教育を推奨する訓示を出し、全国のろう唖学校で口話法が用いられる流れが決定的となった。1955年頃からは補聴器が全国的に普及し始め、補聴器を装用することで聴覚を活用するようになった。この補聴器を用いた聴覚活用が口話法から聴覚口話法へという指導法の新たな展開を導き、1990年頃まで聴覚口話法がろう教育における主要な指導法であった。ただし、手話法を用いる学校も例外的に存在した。1932年に、高橋潔校長率いる大阪市立聾唖学校が適性教育を提唱しており、口話法に適するものは口話法で教え、そうでないものには手話法での教育が行われた。1968年には、手話や指文字[18]を日本語の音声に合わせながら表す同時法が栃木県立聾学校で開始され全国に知られるようになった。しかし、他のろう学校に同時法が浸透することはなかった。

　1980年代から1990年代にかけては、口話法の限界や口話法が効果的なろう児の属性などを調査した研究群が見られる。これらの研究が、それまで行われていた口話法がすべてのろう児に適しているわけではないことを明らかにし、ろう教育に手話が再登場する機運を高めた。具体的には、口話法では不確実なコミュニケーションが生じることが指摘された。その例として、相手の発話中に連続して変化する口形の読み取りに加え、相手の表情や話の文脈などから発話を理解する方法である読話がある。日本語の50音には、「あ」「か」「は」や「ま」「ば」「ぱ」のように同じ口形をもつ音が含まれている。これら同じ口形の音は前後の口形や話の文脈を参考にすることなしに単独での弁別が難しく、そのためコミュニケーションが不確実になりやすく、口話法では日本語の入力が不十分になると考えられた[19]。

　このように口話法が見直されていく流れと並行して、手話の使用がろう学校で広まっていった。1980年代から1990年代のろう学校で見られた手話使用は、コミュニケーションの成立や改善を主目的としていた。しかし、2000年代になると手話を用いてどのように日本語力や学力を向上させるかに関心は移ってきている[20]。

表3　授業中における教師の手話使用：学校割合（我妻 2008, p.140 一部表現を修正）

	1997 年	2002 年	2007 年
幼稚部教師	回答 71 校	回答 74 校	回答 80 校
半数以上が手話使用	22.5%	70.5%	86.3%
全員が手話使用	—	55.1%	77.5%
小学部教師	回答 70 校	回答 78 校	回答 79 校
半数以上が手話使用	27.1%	75.6%	88.6%
全員が手話使用	—	41.0%	69.6%
中学部教師	回答 64 校	回答 75 校	回答 71 校
半数以上が手話使用	50.0%	77.3%	93.0%
全員が手話使用	—	46.7%	71.8%

　ろう学校における手話使用の広がりを示した資料として、我妻（2008）の調査があげられる。我妻は全国のろう学校を対象に幼稚部・小学部・中学部における手話使用状況について、1997 年、2002 年、2007 年と経年調査を行っている。これによると、授業中に教師がどの程度であれ手話を使用している学校の割合は調査年度が進むに連れて明らかな増加を見せており [21]、2007 年度では「半数以上が手話を使用する」ろう学校は幼稚部で 36.3%、小学部で 88.6%、中学部で 93.0%、「教師全員が手話を使用する」という条件においても、それぞれ 77.5%、69.6%、71.8% である（表3）。このことから、大半のろう学校において教師が手話を使用している状況が確認でき、現在ではろう学校における教師の手話使用傾向がより進んでいるものと推測される。

■注

1　70dB は、1 m離れた距離での通常会話音程度の大きさである。

2　文部科学省（2002）

3　2007 年度以降は聴覚障害児をおもな教育対象とした特別支援学校のみを「ろう学校」として扱っており、知的障害児や肢体不自由児などをおもな対象とする特別支援学校との併設校は含んでいない。以下、図２でも同様である。

4　体外装置が受信しコード化した音声情報を、手術により側頭部に埋め込まれたインプラントへ送る。インプラントは音声情報を電気的なエネルギーに変換し蝸牛に挿入された電極に送り、聴神経を刺激することで補聴する機器。

5　幼稚部については「話し合い」の時間、小学部・中学部・高等部本科・高等部専攻科

32　第1部　序論

については「国語」の授業を対象としている。

6　高等部本科 3 年間に次ぐ、2 年間の課程。

7　文部科学省（2014）『学校基本調査──平成 25 年度（確定値）結果の概要「平成 25 年度学校基本調査（確定値）について」』

8　大阪市立聾学校（1992, p.102）

9　大阪市立聾学校（1993, p.126）

10　現在は、障害のある子どもたちを地域校に統合するのではなく、包含し共生するというインクルーシブ教育理念の広まりと、幼児期に人工内耳を装用するろう児の増加が、この問題に影響している。ろう教育における人工内耳の受け止めについては田中（2013、2014）がある。

11　大阪市立聾学校（1992, p.102）

12　上農（2003, pp.158-160）

13　同 , p.159

14　同 , pp.114, 115

15　同 , p.118

16　日本の聴覚障害教育構想プロジェクト委員会（2005, p.35）

17　上農（2003, pp.133, 134）

18　手指の形で日本語の 50 音を表す方法。

19　長南（2006, p.4）

20　小田（2012）

21　我妻（2008）は、同論文で大半のろう学校は「音声と手話の併用」または「聴覚口話法が基本で手話は補助的に使う」のどちらかに属することもあわせて指摘している。つまり、ここでの「手話」とは日本手話ではなく、日本語対応手話の範疇に含まれるものだとわかる。

第2部

現在のろう教育現場で起きている
「ことば」の問題

第3章　ろう児と聴者教員の関係性と低学力

　ろう学校は、聞こえない・聞こえにくい幼児・児童・生徒であるろう児が通う専門教育機関である。かつては特殊教育制度のもと学校運営がなされていたろう学校であるが、2007年度からは一人一人の教育的ニーズに合わせて生活や学習上の困難を指導や支援によって改善または克服し、自立や社会参加をめざす特別支援教育体制のなかに位置づけられている。

　このろう学校が抱える課題の一つに、ろう児の低学力[1]問題がある。鄭（2007）は、かつてろう児の知的能力は同年代の聴児と比較して明らかに劣っているとされていたことを記している。そのため、「聞こえない・聞こえにくい」という「聴覚障害」が知能に直接影響すると考えられることもあった。しかし、鄭は以下のように続ける。

　　　1960年代後半からは、ろう児の知的能力は、同年齢の聴児と同様であり、認知的課題でろう児の成績が低いのは、言語的、文化的、教育的経験則の制約がもたらす結果である[2]

　現在ではこの考えが広く受け入れられている。このように、知的能力において聴児と変わりがないとされているろう児であるが、教科学習の成績においては全般的に低位であり、該当学年より下の教科書を使用している例が多いことが知られている[3]。現状として、高等教育機関である大学等に進学するろう児はそれほど多くない。

　1878年に京都で産声をあげたろう児の教育については歴史上これまでに複数の議論があった。そこにはろう児の言語発達についてや、より近年ではろう児のアイデンティティに関する問題などが含まれているが、なかでも長期にわたって中心的であった課題はろう児の教育法に関するものである。具

体的には、読唇によって相手の発話を理解し、自らも訓練により習得した発語でやりとりするという口話法や、補聴器の助けを得て音声言語を聞き取りながら読唇し理解する聴覚口話法と、手話を教育に用いる手話法との論争として理解されている。ろう教育には手話を否定し口話を推し進めてきた歴史があり、ほとんどのろう学校で「口話法」が採用されると同時に手話は使用されなくなり、ろう教育には口話法が適しているとされてきた。しかし、実際に口話法を用いて学習を行うためには、読唇や発音・発語技術の習得が前提とされる。また、補聴器の助けを借りても聴児と同様に聞こえるようになるわけではないことと、上手く残存聴力を活用できないろう児もいたことから口話法・聴覚口話法は一部の成功例しか生み出せなかった。そこで、手話の言語的認知とともに「手話法」の必要性が唱えられるようになり、現在ではほとんどのろう学校で手話が用いられている。しかし、手話での教育が行われるようになった現在のろう学校でも低学力問題を解決できていないのが現状である。

　本章では、ろう教育を取り巻く「ことば」の問題を現在のろう教育現場と結びつけて考えていきたい。なかでも、現在のろう教育にとって欠かすことのできないことばとなっている手話の扱われ方が、ろう教育の抱える低学力問題にどう関係しているのかを取りあげる。かつてとは異なり、現在ではろう学校教員が手話という「ことば」を使用することは珍しいことではない。むしろ、手話ということばをまったく使わないろう学校を数えることのほうが難しいだろう。しかし、ろう児にとって望ましいと思えるそのような教育環境にあっても低学力という問題が解決されないのはなぜか。本章ではこの問いに対して、手話ということばが使用されるろう学校において、教育を行う側と受ける側の間に発生している関係性を分析していくことでその一端を示したい。具体的には、ろう学校教員のほとんどを占める聴者教員とろう児との関係性について、手話ということばを媒介にしたコミュニケーションに焦点をあてながら分析することを試みる。そこから、ろう教育における手話ということばの扱われ方についても考察し、ろう教育の向上にむけ何らかの示唆を得たいと考える。

3.1 教育指導法・言語メディアと低学力の関係

　前述の手話法と口話法の議論に関連し、ろう教育の歴史においては、ろう児の言語発達という観点が非常に重視されてきた。現在でもろう学校では言語指導が教育の大きな柱の一つである。ろう教育における言語研究は盛んに行われてきたが、ろう児の文理解能力に関する研究群を概観した我妻（2000）によると、大局的な分類として1980年代までは、ろう児が有する文理解能力の実態を把握するための研究という傾向がみられるという。そこでは文法知識の不足に加えて文脈の把握や前後関係からの語の類推に課題があるということが指摘された。1990年代には、授受構文や複文、受身文などのようにろう児が習得に困難を感じる特定の文型に焦点をあてた、より細分化されたテーマが研究されるようになった。また、認知的枠組みを利用した課題を用いて、心理学的な能力と文理解能力との関係についても研究されている。澤（2009）は「統語」や「意味」の観点による文理解能力だけでなく、ろう児の発話や作文における語の「使用」を含めた、ろう児の言語研究を概観している。それらの研究群では、ろう児の言語獲得や発達は聴児と共通する面がある一方、意味情報の関与の仕方が意味の種類や内容、使用される語に応じて異なることや、作文等で使用する語が固定化されやすく表現が広がりにくい面があることが指摘されている。

　このように、ろう教育においてはろう児の言語発達というテーマが重要視され研究が積み重ねられてきた。しかし、ろう教育に手話が取り入れられていく過程で、このテーマに手話法・口話法という異なる教育指導法のもたらす言語発達の違いという新たな論点が加わることとなった。言いかえれば、手話法・口話法という異なる方法論がろう児の言語発達や言語力に与える影響にはどのような違いがあるのかという課題が、手話がろう教育に再登場する1980年代から新たに生まれたわけである。この点については菅原（1987）の論文がある。ここでは、日本のろう学校における言語指導が聴覚口話や手話、指文字、キュード[4]といった言語メディアという観点から考察された。菅原論文の全体的考察として示唆されたのは、手話や指文字など手指メディ

アの活用は、読話や聴覚口話という言語メディアに比べことばの情報伝達効率を高める、しかし、そのことが同時に意味的側面の受容も高めるとは限らない、ということであった。この結果からは、ろう学校における手話使用とろう児の学力向上が直接的に結びつくという期待はもちにくいと言えるだろう。また、国立特殊教育総合研究所の研究報告書に「手話法等の適応とその評価に関する研究」（1983 年）と、「聾児・聾精神薄弱児等の言語習得と多様なコミュニケーションの応用に関する研究」（1986 年）がある。そこで行われた、異なるコミュニケーション手段（言語メディア）を用いる学校間の高等部終了時点での全国標準読書力診断検査や文章の記憶課題などにおける成績の比較結果から、小田（2010、2012）は以下の二点を述べている。

(1) 異なるコミュニケーション手段による学力や言語力の明確な差は確認されていない。

(2) そのことから、コミュニケーション手段と学力や言語力を安易に結びつけることの問題点が明確にされている。

この指摘からも、手話を導入することが低学力問題の解決に直接結びつくわけではないことが予想される。しかし、ここには留意しなければならない点が二つある。一つは使用する手話がどのような手話なのかという問題である。上記の調査において扱われる手話の実態には、独自の文法をもつ日本手話も一部含まれているかもしれないが、日本語対応手話がほとんどを占めていると考えられる。近年、手話言語学研究の知見によって手話言語の特徴が明らかにされつつあるが、手話を日本手話に限定したうえで、ろう教育を展開した場合、ろう児のなかでも日本手話話者の低学力問題を解決する決定打となるのであろうか。この点については、日本手話による教育によって学力向上が期待できるとする主張も見られる[5]。ただし、これが明確な共通理解となっているとは言いにくく、研究の進展が待たれる。二つ目に、手話の習熟度の問題がある。ろう学校において聴者教員が手話を使用すると一口にいっても、その習熟度は様々であろう。また、聴者教員とろう児では手話の習熟度に差があることも予想される。つまり、手話使用の質という点が問題に

なると考えられるのである。したがって、今後新たにろう児の低学力という問題について手話ということばとの関連から研究するにあたっては、上記の二点について考慮して調査を進めることが必要になると考えられる。しかし本研究は、様々な言語的背景や教育歴をもつろう児が混合して在籍している公立ろう学校をフィールドとしているため、日本手話と教育効果の関係については分析する土壌がない。本研究のフィールドからは、聴者教員の手話習熟度とろう児のそれとの差という問題、手話使用の質という二点目に着目するのが効果的だと考えられ、この視点から低学力問題についての調査を行うこととする。

3.2　関係性という切り口と先行研究

　本章では、手話や口話という教育方法の是非やそれぞれの適性とその効果の違いなどの視点とは異なる角度から、ろう児の低学力問題について捉えることを試みる。つまり、ろう学校教員が広く日常的に手話ということばを用いて教育活動を行うようになっている現在のろう学校において、手話の習熟度の違いが及ぼす影響に着目しながら、ろう児と聴者教員の間に見られる関係性を調査し、低学力問題について分析する。筆者は、この視点からの調査が、ろう児の低学力問題に新たな示唆を与えると期待する。なぜなら、ろう学校で教える教員のほとんどは聴者教員であり、現在手話を使用している教員であってもろう学校赴任後に手話を学び始めているというろう教育現場の事情によって、手話ということばを使用して授業をすることが一般的であるにもかかわらず、手話ということばができない状態で赴任することも当たり前ないびつな状態が生まれており、それがろう児と聴者教員の関係性に何らかの影響を及ぼしていることが十分に予想されるからである。さらに、現在のろう学校では人事異動の頻繁化によって、経験者の転出と新転任者の赴任が毎年繰り返されているため、手話ということばの習熟が低い聴者教員が増加している傾向にある。本章では、このような背景事情をもつ現在のろう学校現場を対象に以下の三点に沿って調査を進める。そこからは、お互いに（音声）日本語ということばを通じて意思疎通がとれる、聞こえる教員と聞

こえる子どもの存在が前提とされている地域の学校とは同様でない状況が観察されるだろう。

Ⅰ　手話を使用する現在のろう学校におけるろう児と聴者教員の関係性を明らかにする
Ⅱ　その関係性を構築する要因は何か
Ⅲ　その関係性がろう学校の低学力問題と関連しているのか。もし関連があるならば、どのような影響を与えているのか

　手話ということばがほぼすべての教員によって用いられるようになった現代のろう学校において、聴者教員とろう児の関係性という視点に注目しながらろう学校の低学力問題を分析することをめざした先行研究は見当たらない。しかし、「教員の人事異動の活発化から聾教育経験者の転出や聾教育未経験者の転入などがこれまで以上に話題となり、授業を成立させるための子どもと教員のコミュニケーションの課題もより顕在化してきた」[6]というような危惧は局所的に示されている。また、我妻（2008）が全国のろう学校を対象に行った「聾学校における手話使用の調査」結果のなかにも本章の意図と関連する項目が一部見られる。我妻の調査結果には「手話使用によるメリット」と「手話を使用することによって生じた課題と対策」という項目があり、メリットに関しては 2002 年の特徴として「コミュニケーションがスムーズになった」ことが顕著であり、2007 年の調査では「コミュニケーションのスムーズさ」に加え、「コミュニケーション相手の広がり」や「コミュニケーション内容の高度化」があげられ、「小学部や中学部では授業がしやすくなった」ことなどの回答が他のメリットとともに示されている。手話を使用しない聴覚口話法時代のコミュニケーション効率に比べて、手話使用はろう児と教員の意思疎通を容易にしたことがわかる。しかし一方で、手話使用の課題についての回答からは、手話使用がろう児と教員に新たなコミュニケーション上の問題をもたらしている側面にも気づかされる。それらの回答からは本章の視点である、ろう児と教員との関係性という点に関して示唆的な要素が複数みられるため、関連するもののみを以下に抜粋する（表4・表5）。

表4　手話使用の課題：子ども（我妻 2008, pp.141,142 より抜粋し筆者が作成）

2002 年	・発音が不明瞭になった ・声を出さなくなった ・自分達だけに通じる手話の使用
2007 年	・手話だけで伝達しようとする／声を出さない ・発音、読話に注意しなくなった ・口話中心の子どもと手話中心のこどものコミュニケーション上の問題 ／ 手話がわかる者同士だけで会話してしまう ・子どもの手話力のばらつき ／間違った手話の使用 ／手話語彙の不足／自分達だけが使用している手話がある

表5　手話使用の課題：教師（我妻 2008, pp.142-144 より抜粋し筆者が作成）

2002 年	・手話のスキルアップ ・手話研修
2007 年	・教師の手話スキル向上、手話研修は毎年の課題

　手話使用が一般的になっている現代のろう学校において、ろう児は以前と比較して声を出すことをやめ、発音にも意識を向けなくなり、手話がわかるものだけで話す傾向が出てきていることがわかる。これは手話のスキル向上や手話研修が課題だと回答している教員たちの側からすると大問題であることが容易に想像できる。なぜなら、教員たちは手話を習得していないがために研修を受けスキルアップをめざしているはずであるのに、ろう児は声を出さず、聞こえるものに伝わりやすいよう発音に注意して発話するという意識は薄まり、もっぱら手話でコミュニケーションを取る傾向にあるからである。つまり、手話を用いる現代のろう学校でも教員とろう児の間には依然として一筋縄ではいかないコミュニケーションの壁があることが想定される。我妻も 2002 年の調査から新たに見られた課題として、「子どもたちの間に手話が定着してくると、手話だけで伝えようとする子どもの出現、自分たちだけに通じる手話の使用、手話がわかる者同士だけでの会話、手話ができない教師への偏見など」[7] をあげている。手話ということばを媒介にした聴者教員とろう児のコミュニケーションは、想像されている程スムーズに行われてはいないという現状が垣間見られる。

3.3　調査の概要

　本章では、参与観察とインタビューデータをもとに分析と考察を進める。また、同時に行なった質問紙調査の結果も補助的に用いる。参与観察の場は筆者が教員として勤務する近畿地区にある A ろう学校を対象とし、2010年 4 月から 2012 年 3 月までに筆者が直接見聞したものをフィールドノーツにし、資料とした。インタビューは二つのカテゴリーにわかれる。一つ目は、A ろう学校の卒業生 3 名と、隣接する自治体にある他のろう学校 2 校から卒業生 2 名ずつの計 7 名の協力を得、2012 年 4 月から 5 月の間に各 1 回、1時間半〜 3 時間程度行った。本章は手話ということばを用いるようになってからのろう学校が対象となるため、インタビュイーの条件を「手話で教えられた経験をもつ、2000 年以降の卒業生」とした。すべてのインタビュイーに対して半構造化インタビューを手話で行った。聞き取った内容をその場でメモし、インタビュー終了時に確認してもらい承認と許可を得た。二つ目に、A ろう学校で 2011 年度まで勤務し 2012 年 4 月から他の学校へ異動した聴者教員 3 名[8] と、2012 年度も A ろう学校で勤務していた聴者教員 1名[9] に対し 2012 年 4 月から 10 月の間に各 1 回、音声日本語による半構造化インタビューを 1 時間〜 2 時間程度同様の方法で行った。聴者教員のインタビュイー条件は「手話を用いるろう学校での勤務経験があること」に加え、「現職または直近である前年度まで勤務していたこと」の二点とした。インタビュイーの詳細は表 6、表 7 のとおりである。

　質問紙調査は大学で教職課程を履修している 2 年生以上の学生を対象に性別などの項目以外は自由記述形式で行った。対象者の内訳は、特別支援教育教員の養成課程をもつ三つの大学の特別支援教育教員養成課程履修者から73 名[10]、一般教職課程を有する一つの大学から一般教職課程履修者 166 名である（表 8）。

　本章で用いるデータがフィールドノーツ資料である場合は FN、インタビュー資料である場合は ID とデータ末尾に記述し、直後に日付を示す。なお、データ内の（　）は筆者による補足内容である。

表6　インタビューイー：ろう学校卒業生

	性別と インタビュー時の年齢	ろう学校在籍時期
卒業生 A	女性 30 歳	幼稚部・小学部・高等部
卒業生 B	女性 24 歳	幼稚部・中学部三学年・高等部
卒業生 C	女性 20 歳	幼稚部・小学部・中学部・高等部
卒業生 D	女性 20 歳	幼稚部・小学部・中学部・高等部
卒業生 E	男性 29 歳	幼稚部・中学部・高等部
卒業生 F	男性 22 歳	幼稚部・小学部・中学部・高等部
卒業生 G	男性 19 歳	幼稚部・小学部・中学部・高等部

表7　インタビューイー：聴者教員

	性別と インタビュー時の年齢	ろう学校在籍年数	インタビュー時の 勤務校
聴者教員 A	女性 20 歳代	3 年間	特別支援学校
聴者教員 B	女性 20 歳代	4 年間	特別支援学校
聴者教員 C	女性 30 歳代	2 年間	地域校
聴者教員 D	女性 50 歳代	13 年目	ろう学校

表8　質問紙調査の対象者

受講している教職課程の種類	学年	人数
特別支援教育教員養成関連課程	2 学年以上	73 名
一般教職課程	2 学年以上	166 名
		計 239 名

3.4　教師のストラテジー

　Aろう学校では、日常の学校教育場面において中学部の聴者教員であれば中学部に在籍しているろう児に対して該当学年の中学生と同様に接する。小学部や高等部でも同様である。それは聴者教員たちの「やっぱりもう中学生だから敬語くらいできないとね。」（FN120117）などの日常化された発話からも感じられるが、ろう学校では小学校・中学校・高等学校に準ずる課程のもと、学年対応の教育を保障することを前提とする考え方が基本になってい

る[11]ことが要因と考えられる。Ａろう学校中学部の場合、あいさつに始まり、授業中の態度や宿題等提出物締め切りの順守、遅刻欠席を防ぐための生活の自己管理、試験勉強への努力の有無や定期試験での結果、クラブ活動への姿勢、生徒会に所属するろう児ならば生徒会役員としての心構えなど、学校生活に関するありとあらゆる事柄で聴者教員はろう児に地域校の中学生と同様のレベルを要求する。また、高等部在籍のろう児であれば社会に出る一歩前の段階であることを自覚した高校生としての意識や振る舞いが求められている。

　しかし、聴者教員は学校生活のいかなる場面でも常に「小学生」、「中学生」、「高校生」としてろう児を扱うわけではない。例えば授業やクラス運営、生活指導やクラブ活動などで聴者教員に葛藤を抱かせるような状況が生じ、当該学年相応と考えられているような学業成果や振る舞いが達成できない場合、それまで当該学年らしい振る舞いと規範を求めていた聴者教員の姿勢や語りに変化が現れることがある。具体的には、何らかの葛藤が生じている聴者教員は「小学生」、「中学生」、「高校生」としての文脈でろう児を語ることをやめ、その代わりにろう児を「（聴覚）障害者」という文脈に位置付けて捉え直す場面がしばしば見られる。

　ろう学校の聴者教員に観察される、状況に応じたろう児の捉え直しを考察するために「教師のストラテジー」という概念に注目する。本章における教師のストラテジーの定義は、「教師の行為は、学校の構造的制約のなかでさまざまな問題やジレンマに直面した際に、その状況に対処すべく編み出すストラテジー（戦略）」[12]とする。

　日本の公立学校の教師が、在籍するニューカマーの子どもたちにどのように対応しているのかを教師のストラテジー概念を使用して調査した児島（2002）の研究では、学校がもつ既存の規範に変容をもたらす可能性のある「異質性」をもったニューカマーの子どもたちに対し、教師は二つの異なる枠組みを巧みに使いわけながら対応していることが明らかにされた。一つ目の枠組みは、ニューカマーである彼女ら彼らの文化的背景からくる差異を「指導上の差異」として一元化することで、「指導する教師―指導される生徒」という学校が既にもつ規範にニューカマーの子どもたちをはめ込もうと

するものである。もう一つの枠組みは、ニューカマーの子どもたちが指導に反発する場合その行為を逸脱とみなし、それを外国人に特有の行為や文化として固定することである。そうすることで問題を教師では解消不能なものとし、はじめからニューカマーの子どもたちへの理解や対話は断念される。そして、ニューカマーの子どもたちの逸脱行為を教師が容認することが正当化されるというものである。このように、教師はその状況に合わせて「生徒」から「外国人」の枠組みをニューカマーの子どもたちに当てはめ使いわけることで、ニューカマーの子どもたちの反発に対処していることが示されている。

　日本語学校において、日本語教師が再履修を必要とする中国人学習者に感じる葛藤とその原因帰属の仕方について論じた中井（2011）にも、教師による生徒像の「使い分け」を示す例が見られる。調査の結果、教師は自身の対応がなぜ再履修者の態度改善につながらないのかを省みずに、再履修者を「理解できない存在」として捉えることで問題を回避していることが明らかにされた。ここでも、日本語教師が再履修者となった学習者を「学習者」としてではなく、「理解できない存在」という枠組みにはめ込むことで自身の葛藤を解決するという構図が示されている。「教師のストラテジー」が日本語教室のように教師と生徒が存在する条件さえあれば、公的な学校という組織でなくとも見られる現象だということがわかる。

　以上、児島と中井の論文に沿って「教師のストラテジー」を概観した。以下では、ろう学校の聴者教員がろう児に対して見せる「捉え直し」も教師のストラテジーの一形態であることを確認していく。

　Ａろう学校中学部の男子バレーボール部が該当自治体主催のバレーボール大会に参加した際に、顧問の聴者教員は以下のように述べるシーンがあった。

　　「朝鮮学校の子と違って、この子らは障害があるからな。」（FN100828）

　これは、この聴者教員が指導するろう学校チームが大会初戦で地域校のチームに大差で敗戦した後、同じくこの大会に参加し勝ち進んでいった朝鮮学

校中等部チームの試合を、当時副顧問だった筆者と一緒に見終えた状況である。この時期の男子バレーボール部は競技面での成績が振るわず、何年もの間地域校に勝利していなかった。筆者が朝鮮学校のようにろう学校チームも今後強くなって勝って行けたらという主旨の発話を行った際の返答として上記の反応があった。普段の部活指導中には、マナーを守り、あいさつをしっかりする、などといった「中学生」として一般的に求められることをろう児にも同様に求め、練習にも熱心に取り組み、試合に勝つという気持ちの大事さをろう児にも説いていたが、試合で負け続けるという熱心な顧問としては葛藤を抱く状況があり、このジレンマを感じる場面において聴者教員はろう児を「生徒」から「障害者」という文脈で捉え直したと思われる。ここから、「朝鮮学校の子‐ろう学校の子」を「健常者‐障害者」の枠に置き換えることで自身のジレンマに対処したことがわかる。

　他のろう学校と同じように、Ａろう学校でも聴者教員の手話習得の課題は大きく、特に新転任教員や転任後数年の聴者教員が何とか授業が行えるという程度に手話という「ことば」を覚えるまでには相当に時間がかかる。そのため、授業内容や進度に関する異議申立てが保護者からしばしば提起される。

　　「彼女（ろう児）は国語の理解力に何かあるんじゃないのかと思うんです。
　　何か障害が。」（FN110625）

　これはＡろう学校に10年以上在籍しているベテラン国語教員である聴者教員Ｄが新転任の国語担当教員を擁護する形で行った発話である。筆者が担任をしていたあるろう児の保護者からこの新転任の国語担当教員の授業を参観させてほしいという要望があった。参観の希望理由は、新転任の教員なので手話がつたないのはある程度仕方のないことだが、自身の子どもがどれくらい授業を理解できているのか確認したいとの意図だった。新転任教員と相談をした後、参観を実施した。事実として手話がつたなく、ろう児があまり授業内容を理解できていなかったので、板書の工夫や詳しい説明が書かれたプリント教材などの方法で補い、授業内容がスムーズに伝わるよう改善し

ていくことが新任教員と筆者、そして保護者の間で確認された。その参観翌日に、聴者教員Ｄが筆者に事情を尋ねに来た際に交わした会話のなかで上記の反応があった。しかし、聴者教員Ｄはそれまで対象となっているろう児の授業を担当した経験があったわけではなく、クラブ顧問でもなかったため接触はほとんどなく、新転任の国語担当教員がそのろう児のいる授業グループに行った授業を一度見学しただけであった。また、そのろう児に学習障害の可能性を疑わせるような生育歴や引き継ぎはなく、何らかの診断がなされているわけでもなかった。そのような「障害」の表明に根拠があるとは言いがたい状況にも関わらず、国語の授業が理解できていないのは「障害」があるからでは、という解釈がなされたことになる。後日、聴者教員Ｄに行ったインタビューのなかで、上記の発話がどのような意図でなされたものなのかについても質問し自身で再解釈してもらった。

> 「自分も（ろう学校に）来たばかりの頃は手話もわからないし、どうしたらいいのかわからなくて本当に困った経験があるし、○○先生（新転任教師）の側の気持ちに立ったのかな。」（ID121022教Ｄ）

このインタビューから聴者教員Ｄは自分の苦しかった過去の経験が根本にあり、同じ教科担当でもあるこの新転任教員も苦しんでいるに違いないと察したことがわかる。しかし、自身の経験から手話という「ことば」の習得が容易でないことを知っている聴者教員Ｄは新転任教員の葛藤を少しでも軽減しようとして、「新転任教員の授業力」という手話能力が関係するためすぐには解決できないとわかっている困難に対して「障害」という枠を当てることで対処を図ったと考えられる。

上記の２例は「小学生」、「中学生」、「高校生」という枠組みのなかでろう児の授業やクラブ指導にあたるろう学校の聴者教員が、すぐには解決ができないような葛藤を抱えた際には「障害」という枠組みのなかにろう児を位置付け直すことで問題に対処する姿を示している。クラブ活動の例では、ろう学校のバレーボールチームが朝鮮学校のチームほどに強くないのは、練習内容や練習量などの問題ではなく「障害」があるからであり、授業の例では、

対象のろう児が国語の授業を上手く理解できないのは、新転任教員の手話を軸とした授業力の問題ではなくろう児の「障害」に起因すると捉えることでジレンマの解消が図られる。このように直面する状況が葛藤を含むものである場合には、ろう学校の聴者教員も「小学生」、「中学生」、「高校生」としての文脈から、「障害者」としての文脈へとろう児を捉え直し、語ることで困難に対処し解消しようとすることがわかる。つまり、ろう学校の聴者教員も「教師のストラテジー」を用いているのである。では、なぜろう学校の聴者教員はろう児に対して二つの枠組みを使い分けて対処するという「教師のストラテジー」を用いてジレンマに対処しようとするのか。次項では、聴者教員がろう学校に赴任する時点から論を進める。

3.4.1 「弱者」としての「障害者」と想像されるろう児

　ろう学校で勤務する教員のほとんどは「聞こえる」教員であることは述べたとおりである。ろう教員はきわめて少数である。さらに、ろう学校に赴任する聴者教員のうち、かなりの数がろう学校を希望して赴任しているわけではなく、赴任を命じられた学校がたまたまろう学校であったというだけである。また、ろう学校に赴任する聴者教員には初めて教員として働くという新任者もいるが、前任校は聴児が通っている地域の学校であったものが一定数いる。もしくは、視覚障害児（盲児）・知的障害児・肢体不自由児・病弱児をそれぞれおもな教育対象とする他の特別支援学校からの赴任という例である。都道府県や市によってその制度は異なるが、Ａろう学校の属する地方自治体の教員採用には「特別支援学校」枠が設けられており、この枠で採用されると、ろう・盲・知的障害・肢体不自由・病弱いずれかの特別支援学校もしくは特別支援学級に配属され、異動もその範囲ないで行われる。結局のところ、地域校から赴任する聴者教員にしても、他の特別支援学校から赴任する聴者教員であっても、赴任前から手話ということばを学んだことのあるものや、ろう児とろう教育について一定の研修を受け、知識を有しているものは教育大学等の特別支援教員養成課程の聴覚障害教育を専修したようなごくわずかなものを除けば皆無に等しい。実際に久留米聾学校（現在は久留米聴覚特別支援学校）や福岡高等聾学校（現在は福岡高等聴覚特別支援学校）での

勤務経験がある早川（2000、2005）は事前研修もなく、専門知識も心の準備さえもてずに授業を開始する聴者教員の苦悩を語り、大宮ろう学校（現在の大宮ろう学園）での勤務経験がある対馬は、「手話も指文字もわからない状態で、始めは正直言って途方に暮れた」[13]と自身の経験を振り返っている。

このように、ろう学校への赴任を取り巻く環境自体が望ましいものではないことを指摘しなければならない。結果として、ろう児やろう教育について知らないままに赴任する聴者教員たちは、自身がそれまでの人生経験のなかで培った「聞こえない人」のイメージを頼りにろう児と向き合わなければならない。そして、大抵の場合「聞こえない人」は、障害の個人（医療）モデルに代表される「聴覚障害者」としてイメージされる。つまり、聞こえる手話学習者の意識変容を追った澁谷（2005）の研究が指摘するように、「大半の人は、手話の学習を始めるまでは、テレビドラマやマスメディア報道に大きく影響された形で、ステレオタイプとしての『きこえない人』をイメージしている」[14]状態なのである。澁谷の研究対象は手話学習者であり、学習者が成人ろう者から手話を学ぶことで「聞こえない人々」に対する「『弱者』としての『障害者』」[15]という認識が覆される過程を描いた。成人ろう者やろう児にそれまで接したことのないままろう学校に赴任し、ろう児と接することになる聴者教員についても同様の想定ができる。テレビドラマやマスメディア報道で描かれる「聞こえない人」のイメージは、いわゆる「障害を乗り越えようと努力する聴覚障害者」[16]や「健常者に支えられながらも頑張る聴覚障害者」、「純粋で素直な聴覚障害者」であろう。それらの言説では金澤（1999）が指摘するように「聾は『克服すべき状態』として聴者から規定され」[17]ているわけであり、ろう児を「弱者としての障害者」として見る視点がろう学校で勤務する前段階からすでに聴者教員に内在している可能性が考えられる。

　　「ろう学校で働く前は、障害者イコール弱者で心きよきというイメージがあった。完全に守ってあげないといけないというイメージでした。介護等体験で肢体不自由の学校の先生に『障害のある人もウソをついたりするよ。』と言われたことを覚えているけどその時は実感できなかったで

すね。」（ID120408 教 C）

　これは、聴者教員 C がインタビューで語った内容である。以前勤務していた一般企業時代を含め、ろう児との接触はなく過ごしてきていた聴者教員 C は接触がなかったにも関わらず、ろう学校赴任前は「障害者イコール弱者で心きよき」や「完全に守ってあげないといけない」というイメージをもっていた。ここからやはり、「聞こえる健常者」の自分とは違う「弱者としての障害者」という存在としてろう児を想像していたことがわかる。

　このように、ろう学校に赴任することになる新任者、または地域校や他の特別支援学校から赴任する聴者教員たちは、それまでろう児と接した経験がないことがほとんどで、自身がもっている「弱者」「障害者」というイメージのままろう学校での勤務が始まり、ろう児と対面することになりやすい。では、ろう学校赴任後の聴者教員はろう児あるいはろう学校についてどのような感覚を抱くのであろうか。

3.4.2　「コミュニケーション弱者」としての聴者教員

　　「ろう学校に来た当初は外国にいるような感じだった。会議でみんな手
　　話を使っている。あたりまえだけど生徒同士も手話で話している。それ
　　までは、手話でコミュニケーションを取っている人を生で見たことはな
　　かった。」（ID120405 教 A）
　　「（ろう学校は）別世界に見えた。」（ID120404 教 B）

　これら二つは聴者教員 A と聴者教員 B のインタビューデータである。聴者教員 A は「外国」に、聴者教員 B は「別世界」にろう学校を例えていることから、二人ともろう学校に赴任してある種のカルチャーショックを感じていたことが伺える。つまり、「外国」「別世界」ということばはそれまで自分のいた領域とろう学校がかけ離れた場であったことを示している。ここから、ろう学校赴任後の聴者教員はろう学校に対して「これまで経験してきた世界とは異なる場」「自分がよく知らない世界」という感覚をもつようにな

ると考えられる。

　では、聴者教員はろう児に対してはどのような感覚を抱くのであろうか。ここで聴者教員に重くのしかかるのは手話という「ことば」の壁である。ろう学校に赴任する聴者教員で初めから手話ができるというものは皆無に等しい。しかし、現在のろう学校では手話を用いて授業を行うのが一般的である。聴者教員は授業で使用する手話を手話辞典で調べることや、ろう教員、先輩聴者教員から教えてもらいながら必死に覚える。熱心な聴者教員であれば勤務後に地域の手話講習会へと足を運び、少しでも手話が上達する道を探る。しかし、手話で授業をするということは思いのほか困難なことに聴者教員は気づく。それは授業が相互行為であり、聴者教員は準備してきた手話で授業内容の説明さえすればいいわけではないからである。ろう児からの質問を受け、応答することや、ろう児間で意見交換をさせる、また、ろう児の授業態度に問題があれば注意や指導をする必要に迫られることもある。しかし、授業で使用する手話を覚えるだけでも精一杯な聴者教員にとってろう児との相互行為を成り立たせることはあまりに高いハードルである。ろう学校に10年以上勤務し、校内でも手話技能に秀でているとされる聴者教員Dは赴任当初の苦労について以下のように語っていた。

　　　「初めの方は手話もわからないし、生徒が何を言ってるのかもわからな
　　　い状態で授業をするのが大変だった。」（ID121022 教D）

　手話ということばができないということは、ろう児が伝えようとしている内容を受け取れないということである。ろう児の質問や疑問の内容がわからないのであれば聴者教員も答えられない。このような状態での授業はまさに「大変」であろう。さらに、この大変な状況が聴者教員の心理面に負担を与える。

　　　「生徒の言っていることが手話だからわからないので、（自分の）気持
　　　ち的に1、2歩さがることが多かった。自分から生徒に壁を作って自分を
　　　守るようになっていた。」（ID120405 教A）

これは聴者教員 A の語りである。初めて、手話でコミュニケーションを取っている世界を目の当たりにし外国のようだと感じていた聴者教員 A は、ろう児が語りかける手話を読み取り、理解することができないためにろう児とのコミュニケーションに不安を感じるようになった。そして、自らろう児と距離を取り自分を守ることを選択するようになったのである。ろう学校で自らが置かれた環境がそれまで自身の経験してきた世界とはまったく異なり、そのうえろう児との意思疎通は手話習得の課題により阻害される。聴者教員 A がろう学校をまさに「外国」と感じたのは仕方のないことであろう。また、このような経験は手話ということばを習得していないという前提がある限り、ろう学校に赴任する聴者教員のほとんどがもつと思われる。

　また、将来ろう学校で勤務する可能性もある教職課程の大学生を対象に行った質問紙調査の結果からは、手話ができないことが勤務に支障をきたす要因であるとはあまり予想されていないことがわかった。調査項目の一つに「あなたがろう学校・聴覚特別支援学校で教えることになったとして、あなたの長所や短所のうちどんな面が『妨げ』になると思いますか。」がある。これに対し「手話がわからない。」「手話に慣れていないこと。」「手話をまったくできない。」[18] など、「手話ができないこと」がろう学校で教える際に妨げになるという内容の回答は 177 名のうち 8 名だけであった。この結果からは、「手話ができないこと」がろう学校赴任後に大きな負担になるという印象を赴任前の聴者教員はあまり抱いてない可能性が考えられる。ろう学校赴任前には「弱者としての障害者」イメージをもっている聴者教員にとって、手話ができないために自身がろう児との関係性において気後れしてしまうような位置に立たされることは想定外であろう。

　では、授業中にろう児の手話がわからない場合に聴者教員はどうするのか。また、授業中に追加説明や補足説明が必要になる際はどうやって対処するのか。板書による説明や筆談という方法も考えられるが、卒業生のインタビューからはろう児が聴者教員に手話を教える様子が報告されている。今回インタビューを行った 7 名の卒業生全員が聴者教員に手話を教えた経験があると語っていた。

「新しい先生によく手話を教えていた」（ID120418 卒 F）

「転任の先生が授業担当になるたびに手話を教えていた。そのことに違和感はなかった。」（ID120415 卒 B）

「新しい先生に対して、手話を教えていたことがある。」（ID120513 卒 C）

「新しい先生に手話を教えることもあった。」（ID120425 卒 G）

　聴者教員はティームティーチング以外では、自分一人で授業に臨む。現在のろう学校では手話ということばを使用して授業が行われることが前提であるが、聴者教員よりもろう児のほうが授業で用いるコミュニケーション媒体については熟達者である。ろう学校の授業グループは少人数であるとはいえ、ろう児に手話能力で劣っている状態で二人以上のろう児を同時に教える聴者教員の心理的負担は大きい。つまり、聴者教員は教室という空間のなかで唯一の「コミュニケーション弱者」という立場に置かれるわけである。その影響から自らろう児とのコミュニケーションを閉ざすようになるものは前述の聴者教員 A だけではないであろう。さらに、ろう児から手話を教えてもらうという行為は、ろう児との関係において教員としての立ち位置や権威に何らかの影響を与えると予想され、音声日本語で支障なくコミュニケーションが図れる聞こえる教員と聞こえる生徒の関係性とは異なる、ろう学校特有の関係性があると考えられる。

3.4.3 「教員の友達化」による「指導をためらう教員」

　卒業生側からも聴者教員が自分たちの手話を読み取れないことを知っている、という話が複数見られた。

「先生が手話を読み取れない事を生徒は知っている。」（ID120513 卒 D）

「手話ができない先生もいた。」（ID120513 卒 A）

「先生が手話を読み取れない事はわかっていた。」（ID120513 卒 C）

　さらに、卒業生 G による以下の発言のように手話を読み取れないことで聴者教員がろう児を恐れるようになっているという指摘があった。前述の聴者

教員Ａが、ろう児の手話がわからないためろう児に対して気後れすると語ったインタビューデータを補完する内容である。

> 「先生はベテランでも生徒の手話を読み取れない。そうなると先生は生徒をビビるようになる。生徒自身にビビるのではなく、先生は自分にわからない手話で生徒に話をされることが怖いんだと思う。先生が怖がっていることを中学部くらいから知っていたし、自分だけでなく他の生徒のなかにも気づいてる人はいる。」（ID120425 卒Ｇ）

　Ａろう学校での筆者の経験から、小学部までは聴者教員はコミュニケーション弱者という立ち位置からでも何とか授業を成立させている例が多い。しかし、中学部や高等部段階の思春期・反抗期を迎えているろう児のなかには、児童期に比べて教員の説明や指導に簡単には納得せず、反抗的な態度を見せるものもいる。このような時期に差し掛かっているろう児に対して授業や指導を行うにあたって、ろう児の手話が理解できない状態、ろう児の方が手話の熟達者であるという状況は聴者教員にある種の脅威を感じさせるだろう。

> 「授業で『先生は何で手話がわからないんだ。』と偉そうにする生徒もいたし、やっぱり先生という立場が崩れると授業がしにくくなる面もある。」（ID121022 教Ｄ）

　聴者教員Ｄは、手話ができないことは教員の立場を崩すことに繋がりかねないと感じていることがわかる。ろう学校において手話ということばができるかどうかと、聴者教員の立場は密接に関係しているのである。しかし、手話を習得することは容易ではないため、聴者教員は授業を進めるためにろう児から手話を教えてもらうという場面が増える。そうすることで聴者教員はその局面での意思疎通が取れるようになり、授業を進めることができる点は手話をろう児から教えてもらうメリットである。さらに、手話を教えてもらうという行為には聴者教員にとって、ろう児との距離を縮めるという効果

も期待できる。実際に、以下の話を卒業生から聞くことがあった。

　　「先生が手話を教えてもらうことで生徒との距離が近くなると思う。」
　　（ID120513 卒 C）

　しかし、ろう児との距離を縮めるというメリットがデメリットに転じる危
険性に関しても指摘があった。

　　「手話を生徒が教えることで先生との距離が近くなる面はある。ただ、
　　距離が近くなりすぎるとなあなあの関係になることがあり、先生の権威
　　が落ちることにもなる。それが授業の進度が遅れたり、部活の雰囲気が
　　緩むことにつながっている。」（ID120513 卒 D）
　　「ろう学校の先生は手話を生徒に教えてもらううちに、生徒との距離が
　　段々なくなっていく。そのうち友達のようになる。生徒と友達のように
　　している先生を何人も見た。それでも、教師の立場と生徒の立場を切り
　　離してくれればいいけど、切り離せるかは疑問。だから、指導ができず
　　生徒に甘くなるのかもしれない。」（ID120418 卒 F）

　卒業生ＤとＦのインタビュー内容で共通している点は「教員の友達化」
という現象が「指導をためらう教員」へと繋がっている点である。手話をろ
う児から教えてもらうという行為は、ろう児と聴者教員の距離を近づける効
果をもつ。しかし、そのことが同時にろう児と聴者教員の間にメリハリのな
い関係を生み出し、聴者教員がその距離の近さゆえに必要な注意や指導がで
きなくなるという逆の側面にも注意が必要である。ろう児に対して指導をた
めらう教員像は卒業生の以下の発言からも確認でき、その結果として授業中
の私語が常態化しているケースもあることがわかる。

　　「雑談もよくしていたが、怒った先生はいなかった。」（ID120418 卒 F）
　　「寝ていて起こされることもあったけど、怒られることはなかった。」
　　（ID120425 卒 G）

「先生は私語を見つけても怒らなかった。」（ID120513 卒 A）

「どんな先生の授業でも私語をする。意外と怒らない先生もいた。」
（ID120530 卒 E）

「先生を無視したり、授業中に寝る生徒がいても先生が甘い。怒れない
先生が多い。」（ID120513 卒 C）

　上記の通り、聴者教員が授業中に私語や居眠りをするろう児をまったく怒
らない、指導しないとすべて額面通りに受け止めることはできない。実際に
卒業生のインタビューでも注意や指導をする聴者教員の存在は確認できる。
しかし、聴者教員が注意をした場合でもその返答としてろう児から発せられ
る手話による反省、または反抗や異論を理解し適切に応答するという作業が
再度コミュニケーション上のジレンマを聴者教員にもたらす。

「寝ていてもほっておく教師は多く、生徒も何も言われないとわかって
いて寝ている。注意する先生もいるが生徒は反抗する。その反抗する時
に生徒がする手話を読み取れない先生もいる。」（ID120415 卒 B）

　聴者教員が注意をしてもろう児が反抗するような場合、聴者教員は次の行
動を起こす前に、再度手話を読み取り相手の言い分を理解しなければならな
いが、その行為が順調にはいかない。このように聴者教員は度重なる意思疎
通不全によって精神的に疲れてしまい、そのことが聴者教員から「注意す
る」という意欲を奪っていく側面も「指導をためらう教員」へと近づいてい
く一つの要因であると考えられる。

　さらに、「聴者教員が怒らない」とわかっているろう児は私語だけでは収
まらず、積極的に授業を「サボる」ことを考え始める場合もある。以下はと
もに卒業生Gの話で、一つ目が授業を「サボる」ための戦略の話、二つ目は
自身が「サボる」ことで授業担当の聴者教員が他の教員から苦言を呈される
様を見て楽しむという内容である。

「授業が嫌だと、お腹がいたいと言ってトイレに行ってぼーっとしてい

た。ゲームを隠してトイレにもち込んでしていたこともあるがバレたことはない。」（ID120425 卒 G）

「忘れ物をしてないのに、したと言って授業教室からホームルーム教室に戻るというのを繰り返していた。その先生が、ホームルーム教室で授業をしている他の先生から、『あんまりにも何回も忘れ物を取りに来るから迷惑。』と言われているのを見て笑っていた。」（ID120425 卒 G）

　また、何人かの卒業生は、手話を教えてほしいと頼んできた聴者教員に対し異なる手話を教えてからかうという経験を語ってくれた。

「ウソの手話を教えたりしながら先生をからかっていた。」（ID120418 卒 F）

「新しく来た先生に『おめでとう』という意味の手話を逆さまに表すようなウソを教えたりしてました。」（ID120530 卒 E）

「『軽い』という意味の手話を教えるのに、『重い』というウソの手話を教えたりしたこともある。」（ID120513 卒 D）

「ウソの手話をよく教えた。例えば、『せ』という指文字の表裏を反対に表すように教えた。（相手を侮辱する意味である中指を立てるポーズになる）」（ID120425 卒 G）

　聴者教員に対して偽りの手話を教えるという行為は、聴者教員を本気で侮辱し落としめようというよりは、「ふざけ」や「からかい」に該当する行為だと言えよう。しかし、これらの行為からはろう児の聴者教員に対する協力的な態度は見いだしにくく、ろう学校という場において聴者教員が授業を円滑に進めることに苦労している様子が確認できる。以上のように、聴者教員がろう児から手話を教わるという行為は「教員の友達化」を促す側面があり、その結果として聴者教員が指導をためらうようになるという関係性が見られる。

　しかし前述の質問紙調査からは、ろう児から手話を教わることを肯定的に捉える回答者の存在が多数確認された一方で、「友達化」の与えうるマイナ

表9 「授業中にろう児から手話を教えてもらうこと」に肯定的な意見の代表例

関係づくり	・互いの交流になって良いと思う ・信頼関係を築くうえで貴重なことである ・絆もふかまると思うのでいいと思う
コミュニケーション機会	・コミュニケーションをとり合うことにつながる ・生徒とのコミュニケーションの場にもなる ・より多くコミュニケーションがとれる

ス面についてほとんど考えられていないことがわかった。「ろう学校・聴覚特別支援学校において、赴任した聞こえる教員の多くが生徒に手話を教えてもらいながら授業を進めるという場面が見受けられます。この点についてどう思いますか。」という質問に対し、「ろう児から手話を教えてもらうことは良いこと」という主旨の記述が見られた回答者は234名のうち168名であった。肯定的に捉える理由としては「ろう児との関係づくりになる」や「教えてもらうこと自体がコミュニケーション機会になる」が多かった。代表的な回答をあげる（表9）。

　この質問紙調査の回答者は教職課程の大学生であり、ろう児に接触する機会の少なさという点においてはろう学校赴任以前の聴者教員とある程度共通しているはずである。この結果から、ろう学校に赴任する聴者教員は手話を教えてもらうことに抵抗感が少ないことが予想される。手話を教えてくれるという行為は、聴者教員にとって自分を手助けしてくれる行為であると感じるであろう。確かに、その場面において聴者教員が授業を進めることができる意味では「手助け」である。しかし、ろう児に「助けられながら」授業をするその行為が「友達化」につながる可能性までは想像されていない。

　もちろん、聴者教員は自ら望んで友達化していくわけではないし、指導することがおっくうであるからという理由で意図的にちゅうちょしているわけでもない。そうではなく、聴者教員は日々の授業でコミュニケーション弱者という立場に置かれ、授業を円滑に進めるにはろう児から手話ということばを教えてもらう必要があるにも関わらず、その教えてもらうという行為が聴者教員の立ち位置に微妙な変化を与え、「友達化」せざるを得なくなるケースがあるということだろう。したがって、聴者教員はろう児が授業を妨げるような行動に出たとしても普段は友達化した関係であるために、注意や指導

第3章　ろう児と聴者教員の関係性と低学力　*59*

することをためらってしまうのである。そこには、聴者教員が「指導をためらう教員」という袋小路へと追い込まれていく姿が見いだせる。また、3、4年ろう学校で勤務し、聴者教員がある程度不便なく手話で授業内容が説明でき、ろう児の手話も読み取れるようになったとしても、これまでろう児に注意や指導をためらってきた聴者教員が突然、同じろう児に対して毅然と接するということは極めて難しい。聴者教員の立ち位置を一旦リセットしようと思えば、年度を超えて違うろう児とかかわるタイミングまで待つ必要がある。

3.4.4　「教師のストラテジー」を用いて達成されること

　3.4.1 では聴者教員がろう学校赴任前の「弱者としての障害者」イメージをもった状態でろう学校に赴任する構図を追い、3.4.2 ではろう学校赴任後に手話の問題に悩み、「コミュニケーション弱者」となる聴者教員の姿を示した。3.4.3 では手話での授業に困難を感じるコミュニケーション弱者の聴者教員が、ろう児に手話を教えてもらうことで「友達化」することを明らかにした。また、その結果として「指導をためらう教員」となっていくことを述べた。

　ここでは、再度 3.4 で示した教師のストラテジーに論を戻し、ろう学校の聴者教員がなぜ教師のストラテジーを使用するのかについて考察したい。

> 「授業中に、無断で席を立ってゴミを捨てに行ったり、クーラーの温度を調節しに行ったりする生徒がいる。注意をする先生もいれば、しない先生もいた。」（ID120418 卒 B）

　ろう児が授業中に教員の許可を得ず席から離れ立ち歩くことは、通常は好ましくないことだと教員間で理解され、注意や指導の対象となる。しかし、似たような状況で聴者教員Bはろう児に注意できなかった経験を語っている。

> 「生徒が授業中に立って勝手にゴミを捨てに行った時に『おい』って言う（注意する）のが普通だけど、『聞こえないからな』と思って（自分で自分を）納得させた。『聞こえてたらな』と思うこともある。甘や

かしているつもりはまったくないけど彼らにとっては甘やかしかな。」

（ID120404 教 B）

　聴者教員 B は、普段からろう学校に在籍するろう児があまり勉強への意識が高くないことへの危惧や教員や外部の人へのマナーが身についていないことへの危機感を表明していた。しかし、自身の授業中に無断で離席したあるろう児に対してその場で注意ができなかった。実際には、そのろう児に近づいて注意することも可能であったが、そのような行動は取らなかった。ここでの聴者教員 B の行動には 3.4 で見たように「小学生」、「中学生、「高校生」という枠から「障害者」という枠への捉え直しが見られる。聞こえない「障害者」という枠をろう児に当てはめるという教師のストラテジーを使用することで、許可のない離席という授業者である聴者教員 B にとっては葛藤を抱くような現象に対処したのである。つまり、聴者教員 B はろう児に「聞こえない」という障害があるために、「おい」と言っても聞こえないので注意しなかったと自身の行動を正当化し、「聞こえていたら」注意するのにと仮定することで自分は注意や指導ができない教員ではないと自身に言い聞かせ、負い目を感じないようにしていたと考えられる。

　ここではまず、上記のようにろう学校の聴者教員が「教師のストラテジー」を用いて対処しているジレンマの中身について考察する。この聴者教員が抱えるジレンマとは、結論から言えば「教員としての存在価値」である。これまで述べてきたようにろう学校に赴任する聴者教員は「指導をためらう教員」という立場に置かれるにも関わらず、ろう児に学力や社会性[19] を身に付けさせるという達成が非常に難しい義務や責任が求められる。そして、求められているという理解の仕方を聴者教員はしている。しかし、達成が困難だからと言ってろう児の保護者からの期待や要望に対して「手話ができず、指導ができないので期待には答えられません」とは決して言えない立場にも置かれている。どれだけの悪条件のもと授業をするとしても、小学校・中学校・高等学校に準ずる課程を修了させることが聴者教員には求められているし、どれだけろう児と友達化した関係性のなかでも、クラス運営やクラブ活動を通してろう児に社会性を身につけさせる期待と責任を聴者教員は背負っ

ているのである。

　このように日々求められる不可能に近いとも感じられる教育責任と、その対処に困窮する現実が聴者教員にとって大きな葛藤となっている。ここでもし、そのジレンマの原因がすべて自身の力量不足に帰属すると捉える、もしくは周囲から捉えられるとしたら、それはろう学校で勤務する教員である自身の存在価値を否定することに繋がるであろう。教員である自身にとって根源的なこの存在価値を失えば、自身はろう学校の教員として成立しなくなる。したがって、それを回避し教員としての存在価値を保つためにろう学校の聴者教員は「教師のストラテジー」を使用していると考えられる。つまり、状況によって「小学生」、「中学生」、「高校生」から「障害者」の枠をろう児に当てはめ、目の前の対処すべき困難がろう児の「障害」に起因しており、自身の責任範囲外のもの、自身の教員としての力量とは関係ないものであると表明することで、自身の直面する問題に対して内省しなくてもよい思考回路を確保し教員としての存在価値を保っているのである。そこからは、ろう学校の教員として日々を乗り切っていくために「教師のストラテジー」を使用する聴者教員たちの姿が浮かび上がる。

　ここで視点を「ろう学校」から「学校」というよりマクロな範囲に広げ、ろう学校の聴者教員が使用する「教師のストラテジー」が教育社会学で用いられる「教師文化」概念で捉えられることを示す。本章において教師文化とは、「教員集団の生き残り戦略や相互規制の集積であると同時に、教師のアイデンティティや教育実践を支える知恵や技である」[20]とする。山田・長谷川（2010）によれば、教員に困難が立ちふさがる際に、その困難のある部分は自分では対処が不可能とすることで、教員としてやりがいを感じているアイデンティティの揺らぎを防ぐという「二元化戦略」が教師文化の一つの特徴である。これは、ろう学校の聴者教員が用いる「教師のストラテジー」が教員としての存在価値を保つ働きをしている点と一致する。このことから、ろう学校の聴者教員による「教師のストラテジー」もマクロな視点からは教師文化という概念のなかに位置付けることができるであろう。つまり、教師のストラテジーはろう学校の聴者教員集団に共有される「生き残り戦略」であり、ろう学校「教師のアイデンティティや教育実践を支える知恵や技」と

62　第2部　現在のろう教育現場で起きている「ことば」の問題

して見ることができる。

3.5　教師文化を内面化するろう学校の聴者教員たち

　近年はろう学校の人事異動が活発であることは既に述べた通りである。毎年3月には少なくない教員たちがろう学校を去り、4月にはほぼ同じ数の新しい教員がろう学校に赴任してくる。そして、ろう児に接したことのない聴者教員たちは3.4.2で見たように、ろう学校に対して少なからず「異世界」という感覚をもつであろう。ここでは、毎年ろう学校にやって来る聴者教員たちが異世界であるろう学校という組織のなかで自身をどのように位置付けていくのかについて述べる。

　　　「ろう学校に突然きたら、そこにある流れに従うしかない。むしろそこ
　　　に疑問を抱くのも難しい。」（FN100722）

　これは、当時ろう学校で5年目の勤務を迎えていた聴者教員のことばである。この聴者教員はろう学校以前に盲学校での勤務を経験していたが、ろう学校に来てからはろう学校の流れ（やり方）に対して疑問を抱くこともなく順応していったことがわかる。

　　　「すでにある集団（ろう学校）に入るには合わすしかない。」（ID120404
　　　教B）
　　　「自分がその（ろう学校の）環境を知らないから、その世界を受け入れ
　　　ることになると思う。」（ID120404 教B）

　この聴者教員Bの発話からもやはり、すでに存在するろう学校の世界を受け入れることでろう学校に自身を組み込んでいく様子がわかる。前任の高等学校と比べて、ろう学校の生活指導や試験体制のあり方に当初は違和感を覚えていたとインタビューで語っていた聴者教員Aも、

第3章　ろう児と聴者教員の関係性と低学力　*63*

> 「『ここ（ろう学校）はこういうもんなんだ。』と受け入れて、いつしか
> それが自然になった。」（ID120405 教 A）

と語っていた。これらの例からは「郷に入れば郷に従え」とでも言うべき聴者教員の様子が見られる。おそらく元々ある集団の規範に馴染んでいく現象はろう学校に限らず地域校でも同様であろう。しかし、「外国」や「別世界」という印象をあたえるろう学校の場合は地域校よりも強く「世界の受け入れ」を聴者教員に促すと思われる。ろう学校に馴染んでいく聴者教員の姿は卒業生たちからも観察されている。

> 「先生も学校の雰囲気で変わると思う。学校全体が厳しい雰囲気なら厳
> しくなる。厳しい雰囲気の健聴の学校（地域校）では厳しくするような
> 先生でも、ろう学校はなあなあな面があるから、それに流される可能性
> があると思う。」（ID120513 卒 C）
> 「ろう学校では、例えば（ろう児が）幼稚部から同じメンバーなので、
> （ろう児同士の）関係が緩くなる。その生徒の緩い関係に先生も合わせて
> いくことで、先生も緩くなってしまう。本当は頑張れる先生も流されて
> しまう。」（ID120530 卒 E）

　このような、そこにすでにある「世界の受け入れ」にはろう学校の学校運営システムだけでなく先輩聴者教員たちの行動様式や思考パターンも含まれているであろう。新転任教員たちは先輩聴者教員との接触のなかでろう学校の教員がどのようにろう児と向かいあい、困難に対処しているのかについても目の当たりにし、「教師のストラテジー」使用についても受け入れていくと考えられる。

　この「世界の受け入れ」を促進する要因としても教師文化の影響が考えられる。永井・古賀（2000）は新任教員が職場集団のなかで成長する過程に教師文化が影響を与え、新任教員は所属校の教師文化を内面化することを述べている。この永井・古賀の論をろう学校の状況と照らし合わせて考える場合には、ろう学校の生徒数に対する教員数の多さを考慮する必要があるであろう。

表10　ろう学校の教員数と生徒数：2007 年度 -2011 年度
（文部科学省「特別支援教育資料」の平成 19 年度 -23 年度から筆者が作成）

	教員数	生徒数
2007 年度	5,181	6,518
2008 年度	5,100	6,427
2009 年度	5,108	6,449
2010 年度	4,961	6,290
2011 年度	4,896	6,181

　2007 年度から 2011 年度までの 5 年間のろう学校教員数と生徒数の関係を
示した表 10[21)]からは、ろう学校の生徒数に対する教員集団の大きさがわか
る。2011 年度の例で言えば、ろう学校に通う生徒は 6,181 人であるのに対し
て教員は 4,896 人であった。したがって、新任教員はろう学校において他の
教員たちと接触している時間が地域校と比べて長いと推測でき、他の教員と
一緒に仕事をする機会も地域校と比較して多いため、先輩聴者教員からの影
響を受ける頻度も多くなると考えられる。この勤務条件は、新任教員がろう
学校の教師文化を受け入れ、内面化する過程を促進すると思われる。
　また、教員数の多さは新任教員だけでなく、その他の教員たちにとって
も教師文化による相互規制の影響を強化すると考えられる。山田・長谷川
（2010）による、「教員の仕事の難しさは外部からは見えづらく、したがっ
て『自分は教員として職務を首尾良く遂行している』という実感を調達する
うえで同じ内部者である同僚との関係の持つ意味は大きい」[22)]という示唆
も加味すれば、教育責任を果たすことに困難が生じやすいろう学校において、
聴者教員が「自分たちは職責を果たしている」とお互い承認しあうことで教
職アイデンティティを維持する関係は成立しやすいであろう。

3.6　ろう児と聴者教員の関係性が
「ろう児の低学力問題」へ与える影響

　ここからは、これまでの分析結果を踏まえてろう児の低学力問題について
考察する。本章では教育法の効果からではなく、手話ということばの習熟度

の違いに着目しながらろう児と聴者教員の関係性を読み取ることで、ろう児の低学力問題を考察するものである。この角度からろう児の低学力と関連する要素としてまずあげられるのは、「指導をためらう教員」という立場性の影響によって、聴者教員はろう児を授業に専念させることができにくい点である。3.4.3で述べたように、「友達化」され「指導をためらう教員」は、ろう児に不適切な言動が見られる場面においてさえ、必要な注意や指導を与えることをちゅうちょしてしまう。そして、ろう児の側では聴者教員が「怒らない」とわかっていることで、授業中の私語をためらわなくなっているケースが見られる。なかには、私語だけでは収まらず、積極的に授業を「サボる」ろう児も出てくる。このことが授業の成立さえ難しくしており、授業進度と学習効率の向上を阻害していることは間違いないであろう。

　さらに、授業の成立が難しいという困難を抱える聴者教員は、「教師のストラテジー」を用いて、その困難がろう児の「障害」に起因し自身の責任外であると捉えることで、教員としての存在価値を保とうとする側面が懸念される。なぜなら、このような「教師のストラテジー」使用が毎年新たに赴任する聴者教員たちにも内面化されその使用が広まれば、授業が成立していない状況を意識的・無意識的に問題視しあわない傾向が聴者教員間で生まれ、それがろう学校の聴者教員集団の「生き残り戦略」となり、「相互規制の集積であると同時に、教師のアイデンティティや教育実践を支える知恵や技」という教師文化になっていくことが考えられるからである。その結果、授業進度や学習効率という以前に授業を成立させにくい状況を改善しようとする意識が聴者教員のなかで希薄化し、それが結果としてろう児の学力にも影響を与えていると思われる。

　ろう児と聴者教員の関係性が「低学力問題」に影響していると思われるその他の要因として、「コミュニケーション弱者」である聴者教員の手話能力がろう児の学習意欲を低めている点があげられる。聴者教員の手話力のうち、特に読み取る力の低さは、聴者教員によるろう児の質問への聞き返しを引き起こし、限られた授業時間を奪っていく。さらに、聴者教員がろう児の発言を読み取れない場合には、その発言を意図的に「スルー（無視）」してしまうこともある。この自身の発言が「スルー」されるという現象はろう児側の

学習意欲を減少させるであろう。例えば、授業内容に関して質問があるような場合でもそれが聴者教員に上手く伝わらず、質問がなかったかのようになる経験が繰り返されれば、同じ聴者教員に再度質問しようとは思わなくなることなどが考えられる。

> 「先生たちに（手話で）自分の言っていることが上手く伝わらずイライラすることがあった。」（ID120513 卒 A）
> 「先生に話の意図が伝わらないことはあった。その時は、手話をゆっくり表すか身振りで伝えていた。ただし、やり取りに時間がかかる分、授業が遅れることもある。」（ID120530 卒 E）
> 「読み取れない場合に、きちんと聞き返す先生もいればスルーする先生もいる。先生に話が伝わらずスルーをされることに慣れていたので『まあ、いいか』と思っていた。」（ID120513 卒 C）
> 「（授業対象であるろう児の）手話がわからないので（そのろう児の）話を流すこともあった。」（ID120408 教 C）

　ろう児は聴者教員に意図が伝わらずにいら立つことや、自身の話がスルーされることに慣れてしまう傾向があるため、学習への積極性は失われやすい。このように、ろう児との関係において聴者教員のほうが、授業で使用するコミュニケーション媒体である手話ということばに熟達していない状況は、ろう児から学習意欲をも奪っていると考えられる。この点に関しては、手話ができないまたは手話自体を知らないような聴者教員が大量にろう学校に配置されるという現象が毎年繰り返されるという異様さに気づく必要がある。言語権[23]という視点から眺めれば、公教育としてのろう教育がこのようなろう児の言語的ニーズを無視した状態のなかで行われている事自体が重大な問題である。

3.7　まとめ

　本章は、手話ということばの習熟度に着目しながら以下の 3 点に沿って、

ろう児の低学力問題を分析するものであった。

Ⅰ　手話を使用する現在のろう学校におけるろう児と聴者教員の関係性を明らかにする

Ⅱ　その関係性を生じさせる要因は何であるかを明確にする

Ⅲ　その関係性がろう学校の低学力問題と関連しているのか。もし関連があるならば、どのような影響を与えているのかを明らかにする

　Ⅰ　手話を使用する現在のろう学校におけるろう児と聴者教員の関係性を明らかにするについては、本研究からその複雑な様相が捉えられた。まず聴者教員はろう学校の授業場面で手話を十分に操れないことから、授業対象のろう児たちに対して「コミュニケーション弱者」という関係におかれる。反対に、聴者教員と比して手話ということばに秀でているろう児は、授業中の聴者教員に手話を教えるようにもなる。手話に熟達していない点とろう児から手話を教えてもらうという行為によって、聴者教員はろう児と「友達化」するようになり、結果としてろう児に不適切な言動があったとしてもそれを注意できない「指導をためらう教員」という関係性に至る過程が観察された。そして、達成困難な教育責任への葛藤によって自身の教員としての存在価値が否定されないよう「教師のストラテジー」を使用しているのである。

　Ⅱ　その関係性を生じさせる要因は何であるかを明確にするについては、ろう学校赴任前の聴者教員がもつイメージと実際のギャップが関係している。それまでろう児と接したことのないままろう学校に赴任する聴者教員は「弱者としての障害者」イメージとともに勤務し始める。しかし、実際にろう学校でろう児との授業を開始した聴者教員は自身の方が相対的に「弱い」立場にいるということに気づく。この赴任前と赴任後のギャップが「教員の友達化」や「指導をためらう教員」という複雑な関係性を生む要因となっている。また、頻繁な人事異動により年々経験者は転出し「手話で十分に意思疎通が取れない」状態の聴者教員が毎年配属されるという背景も要因となっている。

　そして、Ⅲ　その関係性がろう学校の低学力問題と関連しているのか。もし関連があるならば、どのような影響を与えているのかを明らかにするについ

いては二つの影響を考察した。一つ目は、「友達化」し「指導をためらう教員」はろう児を学習活動に専念させることができにくいため私語が常態化し授業が成立しにくく、学習進度が遅れ学習効率が低下している点である。さらに、「教師のストラテジー」を使用し、聴者教員としての存在価値を確保しようとする行為が自明化し、教師文化となることによって、授業が成立しにくい状況を改善しようとする聴者教員の意識の希薄化が懸念された。二つ目の要因は、ろう児の学習意欲の問題である。聴者教員がろう児の手話をスムーズに読み取れない状況は、積極的に授業参加しているろう児であってもストレスであり、「質問することをやめる」など、ろう児から学習意欲を奪っていることが教科成績の向上を阻害していると考えられる。これには日本社会、またはその一部でありろう教育を規定する立場の文部科学省や教育委員会が、手話を重要視していないという態度が根本的な問題としてある。ろう児やその保護者の側ではろう学校で聴者教員が手話を使うことを前提にしていても、行政側に手話重視の姿勢がないという意識の乖離が存在すると思われ、言語権という考え方の広がりが待たれる。

　しかし、本章において最後に強調しておきたいのは、現在のろう学校が抱える低学力問題の責任を聴者教員個人の資質に帰属させることは問題の本質から目を背け、解決から遠のく結果になるということである。手話ということばの使用が当然とされる現在のろう学校にあって、手話をまったく知らないまま赴任させられる矛盾した状況に聴者教員たちは最初からすでに翻弄され、自身の存在価値を確保するため「教師のストラテジー」を使用するようになる。したがって、本章を通して示したろう児の学力向上を阻害するような要因は聴者教員個人を責めることで解決されるような単純な問題ではない。

　久富（2012）が指摘しているように、1990年代半ば以降の教員や学校は教育に対する保護者や国民の不満や批判を一身に受けてきた。しかし、本来なら教員や学校への規定権をもっている文部科学省や教育委員会という教育官僚機構にこそ批判が向けられるべきであろう。なぜなら、ろう学校の状況に配慮しているとは思えない人事異動は、手話ということばのできない聴者教員を増加させ、結果として「指導をためらう教員」を生み出す背景要因となっているからである。また、文部科学省を内包する日本社会全体がもつ手話

第3章　ろう児と聴者教員の関係性と低学力　69

への意識が、言語権という視座から理解されていないことがより核心的な問題として存在すると言えるだろう。

　ろう児の低学力問題を解決しようとすれば、まず日本社会において手話ということばの言語的認識を浸透させ、ろう児の言語権への社会的意識向上が必要だと考える。そのうえで、文部科学省や教育委員会が率先して聞こえる教員への長期的で体系的な手話研修制度を構築する必要がある。また、ろう教育においては教員の手話能力が重要であることから、ろう学校の聴者教員が同一校に在籍できる期間は地域校のそれよりも長めに設定するという人事異動制度への見直しも必須であろう。この点に関しては卒業生からも希望がある。

　　　「先生にとって教える相手がろうだと健聴の生徒とは違うと思う。授
　　　業の進めかたも変わるし。同じ先生が長くろう学校にいてほしい。」
　　（ID120418 卒 F）

　また、ろう教員を積極的に採用していくことも手話能力という点では対策となるであろう。

　以上、本章ではろう学校におけるろう児と聴者教員の関係性について、手話ということばの習熟度の違いに着目して分析することで、手話や口話といった教育方法の効果という視点とは異なる切り口からろう児の低学力問題を論じることができた。また、教員の思考や行動様式に見られる「教師文化」という概念のなかでろう学校の聴者教員が使用する「教師のストラテジー」を理解し、ろう学校以外の教員が用いるストラテジーとの共通性に触れるとともにろう学校の教員文化の一端を示すことができた。

　一方、コミュニケーションという観点からは、ニューカマーを対象に含む日本の公立学校での教育や中国人留学生など外国人を対象とした日本語学校のように、使用する「ことば」において教員の習熟度のほうがおおむね高いケースと違い、ろう学校では聴者教員の低い手話熟達度がろう児と聴者教員の関係性に独自の影響を与え、その関係性がろう児の低学力問題の要因ともなっている点で特徴的であることもわかった。したがって、聴者教員とろう

児が不自由なく意思疎通できるための手話ということばによるコミュニケーション環境、言語環境を確立することの重要性も本章から再確認することができ、そのためには文部科学省を内包する現在の日本社会が言語権の観点から手話を捉えることが必要であることも示唆された。また、同一のコミュニケーション手段を使用しながらも、その熟達度に明確な差がある状態での相互行為は、当事者間のパワーバランスにも不均衡を生じさせることが本章におけるより普遍的な示唆としてあげられ、ことばや言語の個別性に関わらない現象であると思われる。

■注

1 ろう教育の文脈で言う「学力」とは「教科学習における能力・成績」という意味合いで使われることが一般的であり、「学習能力」という理解とは若干異なっている。

2 鄭（2007, p.132）

3 鄭（2007）、脇中（2009）、本書第2章を参照。

4 子音を手指の形で表わし、同時に母音を口形で表わす方法。

5 たとえば、日本手話による教育という選択肢を作ることをめざして2003年5月に出された「人権救済申立書」がある。そこでは、12人の日本手話話者に対して日本手話と日本語対応手話の二つの方法で複雑な文レベルの問題を出したところ、日本手話での正解率は100%に対し、日本語対応手話での正解率は50%であったとされる。

6 小田（2010, p.26）

7 我妻（2008, p.146）

8 3名のうち1名についてはインタビュイーの都合上、対面ではなく電話での会話を通したインタビューである。

9 この聴者教員のインタビューには、参与観察で見られた言動に関する質問も組み込んだ。

10 一部の質問項目に対し回答を頂けなかった大学もあったため、質問項目によっては回答者母数が異なる。

11 市橋（2008）

12 児島（2002, p.108）

13 対馬（2000, p.21）

14 澁谷（2005, p.196）

15 同 , p.197

16 例えば、2012年のプロ野球日本シリーズで日本ハムファイターズ所属の石井投手が登板する際、テレビ画面の選手紹介テロップには「先天性難聴を乗り越えて」とあった。

17 金澤（1999, p.190）

18 自由記述であるため回答が一字一句同じではないが、同様の内容を指しているものを
「手話が出来ないこと」として集計した。以下、質問紙調査のデータを示す場合も同
様である。

19 Paulo Freire (1970) は、教師が生徒の無知を前提とし、生徒を教師の教えによって
一方的に満たされるべき入れ物として捉えるような、預金行為としての教育の形を
「銀行型教育」だと批判した。そして、銀行型教育は生徒に受動的な役割を押し付け
生徒の想像力や批判意識を奪うことで、現在ある世界が改革されていくことを望ま
ない抑圧者の利益に仕えるものであるとした。この Freire の指摘から、ろう学校教員
がろう児に一方的に身につけさせることを期待されている「学力（観)」や「社会性」
というものもそれ自体が、現状の社会が変革されることを望まない人たち（抑圧者）
に都合のいい規範であり、その規範を自明なこととして強要することは一種の社会的
抑圧であるといえるだろう。この視点を「ろう者」と「聴者」という枠から眺めれば
さらに、ろう児にとって現在の「学力（観)」や「社会性」という規範とは圧倒的多
数派である聴者に合わせて作られているものとして捉えることができる。この視座は
ろう児の学力というテーマについてよりラディカルな論点であるが、本調査の趣旨と
は重ならないため、今回は扱わない。

20 越智・紅林 (2010, p.123)

21 表 10 の教員数は「本務者」と「兼務者」の合計である。また、2007 年度以降は聴覚
障害児をおもな教育対象とした特別支援学校のみを「ろう学校」として扱っており、
知的障害児や肢体不自由児などをおもな対象とする特別支援学校との併設校は含んで
いない。

22 山田・長谷川 (2010, p.43)

23 「言語権」については第 6 章を参照。

第4章　ろう児・者への英語リスニング試験

4.1　ろう教育のなかの英語教育

　ろう教育において、英語教育の歴史はそれほど長いものではない。戦前に英語教育を行っていたろう学校は、東京聾唖学校（現在の筑波大学附属聴覚特別支援学校）のみであった[1]。また、いくつかの文献によれば、戦後も各ろう学校が英語教育を同時に開始したわけではない。1960年度から週2時間の英語の授業を開始した京都府立聾学校[2]や、同じく週2時間の英語教育が1970年度に開始された愛知県立名古屋聾学校[3]のように、開始時期に10年の開きがあるケースが確認できる。ろう教育は、時代の推移とともにかつての職業教育中心だった時期から、より学力の充実が求められる現在の形へとそのニーズを変化させてきた。一方で、1998年の中学校学習指導要領において外国語科目がそれまでの「選択」から「必修」化されたことを一つの契機として、日本の教育制度のなかで外国語科目（実質的には英語科目）がより重要視されるようになってきた。ろう教育における英語教育も、準ずる課程にしたがって授業数の増加や学年対応学習進度の確保が進められてきた。このような流れのなか、英語科教員として20年以上ろう学校に勤めている対馬（2009）は、2000年前後からの10年で進学希望者が大幅に増加していること、また、英語が進学希望者の大きな壁になっていることを報告している。同じく、ろう学校の英語科教員である七條他（2009）も、大学に進学する生徒が増加傾向にあることを報告するとともに、大学入試に通用する英語の力を身につけさせる必要があるとしている。これらの報告からも、進学につながる学力へのニーズが高まっている現在のろう教育にとって、英語という「ことば」の能力を育成することが一つの課題とされているとわかる。

　さて、試験科目として英語ということばが課せられる場合に、そこには筆記試験とは別にリスニング試験が実施されることがある。このリスニング試

験は、英語教育が英語を「聞く」「話す」というコミュニケーション能力を
より重視する形に変化するにともなって増加している。大学センター入試や
公立高等学校入試、さらには英語に関する資格として知名度の高い実用英語
技能検定（以下、「英検」とする）、TOEIC、TOEFL などもリスニング試験
を課している。それら英語リスニング試験の目的は、実用的なコミュニケ
ーションスキルの一つとして、「聞く」能力を測定し評価することにあると
言える。2008 年改訂版の学習指導要領についての解説書「中学校学習指導
要領解説外国語編」では、「外国語を通じて、言語や文化に対する理解を深
め、積極的にコミュニケーションを図ろうとする態度の育成を図り、聞くこ
と、話すこと、読むこと、書くことなどのコミュニケーション能力の基礎
を養う」[4] とする外国語科の目標のなかでもとりわけ、聞くこと、話すこと、
読むこと、書くことからなる外国語によるコミュニケーション能力を育成す
ることが「最重要事項である」[5] と明言されている。また、第 3 章の「指導
計画の作成と内容の取扱い」[6] では外国語科として英語を選択することを原
則としていることから、今後も英語によるコミュニケーション能力は重視さ
れる傾向は変わらず、そのなかの一要素である「聞く」力を評価するリスニ
ング試験も実施され続けるであろう。

　一方で、「聞く」能力を測定され、評価されるという点において不利益を
受けることが想定される人たちが存在する。それは、聞こえない・聞こえに
くい身体をもつ、ろう児やろう者たちである。ろう児やろう者も、高校入試
や大学入試、または英検のような資格試験の対象者であり、実際に一定数が
受験している。本章では、ろう教育と「ことば」の問題の一つとして、ろう
児に対する英語のリスニング試験に視点を合わせる。具体的には、リスニン
グ試験に関する「特別措置」を分析することで、現状の措置基準や措置の中
身が抱えている問題点を明らかにしたい。

4.2　リスニング特別措置を検討する目的

　筆者の勤務するろう学校中学部では、この 10 年間で一定数の生徒が公立・
私立高等学校を受験し進学している。同様に毎年一定数が公共財団法人日

本英語検定協会（以下、「英検協会」とする）の実施する英検を受験している。これまで筆者が担任を受けもつ機会に恵まれ、卒業を見届けることができた四学年分の生徒たちのなかだけでも、9名のろう児が地域の公立・私立高等学校へと進んでいる。そのうち4名は、センター試験や志望大学の二次試験、または推薦入試を受け、それぞれ大学生になっている。このように、ろう児が公立・私立高等学校入試や大学入試、英検などの資格試験を受けるという現象は筆者の勤務校に限らない。しかし、聴児とは異なり、ろう児がこれらの試験を受ける際にはリスニング試験が常に障壁となる。なぜなら、ろう児にとって「聞く」という行為を聴児と同程度に行うことは困難であり、その帰結として英語のリスニング試験はろう児に不利益をもたらす可能性が非常に高いものだからである。さらに、その困難は聞こえない・聞こえにくいという身体状況に起因しているため、訓練や学習などによって英語を「聞く」努力をしたとしても、聴児並みの聞き取りが達成されるものではない。試験を実施する各機関も現在はこの点について認識していると思われ、ろう児が英語リスニング試験によって不利益をこうむることのないように、何らかの特別措置を独自に定めている。

　しかし、これらの特別措置は各機関が独自に設定しているため、その中身は同じではない。そこには、異なる基準によって区別された様々な措置内容が見られる。ここに、本章の着目点がある。英語ということばは、現在の日本社会において進学や就職の機会に大きく影響する「強い」影響力をもつことばである[7]。ろう児・者もまた今の進学システムや就職システムに適応しようとする限り、積極的にも消極的にも英語ということばを学ばざるをえない。そのため、ろう児・者に不利に働く英語リスニング試験に対して特別措置が設置されるのは当然の対応であろう。しかし、あるろう児・者がどの措置段階の対象となるかを決める基準が存在するということは、その結果として特定の措置段階の基準から漏れるものも出現させていることになる。このように何らかの基準で措置対象者や措置内容をわける場合、さらにその基準や内容が進路選択や資格取得の有無をも左右する要素となりうる場合、その基準は一体何を根拠に設定されているのかは確認が必要であろう。

4.3　リスニング特別措置の内容

4.3.1　公立高等学校／大学センター試験のリスニング特別措置

　ここでは、リスニング試験に対する実施機関の特別措置例として公立高等学校入試と大学センター試験入試をあげる。筆者の勤務校では、前述のように毎年一定数の生徒が地域の公立・私立高等学校へ進学する。私立高等学校入試の英語科目では、英単語のアクセントの位置を答えさせるなどのいわゆる発音問題は多くみられるが、リスニング試験は課されない場合が多い。しかし、公立高等学校入試では必ずリスニング試験がある。そのため、聴覚障害についての配慮申請を教育委員会に対して行い、特別措置を求めている。筆者が勤務する自治体であれば、申請書類には両耳の平均聴力レベルとともに学校生活における聴覚の活用状況を記したものと、授業ないでの英語リスニングの実情を記入したものの二つが必要である。申請が認められた場合には、リスニング試験で話される英文が文字化され、スクリプトを速読する形式の特別措置が受けられる。ちなみに、申請が認められなかった経験は一度もない。

　松藤（1999）では、1998 年度時点での公立高等学校入試のリスニングに関する配慮状況をアンケート形式で全国的に調査している。この時点でリスニング試験を行っていなかった北海道を除く各都道府県の 47 教育委員会を対象に行い、回答数は 41 であった。アンケートのなかで与えられた選択肢は以下である。

　ア：別室で受験させている
　イ：受験者が読話できるよう、試験官が問題を読み上げている
　ウ：聴解問題と同一の内容の問題を、筆記形式で出題している
　エ：聴解問題の代わりになる別の筆記形式の問題を出題している
　オ：聴解問題の部分は得点の対象とせず、見込み点を与えている
　カ：その他

結果は延べ数で、ア 28、イ 17、ウ 5、エ 5、オ 2、カ 17 であった。カで
は「補聴器の使用」と「座席の配置」という回答が多かった。この結果か
ら、ろう児への公立高等学校入試においては、リスニング試験に対する特別
措置の内容は多様であり統一的なものはないことがわかる。また、アやイの
ように英語を「聞く」という形式を取る対応策の方が、ウエオのように英語
を「聞かない」という形式よりも主流であり、多くのろう児が公立高等学校
入試においてリスニングを受けている状況がある [8]。この調査では、特別措
置の対象者となるための各教育委員会の基準について明確に示されてはいな
いが、部分的な記述内容と筆者の勤務校での状況を勘案すると、学校生活で
の様子から、該当の生徒が特別措置の対象になると各ろう学校が独自に判断
し申請を行っていると考えられる。
　次に、独立行政法人大学入試センターが実施するセンター試験での特別措
置について述べる。センター試験のリスニングには「受験上の配慮申請」と
いう仕組みがある。これは、全国の受験者が同じ試験を受けるというセンタ
ー入試の性格上、全国で統一された対応がなされる特別措置とみなすことが
できる。この配慮申請のなかの聴覚に関する申請基準は、①「両耳の聴力レ
ベルが 60dB 以上の者」②「上記以外で聴覚に関する配慮を必要とする者」
とされている。特別措置の内容は、大きく分けて「リスニングの免除」と
「リスニング方法の援助」となる（表11）。リスニング方法の援助には、持参
したイヤホンやヘッドホンを IC プレーヤーにつなぐ方法や、別室でスピー
カーから直接音声を聞くなどの方法がある。補聴器または人工内耳の装用は
認められている。
　センター入試の措置内容は、まず受験者自身が必要と判断するものを選択
する。そして、配慮申請を行う際には必ず聴力の状態と希望する特別措置が

表11　センター試験での「聴覚に関する配慮事項」　＊HP より筆者が作成

	特別措置の内容
①両耳の聴力レベルが 60dB 以上の者	・リスニングの免除 または ・リスニング方法の援助
②上記以外で聴覚に関する配慮を必要とする者	

必要であるということを証明する医師の診断書を提出しなければならない。リスニング免除の特別措置を希望する場合には、診断書に加えて在籍する学校が記入する状況報告書の提出も求められる。この状況報告書に記載される情報は、配慮申請の対象者が高等学校でリスニングの授業や試験を受けているかどうか、高等学校で行ったリスニングに対する配慮はどのようなものか、などの内容である。特別措置内容の決定は大学入試センターが、提出された申請書類をもとに審査し個々の症状や状態等を総合的に判断する[9]。

　以上、公立高等学校入試と大学センター試験でのリスニングに対する特別措置を概説してきた。リスニング免除、またはリスニング方法の援助という大学入試センターの特別措置に比べて、各教育委員会が独自に定めている公立高等学校入試の特別措置は多様である。一方、特別措置の決定方法については、どちらの場合も平均聴力レベルという「聞こえ」に関する数値以外の判断材料も用意している点で共通している。

4.3.2 　英検のリスニング特別措置

　次に、英検協会が実施している英検のリスニング特別措置を見ていく。英検は公立高等学校や大学センター試験とは異なり、措置対象者の判断基準を身体障害者手帳の有無のみに求めている点で特徴的である。

　まず、英検とはその HP によると年間 230 万人が受験する日本最大規模の英語に関する検定試験であり、文部科学省が後援している公益財団法人である。また、検定に合格すれば高校や大学入試の際に優遇措置を受ける対象となるなどのメリットがある。この英検はろう学校の英語教育でも利用されている。例えば、筆者の勤務校中学部・高等部では英検が予定する年 3 回の受験機会に対して、4 級と 5 級の受験希望者がいる場合、学校を準会場として実施している。英検のリスニング試験では「（聴覚）障がい者に関する特別措置」という制度が利用できる。この特別措置を利用すれば、本来は CD から流れる英語を聞きとる形式のリスニングテストを表 12 のような方法で受験することが可能になる。

　テロップとは、リスニングと同じ英文が文字テロップとしてディスプレイに表示され、それを速読する方法である。実際の DVD を見ると、テロップ

表 12 英検の「(聴覚) 障がい者に関する特別措置」 ＊ HP より筆者が作成

	リスニング形式	試験時間	試験室	補聴器等
障害程度等級が 6 級以上の 聴覚障がい者	テロップ	DVD は放送の 1.5 ～ 2 倍	別室	可
	強音放送	通常時間	別室	
上記以外の難聴者	座席配置	通常時間	一般同室	

表 13 聴覚に関する障害程度等級の基準
＊身体障害者福祉法施行規則別表第 5 号より筆者が作成

2 級	両耳の聴力レベルがそれぞれ 100dB 以上のもの（両耳全ろう）
3 級	両耳の聴力レベルが 90dB 以上のもの 　（耳介に接しなければ大声語を理解し得ないもの）
4 級	①両耳の聴力レベルが 80dB 以上のもの 　（耳介に接しなければ話声語を理解し得ないもの） ②両耳による普通話声の最良の語音明瞭度が 50% 以下のもの
6 級	①両耳の聴力レベルが 70dB 以上のもの 　（40cm 以上の距離で発声された会話語を理解し得ないもの） ②一側耳の聴力レベルが 90dB 以上、他耳の聴力レベルが 50dB 以上のもの

がディスプレイの右から左へとスライドして消えていくという表示方法である。テロップの表示速度は音声放送の 70% 程度であり、音声放送の時間に比べ 1.5 ～ 2 倍ほどの時間を要する。表示回数は通常放送と同一であり、音声放送の受験者とは別室で行われる。強音放送とは、ボリュームをあげたより大きな音でリスニングを受験する形態を意味し、こちらも別室で行われる。なお、補聴器等の使用は認められている。

　しかし、テロップ受験や強音放送受験の特別措置を申請するためには条件が設定されており、特別措置の対象となるのは身体障害者手帳の 6 等級以上を所持しているものに限られている。この 6 等級は、①両耳の聴力レベルが 70dB 以上、又は②一側耳の聴力レベルが 90dB 以上、他耳の聴力レベルが 50dB 以上と基準付けされている（表 13）。

　1 m 離れた距離で静かな音環境であれば、一般的に 70dB 前後が通常の会話音とされている。したがって、補聴器等をつけない状態では、1m 先から普通に話される声が聞こえない・聞こえにくい人たちが身体障害者手帳の 6 等級に該当することになる。

英検の特別措置は6等級に満たないろう者に対しても音源となるスピーカーに近い席を与えるという「座席配置」の特別措置を準備している。これは一見して聞こえの程度に限らず、すべてのろう者に対応している印象を与える。しかし、英検の「（聴覚）障がい者に関する特別措置」を裏返せば、6等級に満たないろう者には座席配置以外の特別措置は適応されないことを意味する。つまり、身体障害者手帳の有無が、音声情報から文字情報へと変換された「テロップ」受験という特別措置と、音源に近い席で音声英語をリスニングする「座席配置」という特別措置の対象者を隔てる根拠となっている。また、二次試験で行われる英語による面接試験でも、身体障害者手帳の所有者には面接官の指示や質問は文字情報であるフラッシュカードで示され、受験者は英語の筆談を用いて返答できる形の特別措置が用意されている。一方で、手帳の非所有者は「大声」で指示や質問がなされるという特別措置しか受けられない。

4.4　「平均聴力レベル」という基準の曖昧さと 「特別措置」内容の格差

　身体障害者手帳の等級は両耳の平均聴力レベルという基準で決められる。平均聴力レベルは、防音室のような静かな環境で、オージオメータが提示する大・小・高・低を様々に組み合わされた音を裸耳の状態で聞くことによって調べられる。そして、各音域（Hz）において被験者が感知した最少の音の大きさ（dB）を記録する。そのなかから会話音に使用される中心的な音域である 500 Hz、1000 Hz、2000 Hz での被験者が感知した最少の音の大きさを平均した値が平均聴力レベルとされる。平均の求め方によって、（500Hz + 1000 Hz + 1000Hz + 2000Hz）÷ 4 の計算式で求める四分法と、（500Hz + 1000Hz + 2000Hz）÷ 3 の計算式で求める三分法とにわかれる。

4.4.1　「聞こえにくさ」の質
　あるろう児の平均聴力レベルを見れば、そのろう児がどれくらいの大きさの音ならば反応するのかおおよそ見当がつくと言える。しかし、平均聴力レ

表14　聞こえにくさのちがい（1）

	平均聴力レベル	500Hz	1000Hz	2000Hz
ろう児A	70dB	70dB	70dB	70dB
ろう児B	70dB	40dB	65dB	110dB

ベルの数値とろう児それぞれの「聞こえにくさ」の実態が整合するのかと言えばそうではない。実際には、同じ平均聴力レベル70dBという数値の二人がいても同じように聞こえているわけではない。平均聴力レベルはあくまで、500 Hz、1000 Hz、2000 Hzという高さの音について被験者が聞こえる最少の音の平均でしかないからである。500 Hzが70dB、1000 Hzが70dB、2000 Hzが70dBの大きさで初めて音を知覚するろう児Aも、500 Hzが40dB、1000 Hzが65dB、2000 Hzが110dBの大きさで初めて音を知覚するろう児Bも、四分法の平均聴力レベルで見れば同じ「70dBの聞こえ」ということになる（表14）。

　しかし、この二人では、Bの方がAに比べて500Hz（低め）の音は聞こえやすく、2000Hz（高め）の音は聞こえにくいという違いがある。どの高さの音がどれくらい聞こえるかということは、ろう児個人によって様々であり、このような違いは個人の数だけ生じる。以上からわかるように、平均聴力レベルという数値ではろう児の聞こえ方を正確に捉えることはできない。

　さらに、聞こえにくさ自体に複数のカテゴリーが存在する点も平均聴力レベルが聞こえにくさの実態を不明瞭にしか示せない理由の一つである。聞こえにくさの種類には「伝音難聴」と「感音難聴」、「混合難聴」があり、伝音難聴は音が伝わりにくい点に聞こえにくさの理由があるため、音を増幅することで話される内容が理解しやすくなる。つまり、大沼（1997, p.11）が簡潔に説明しているように、伝音難聴とは「外から入ってくる音が物理的にその奥にある内耳へ伝わりにくくなった」状態であり、「伝わらなかった損失分だけ音を増幅してやれば音声は明瞭に聞き取れるようになる」点が特徴的である。一方で、感音難聴では音を知覚しことばとして理解するための器官である聴神経などを含む聴覚中枢に聞こえにくさの理由があるため、音を大きくすることで音の知覚はできたとしても、話される内容の理解はしにくいま

第4章　ろう児・者への英語リスニング試験　81

まであり、音は聞き取れてもその音から意味を認識することが容易ではない状態、話の内容が理解しにくい状態には変わりない。そして、それら二つの特徴が混在しているのが混合難聴であり、補聴器が聞こえにくさを緩和する効果が高いのは「伝音難聴、混合難聴、感音難聴の順」[10] である。この聞こえにくさのカテゴリーを、上述したように個人の「聞こえにくさ」の詳細を示す指標としてはすでに不正確である平均聴力レベルという基準とあわせて考えた場合、特別措置対象者の「わけ方」と、わけられた特別措置の「中身」についての課題が見えてくる。

4.4.2 「特別措置」の判断基準とその中身が抱える問題

　一つ目の問題は、英語リスニング試験の対象者と、「聞く」ことが必要でなくなるテロップ試験の対象者を両耳の平均聴力レベル 70dB 以上という身体障害者手帳交付の基準でわけることは妥当なのかという点である。「聞こえ方の質」を考慮すれば、身体障害者手帳を取得できない平均聴力レベル 60dB や 65dB のようなろう児の方が、手帳を取得できる平均聴力レベル 70dB や 75dB のろう児よりも英語リスニング問題を聞き取り理解できるということは保障されない。また、平均聴力レベルはあくまでも補聴機器を装用していない裸耳での聞こえであるため、実際にリスニングを受ける場合には装用するであろう補聴機器の影響も勘案しなければならない。そのように考えれば、補聴器から得られる装用効果の差、それぞれが使用している補聴器自体がもつ性能の差[11]、フィッティングの差などの要因によっては、リスニングに際しての聞こえの条件はますます異なってくる。それ以外にも補聴器装用なのか人工内耳装用なのかという補聴機器のメカニズム自体の違いにも着目すると、リスニングを受けるか否かの境界線を裸耳の聞こえである平均聴力レベルという指標にだけ求めることが最良とは考えられない。仮に、両耳の平均聴力レベル 60dB で手帳のない「感音難聴」のろう児 C と、70dB で手帳のある「伝音難聴」のろう児 D がいたとする（表15）。

　英検協会が認めているように、C と D がともに補聴器を装用した状態でリスニングを受けたとすれば、「伝音難聴」ろう児 D は補聴器の装用効果によって明瞭に聞き取りやすくなる一方、「感音難聴」ろう児 C にとっては意

表15　聞こえにくさのちがい（2）

	平均聴力レベル	聞こえにくさのカテゴリー
ろう児 C	60dB	感音難聴
ろう児 D	70dB	伝音難聴

味の取りにくい状態の音の塊が大きくなるわけであり、必ずしも意味を取り
やすくなったとは言えない。結果的に英語を聞き、理解するということが求
められるリスニング試験への適応は平均聴力レベル 60dB で手帳のない「感
音難聴」ろう児 C の方が、平均聴力レベル 70dB で手帳のある「伝音難聴」
ろう児 D より低くなるという、数値と実態の逆転現象が起こる可能性は否
定できない。このように、裸耳の状態で聞こえる音の大きさだけを基準にし、
聞こえ方の質や補聴機器に関する差異を考慮することのない平均聴力レベル
を唯一の判断基準に据えた「わけ方」では、よりリスニングに不向きなろう
児にリスニングを受けさせている状況が想定される。したがって、平均聴力
レベルという「わけ方」の基準に妥当性は認めにくい。次節でも言及するが、
2010 年度までは平均聴力レベルが 80dB 未満のろう児は、つまり、身体障害
者手帳の 6 級をもつろう児もリスニングを受けていたという事実があり、判
断基準となる平均聴力レベルの数値自体も揺れている。やはり、特別措置の
内容をわける判断基準とされている両耳の平均聴力レベル 70dB という指標
は、それ未満の平均聴力レベルのろう児はリスニング試験に堪えられるとい
うことを示さない恣意的な数値であると言うほかないだろう。
　二つ目に、現行の基準によってわけられている特別措置の内容が妥当だと
言えるのかという問題がある。両耳の平均聴力レベルが 70dB に満たず、身
体障害者手帳を所持していないろう児が受けられる特別措置は、リスニング
音源に近い席に移される「座席配置」である。しかし、前述したように平均
聴力レベルという基準ではリスニング適応の度合いについて逆転現象が起こ
りうる。それにも関わらず、一方にはリスニングの代わりに文字情報である
テロップ受験を認め、もう片方にはあくまでリスニング試験を受けさせると
いうことを、平均聴力レベルという基準でもって判断するのは不適当であろ
う。ろう児は聴児と比較して聞こえにくいという原点に立ち返れば、平均聴

表16 聞こえにくさのちがい (3)

	平均聴力レベル	聞こえにくさのカテゴリー
ろう児E	60dB	感音難聴
ろう児F	60dB	伝音難聴

力レベルが70dBであっても、60dBであっても、50dBであっても聴児と同等のリスニング能力を求めることはできないため、本来なら希望するすべてのろう児にテロップ試験を認める方法が不利益を生まないはずである。

次に、「座席配置」の特別措置が、その対象となるろう児間に新たな格差を生むということを示す。「座席配置」の措置しか受けられない、両耳の平均聴力レベルがともに60dBのろう児E（感音難聴）とF（伝音難聴）がいたとする（表16）。

平均聴力レベルは同じであっても、これまでに述べた聞こえにくさのカテゴリーの違いによって、英語を聞き理解するという能力に関してはE（感音難聴）の方が不利である可能性が高く、リスニング試験を受けるろう児間にも格差が生まれることになる。これでは、「座席配置」という措置内容がその対象者に対して公平に効力を発揮しているとは言えず、むしろ、「座席配置」の対象であるろう児間に合否確率の差を生じさせていることがわかる。ろう児は聴児と同様に聞こえるわけではないがしかし、ろう児集団ないでは「より聞こえるろう児」と「より聞こえにくいろう児」が連続体のように存在しているため、「座席配置」というリスニングを必要とする特別措置は、聴児との比較のうえで不利であるだけでなく、平均聴力レベルが70dBに満たずリスニングを受ける必要のあるろう児たちの間にまで合否確率の不均衡を作り出す二重の仕組みとなっている。

4.5 「（聴覚）障がい者に関する特別措置」の変遷から見る、教育と制度の関係

4.5.1 変化する「（聴覚）障がい者に関する特別措置」

次に、英検が「（聴覚）障がい者に関する特別措置」を設定する際の動き

を分析し制度ができていった過程を追う。そして、制度設定やその後の制度改善に至る動きから何が見えてくるのか考える。「(聴覚)障がい者に関する特別措置」は、過去に複数の変更がなされている。例えば2010年度までは、リスニングテストをテロップで受けられたのは障害程度等級が4等級以上からであったため、それ以下の等級では強音放送の特別措置等での受験が義務付けられていた。したがって、4等級に該当する両耳の平均聴力レベルが80dB以上のものからしか文字による情報保障を受けられず、80dB未満のものは「リスニング」を受けていた。

　2011年の改正以前の「(聴覚)障がい者に関する特別措置」について、松藤(1996、2001)を参照しながら以下に概要を示す。これによると、英検協会は1994年度まで、ろう児に対しても一般受験者と同様の方法で試験を実施してきた。全国のろう学校で最初に英検を受けたのは1976年の水戸聾学校であり、一般会場で一般受験者とともに受験した。ろう児の受験に対する配慮を英検協会に訴えたことで二回目の受験は受験人数が少なくてもろう学校を準会場として開催できることになった。また、ろう学校を準会場とすることで実施上の諸注意を手話ということばで行えること、また集団補聴器を使ってヒアリングテスト(現在のリスニングに相当)を実施することが可能になったとされている。この受験人数に関わらずろう学校を準会場に認めるということがろう児に対する英検の非公式ではあるが最初の特別措置である。その後、1993年度までに英検を活用するろう学校は全国で34校になっている。しかし、ろう学校生徒の発音やアクセント、ヒアリングの項目の正当率が著しく低かったことからろう児にとっては不利な状況があり、検定協会への対策要求がなされるようになった。

　1994年に英検協会は「基礎研究センター」を発足し英検を実施しているろう学校にアンケート調査を行い、それと並行して受験者の多い複数のろう学校の実情を視察した。最終的には1995年1月に文部省から2名、全国聾学校校長会から2名、筑波技術短期大学から2名、ろう学校から2名で構成された公聴会で英検が用意した聴覚障害者特別措置の原案をもとに意見を交わし、聴覚障害者特別措置が決定された。その内容は、リスニングテストについては、CD放送ではなくろう学校の教員等が英文を読みあげるものであ

第4章　ろう児・者への英語リスニング試験　*85*

った。これにより、音声とともに口形を読み取る読話ができる条件が整えられた。また、リスニングの回数を通常より一回多くし、試験時間は一般受験の二倍とした。二次試験の面接では、聞き返しの回数は通常よりも一回多く認められていたものの、質問は音声と口形から読み取り、返答は自らが発話する口話による方法であった。しかし、このような口話法による特別措置は、ろう者やろう児にとって必ずしも効果的な措置とは感じられておらず、ろう者自身が「聴覚障害者の英検問題を考える会」を発足させ問題に取り組むようになった。また、ろう学校教員を中心会員とした「聴覚障害英語教育研究会」が設立され、メーリングリストを通じて各校での受験状況のやり取りや、課題などを共有した。そして、2000年に「聴覚障害者特別措置」が改善され、身体障害者手帳4等級以上の対象者はテロップでのリスニング受験が認められ、二次試験の面接ではフラッシュカードによる指示や質問の提示と筆談による返答という特別措置となった。

4.5.2 「特別措置」制度と教育理念

　上述したように、英検の特別措置は1995年にできている。当初は各ろう学校が独自に英検を取り入れていたが、英検を利用するろう学校数が増加し、リスニングを聴児と同じ条件で受けることが難しいという声がろう学校現場から高まった。その結果として、英検はろう学校とも連携しながら、リスニングを読話が可能な形で行うという口話式の特別措置の設置に至るわけであるが、ここで注目したいのは英検協会が特別措置に反映させた、当時のろう学校の教育理念についてである。英検協会は特別措置の内容を考案するにあたって、ろう学校にアンケート調査を行い、複数のろう学校を視察し、公聴会のメンバーにもろう学校関係者を含めていた。そのため、その措置内容には当時の英語科を中心としたろう教育関係者の意向が取り入れられている。これについて松藤（2001）は以下のようにまとめている。

　　　内容はあくまでも「口話法」による意志の疎通が評価されるようになっている。これは、英検協会が特別措置の導入前に行った聾学校の英語教師に対するアンケート調査の結果をある程度反映させたものとも言え

る。すなわち、聴覚障害者にとって健聴者と同様の試験に挑戦できることが学習の大きな励みになるという考え方である。[12)]

　英検の特別措置ができた 1990 年代半ばは、ろう学校において手話活用が広まっていく時期でもあるが、現在と比較すれば口話法の影響がより強い時代であった。そのため、特別措置として英語を読話するという口話主義路線の方法が採用されたという背景がある。しかし、先に述べたように、この方法はろう児やろう者の不利益を解消するのに効果的ではなかった。聴児と同等の試験を受けることをろう児の励みにするという考え方に固執するあまり、読話を用いてもろう児は聴児のようにリスニングできるわけではないこと、その結果として資格取得に不利益が生じるという点を見落としてしまっている。当時の考え方とは、リスニングの受験方法をあくまで聴児の形式に合わせようとするという意味で同化主義的であり、潜在的にはろう児を聴児に近づけていくという障害観の上に成り立つものであろう。

　この英検の特別措置の変遷史から学べることは、ろう学校という専門教育機関がもつ教育理念やそれを下支えする障害観が、時にろう学校現場を超えて、ろう児やろう者の社会生活に関わる何らかの制度に不利益（または利益）という形で影響を及ぼすという点にあるのではないだろうか。

4.6　より公平な特別措置について

　ここまで、日本社会のなかで進学や就職に強い影響力をもつ「ことば」である英語のリスニング試験に関して公立高等学校、大学センター入試、英検のそれぞれを分析した。まず、それぞれの機関が何らかの特別措置を講じている点は評価できる。特別措置の存在は、ろう児がリスニング試験を受ける際には不利益が生じるという認識と、そのような不利益は解消される必要があるという考えの広がりを証明している。ただし、その措置内容については改善の余地が残されている。どのような聞こえの状態のろう児でもリスニング試験で聴児と同等に評価されることは不利であるため、ろう児に対して「聞く」能力を問うリスニング試験は前提として適さない。「聞く」能力を評

第 4 章　ろう児・者への英語リスニング試験　*87*

価することが適さない以上、進学や就職に関わるような重要性の高い試験の場合は特に「リスニング免除」の措置内容が妥当であろうと考える。もしくは視覚で理解できる文字情報による「代替問題」も有効だが、厳密には「聞く」能力の評価にはならない点で疑問は残る。それでも、英語ということばが日本社会の価値の体系に深く組み込まれ、進学や就職、昇進などの機会で社会的資源として機能しているため、ろう児が不利である英語のリスニングに取り組むことはありえるだろう[13]。しかし、読話できる条件下であっても、同程度の英語力をもつと想定される聴児と同程度にはリスニングできないことはすでに知られている[14]。また、習得が極めて難しい聞き取りの学習を行う時間的コストが他の学習の時間を圧迫する問題や、完全にはできないことに挑戦し続けるということが心理的負担となるケースも考えられる。

　一方で、「リスニング免除」や「代替問題」ではなくリスニング試験を希望するろう児が存在しないとも言い切れないため、選択肢としてリスニングを残しておくことは必要だろう。ただし、問題はリスニングと免除、ないし代替問題の「わけ方」の基準にある。選択肢としては希望するろう児のために「リスニング」を残したとしても、希望しないにも関わらず、聴児と比べて不利益を受けるリスニングの対象者に何らかの基準で振り分けられるということが問題となる。その典型的な例が、身体障害者手帳交付の根拠となる平均聴力レベルのみで基準を構成する英検の対応である。より個々の状況に対応可能であるという意味では、ろう児の在籍する学校現場の準備する資料や、医師の意見がリスニング免除につながる可能性をもつ大学入試センター式の対応が適切だろう。しかし、大学センター入試のケースでも審査の結果として、リスニング受験に振り分けられる可能性はある。ろう児にとって特別措置がより公平なものになるためには、やはり平均聴力レベルに関係なく「免除」ないし「代替問題」、または「リスニング」を自身で選択できることが重要だと考える。

4.7　リスニング「免除」にともなう新たな課題

TOEICでは身体障害者手帳のコピーや医師の診断書のコピーを提出すれ

ば、特別措置として、「音源近くの座席」、「イヤホンまたはヘッドホンの使用」とともに「リスニングセクションの免除」が選択できるようになっている。また、補聴器の使用が認められている。医師の診断書のコピーによっても免除が選択できるというという点で英検の基準よりも緩やかであり、より多くのろう児がリスニングという不利益から逃れることができる。しかし、ろう者が就職先で TOEIC の受験を求められた事例が紹介されている太田・松藤（2012）は、リスニング免除の次に考えなければならない課題についても示唆的である。事例の概要は以下の通りである。筑波技術短期大学のある卒業生が TOEIC 試験の結果を受け取ると、免除されていたはずの TOEIC リスニング試験結果が「5 点」と記されていた。これについての問い合わせに、TOEIC を運営する財団法人国際ビジネスコミュニケーション協会からは、リスニングの得点は「5 〜 495 点」の間の数字で示されることになっており「0 点」はないとの返答があった。この点に関し、太田・松藤は、リスニング免除の場合にそのスコアが「5 点」になることを受験者が知らされていなかったように、スコアを受け取る企業側もそのことを知らなければ、ろう児にとっての不利益になると指摘している。

　TOEIC では、試験機関自体が合否判定を行うわけではなくスコアを出すだけである。試験の得点を評価するのは、各大学や企業側の個別な判断になる。スコアの評価者が試験機関の外部にいるという事情によって、「評価の仕方」という新たな課題が生じることになった。この事例は、英語リスニング試験による不利益をなくすためにリスニング自体を免除にしたとしても、スコアを受け取る側（企業や教育機関）にリスニング免除規定についての認識が周知されていなければ、結局のところ、ろう児は不利益をこうむってしまう、ということを示している。問題解決には、外部にいるスコア評価者の誤解を招かないようにスコア表記の読み方について十分に周知する努力を行うこと、また、受け取る側に誤解を招かないようなスコアの表示方法自体を検討することの二つが考えられる[15]だろうが、いずれにしてもリスニングが免除された状態のスコアは、リスニングを受けた人のスコアと比較してどのように評価されるのかという点は新たな課題である。

4.8　おわりに

　本章では、ろう教育を取り巻く「ことば」の問題の一つとして、ろう児に対する英語リスニング試験という点に着目した。聞こえない・聞こえにくい身体をもつろう児にとってリスニングは不利である。そのため、試験実施機関が独自に特別措置を設けている。しかし、その特別措置の判断基準と内容にはいくつかの問題点があった。特に、英検は各ろう児の聞こえの質や補聴機器について考慮せず、平均聴力レベルの基準のみで措置対象者をわけるため、実際にはリスニングに適さないろう児たちにリスニングを強いる結果を生んでいると指摘した。また、どのようなろう児であっても聴児と同じようにリスニングができるわけではないため、リスニングの「免除」や「代替問題」という選択肢を平均聴力レベルに関係なく選択できるようにすることがより公平な措置内容であるとした。そのうえで、リスニングが免除された場合のスコアをどのように評価するかという点が今後の課題として残った[16]。

　英検の特別措置設置に至るまでの経緯からは、当時のろう教育が土台としていた口話主義志向が口話式の措置内容の形成に関係していたことがわかっており、特別措置によってろう児が得られるはずの恩恵を制限してしまっていた。ろう学校がどのような理念と障害観にもとづいてろう児の教育を進めるのかということは、ある側面ではろう児やろう者の社会生活の範疇にまで影響する、ろう学校現場を超えた問いでもある。この事例は、ろう教育に関わる人たちに対して、その教育観や障害観がもつ影響力の大きさと責任の大きさについて再確認と再考を促すものではないだろうか[17]。

■注
1　松藤（2007, p.48）
2　中西（2001, p.151）
3　愛知県立名古屋聾学校（2000, p.13）
4　文部科学省（2008, p.9）
5　同, p.10
6　同, p.60

7 ただし、英語力と賃金上昇や職業機会との関係が計量分析された結果、英語産業関係者が主張するほどには、英語力は収入に影響を与えておらず、キャリアアップの武器にもなっていないことが明らかにされている（寺沢 2015）。

8 このデータは 1998 年時点のため、現在は状況が改善している可能性はある。例えば、松藤（2005）によれば、熊本県や沖縄県の公立高等学校入試における英語リスニング試験は、後述する英検のようなテロップ式での受験を認めている。このように、ろう児にとって不利であるリスニング試験を課す自治体は減ってきているはずである。しかし、筆者が宮崎県のろう教員から 2014 年度時点で聞いた話によると、宮崎県ではその時点でもリスニングを課していたとのことであり、この問題は未だ全面的な解決に至っていないことも推察される。

9 地域の公立高等学校に進んだある卒業生は、センター試験の「受験上の配慮申請」についての知識がなく、高等学校もその情報に気づいていなかった。結局は、他の高等学校に進学した別の卒業生から偶然その情報を聞いたことで無事に申請を済まし、リスニングは免除された。ろう児の在籍している高等学校に対するリスニング特別措置の情報提供の必要性を感じた事例である。

10 大沼（1997, p.12）

11 補聴器の性能はその価格にも反映され、数万円から 20 万円、30 万円、それ以上と価格帯は幅広い。

12 松藤（2001, p.88）

13 松藤・奈良（1995）からは、機会があれば読話によるリスニング問題の練習に取り組もうとするろう児の存在が確認できる。

14 松藤（1993）

15 財団法人国際ビジネスコミュニケーション協会の HP には、リスニングセクションとトータルスコアは「N/A」で表記されるとある（http://www.toeic.or.jp/priority_support.html：2015.6.17 現在）。「N/A」とは＇Not Applicable＇の略式表記であり、「該当せず」を意味している。

16 2016 年度から、英検では「スピーキングテスト」が全受験級で開始されている。また、現在の大学センター入試に代わる大学入学共通テスト（2020 年度以降）では、スピーキング試験が導入される見込みである。ろう児にとっての「英語スピーキング」試験のあり方も今後分析していく必要があるだろう。

17 ろう児やろう者の社会生活への貢献という点から見れば、当初はリスニングに関して何の特別措置も準備していなかった英検協会に対して、特別措置の設置を働きかけ、措置内容の改善を促すなどの一連の運動を進めた各ろう学校や「聴覚障害英語教育研究会」の活動の意義は決して小さなものではない。特別措置設置当初は、口話法による影響で読話というろう児に制限のある方法を招いたことは不用意であったが、ろう教育関係者がその気になれば、現場の枠を超えてろう児の社会生活面の改善にまで貢献できるということを示す積極的な事例でもある。筆者にも以下のような経験がある。担任をしていたろう児が、関西圏で広く知られている模擬試験の一つである五ツ木書房の模擬テストを受けることになった。しかし、英語リスニングに対してそれまでは

実施されていた、別室でのスクリプト代替えという特別措置がその回から受けられなくなったという相談を保護者から受けた。その後、学校長を通して五ツ木書房と交渉し相談会をもつなかで、特別措置の継続が決まった。この交渉にあたっては、筆者が松藤の一連の報告を読んでおり、英検の特別措置ができた経緯について五ツ木書房に申し入れしたことも功を奏したと思われる。このように、ろう児の社会的不利益解消のための運動を記録し、残していくことは後の時代の参考資料としても重要な意味をもつ。

第3部

ろう教育の変遷のなかで見られる
「ことば」の問題

第5章　口話法と近代的言語観

5.1　ろう教育の学際化

　2014年8月9日から10日にかけて、ろう教育科学会第56回大会「ろう学校は、その役割を終えたのか」が同志社大学で開かれた。二日目のプログラムであるショートレクチャーⅡ「聴覚障がい教育史——明治期前半の聾唖教育」において奈良女子大学大学院の坂井美恵子氏が、2000年前後からの変動期にある現在のろう教育は、これまでのろう学校教育の枠を超えた動きを見せており、近代公教育の思想からマイノリティの人権、WHOによる障害把握の変化、人工内耳などの諸要素との関連において理解する必要があるという問題提起を行った。そこでは、脱構築的にろう教育を捉える視点の必要性が求められるとしたうえで、ろう教育は女性、子ども、少数民族などが抱える問題と同列の枠組みで論じられうることをろう学校教員は認識することが肝要であるとの見解が示された。筆者は、ろう教育を社会言語学や障害学、教育社会学から捉えようとする立場に立っており、この坂井氏の問題提起に共感する。しかし、ろう教育という現象を脱構築的に、また障害学的に、そして人権という領域に立脚して理解しようとすること自体は新しいわけではなく、金澤の一連の著作（1999、2001、2006、2013）や、ましこ（2006、2010）などが見られる。ではなぜ筆者がこの話をあえてもち出すのかと言えば、坂井氏がろう学校外部の研究者ではなく、ろう学校の元教員であり、ろう学校長の立場としてもろう教育にかかわっていた、ろう教育内部の人物だからである。ろう教育では、口話法という指導法の研鑽に偏重する時期が長らく続いた。口話法で用いられる読話や発語の技能は、ろう児の日本語獲得に一定の役割を果たすものであった[1]が、鏡（1967）や松宮（1967）のように、口話法自体に内在する困難さや問題点への指摘は早くから見られた。一方

94　第3部　ろう教育の変遷のなかで見られる「ことば」の問題

で、主としてろう教育の外部から提示されるようになった手話言語学の知見や、「ろう」を言語的少数者として捉え直すそれまでとは別様な認識[2]、または障害モデルの多様化[3] などの諸変化とろう教育との接触は、井上（1990、1994）の外国語教育やバイリンガリズムとろう教育との関係についての考察や、長南（2001）のろう児への教育実践を念頭に置いた手話言語の分析などのように一部関連する研究の存在を除いてあまり見られないと言える。それだけに、ろう教育の内部に位置する坂井氏の問題提起には意義があり、ろう教育がその視線をこれまで以上に外部にも向け、隣接する学問領域からの知見を取り込み、進展しようとする機運の高まりを期待させた。

　本研究のテーマである、ろう教育と「ことば」を取り巻く諸問題を論じようとするうえで、手話ということばは欠かせない。近年、その手話に対して社会が見せる態度に大きな変化があった。手話が言語としての市民権を法的にも得るようになってきたのである。2011 年に改正された障害者基本法第 3 条 3 において手話が言語と明記されて以降、鳥取県の手話言語条例制定（2013 年）に代表されるように、日本社会のなかで手話言語の公的、また法的な認知の動きが活発化している。ろう教育には、長らく手話を否定してきた歴史があり、ろう児に手話の使用を禁止することもあった。ろう教育が手話を肯定的に捉えるようになったのは比較的最近のことである。

　本章では手話ということばに対して過去の日本社会が、またろう教育が見せていた態度について社会言語学の視点から考察する。その際、本章での議論をより明確にするため、ここでは手話ということばを、より法的側面との関連付けがしやすい「言語」という用語で位置づけることにする。そして、ろう教育の歴史に対して言語としての手話という補助線を引く[4] ことで見えてくるものを分析していく。手話ということばに対する認識がおもに法的な側面から変化してきているなか、言語としての手話という現代的な視座から改めてろう教育の歴史を見つめれば、これまでとは異なる理解や解釈が生まれる可能性は十分に期待できると考える。また一方で、従来からろう教育は、多数派である聴者社会、または健常者社会とは切り離して考えることはできない分野でもある。このように、ろう教育という学問分野は、「ことば」や「言語」、「社会」という概念と関連しながら成り立っている。そうである

ならば、手話ということばに対して社会やろう教育が取る態度を分析しよう
とする本章の目的が、ろう教育に何らかの示唆を与えうると期待することは
邪道ではないだろう。ろう教育とは本来、障害学や言語学、各種の教育学、
社会学などにまたがる学際的なものである。ろう教育内部での議論に加えて、
社会言語学をはじめとする他学問の知見を取り込むことは、ろう教育に多角
的な視野をもたらすと期待できるのではないか。

5.2 口話によるろう児の社会参加という考え方

　ろう学校は、聞こえない・聞こえにくい身体状況をもつろう児に対し、約
1世紀にわたって口話法をその教育手段としてきた。そして、口話普及以前
には用いられていた手話を否定するようにもなった。なぜそのような現象が
起きたのか。ここからは、口話法の有効性を主張しその全国的な採用を推し
進めた口話主義者に焦点を当て、口話主義者が口話法を強力に支持した理由
について考えてみたい。そして、口話主義というろう教育の一現象に言語と
しての手話という補助線を入れることによって何が見えるのかを示したい。
　ろう教育に口話が広まっていく一つのきっかけとして、1925年に組織さ
れた日本聾口話普及会の存在があげられる。日本聾口話普及会の活動のなか
に『口話式聾教育』という雑誌の発行があり、この雑誌が口話主義の主張を
広めるための媒体として機能していた。それまでは、点在し個別に活動して
いた口話主義者たちの運動が、この日本聾口話普及会という団体の設立によ
って組織的になり、口話法の意義を主張する声が勢力をましていったのであ
る。このように、口話の普及を考えるうえで日本聾口話普及会の存在は無視
できない。そして、この日本聾口話普及会を設立した中心人物に西川吉之助
（にしかわ よしのすけ）、橋村徳一（はしむら とくいち）、川本宇之介（かわも
と うのすけ）の3人がいる。以下、3人について概説する。

　　・西川吉之助：豪商であった西川家の第11代目。娘のはま子が3歳でろ
　　うと診断されたことをきっかけに、はま子に口話法の指導を行う。ラジ
　　オ放送や講演会でははま子との会話実演を行いながら口話法の普及に努め

る。1928 年より滋賀県立聾話学校長の職に就く。

・橋村徳一 ： 1912 年から発音法の研究にとりかかる。その成果をもとに
口話法による授業を始める。1914 年より名古屋市立盲唖学校（現在の愛
知県立名古屋聾学校）長の職に就く。

・川本宇之介 ： 東京市教育課に勤務し市視学を兼任。文部省普通学務局
第四課の調査係長を経て、1922 年には盲ろう教育を学ぶため文部省より
欧米に派遣される。その後、東京聾唖学校（現在の筑波大学附属聴覚特
別支援学校）の教諭となり、1942 年に同学校長の職に就く。

　口話法を普及させた中心人物である彼らは皆、ろう学校または文部省の要
職につき、ろう教育に影響力を与える立場にいた。では、強力な口話主義
者の彼らが手話法ではなく口話法を支持した理由とは何であろう。一つには
音声日本語と文字との一致があげられている。それは、ことば（音声日本語）
を用いる口話法は、文字文章とも一致するため文字の理解が良くなり [5]、反
対に手話法では「てにをは」など助詞の定着が悪く、筆談も不満足になる [6]
という主張、つまり現在でもろう教育の議論の一つであるリテラシーとの兼
ね合いに関する指摘であった。しかし、より重要視された点は「話す」能力
であった。上野（2001）によれば、すでに名古屋市立盲唖学校長の立場にあ
った橋村は、1914 年に、卒業生の就職を製図会社に依頼しにいくことがあ
った、この生徒の在学中の図面や国語の成績を見せながら、雇ってもらえる
ように依頼したが、会社の社長に断られる、雇用できない理由として社長が
あげた内容は「口がきけない」、「忙しいなか筆談はできない」などであった、
橋村はこの経験から、ろう唖教育には手真似 [7] ではなく口話教育が必要だ
と考えるようになったという。
　また、西川・橋村・川本が設立した日本聾口話普及会の創立趣旨には、以
下のような一節がある。

　　聾たるが故に唖たるを余儀なくせられ、全く社会より忘れられたる我

国現下の聾者は、訴ふるに言語なきも尚虐待を防止せらるる動物に比し、
　　恵まれざるの甚だしきものにして、最も不幸なる人類の一也。（中略）口
　　話発音の法、普く世界全国に実行せられ効果著しきものあるに関せず、
　　その採用にやぶさかなるは不仁これに過ぐる無し。[8]

　ここでも「話す」ことが重要視されている。これらから読み取れるもの
は、それまでの手真似（手話）による教育では、声を出して話すことができ
ず、話すことができなければ、ろう者は社会に入れず、忘れられた存在にな
ってしまうという思考であろう。そして、そのような状態を防ぎ、社会参加
する手段として口話法が必要とされた。つまり、西川や橋村、川本ら有力
な口話主義者たちが、それまでの手話法に代わって口話法を志向した理由に
は、「話す」能力を獲得できる口話法でしか社会参加が叶わないという考え
と、そう思わせる状況があったからだと言えるだろう。実際に、手話は社会
一般では通用しない[9]という旨が述べられ、その裏返しとして、口話は一
般社会に通じると以下のように主張している。

　　発音法によつて教育し多数普通人と交渉の出来る社會の一員とするこ
　　とは人としての務では無いでせうか。[10]

　　口話はよし、その成績が思わしくないとしても、社會生活より見てそ
　　の周圍の人々との間に思想の交換をなし易いといふ長所がある。[11]

　彼ら口話主義者は、「話す」技能こそが、ろう児を社会参加させるために
必要だという考えをもっていた。口話主義者は、ろう児が社会参加できるよ
うに「話す」能力を身につけさせたい、という「善意」によって、口話法を
推し進めたと解釈できるだろう。その根底には、社会から隔離されたろう児
を不幸から救うという、ろう教育黎明期からの慈善的精神が読み取れる[12]。
当時の口話主義者がもっていたろう教育関係者としての信念とは、聴者にと
って他者でしかなかったろう児に、口話による社会参加という可能性を与え
ることだったのではないだろうか。

98　第3部　ろう教育の変遷のなかで見られる「ことば」の問題

5.3 口話主義と「国語」・「近代的言語観」

　このように西川や橋村、川本といった、ろう教育に口話法をもたらした口話主義者の共通点は、「話す」能力への重視にあった。「話す」ことができるようになる口話法こそが、ろう児の教育に必要であるとの考えであり、話すことができるようになって初めて、社会に入っていけるという論理であった。しかし、こうして口話主義者によって広められた口話法普及に関する動向を、ろう児の社会参加を志向したがゆえの善意による運動としてのみ理解するのは十分ではないだろう。現在のように、手話ということばへの法的な認知が進み、言語としての手話という補助線を引くことが可能になった視点から口話普及を捉え直せば、ろう者の言語である手話を否定し、日本語という音声言語を話すことを強いる態度や行為は、聴者への同化として批判されることが容易に想像される。法的な側面から手話を言語として定義づけることの意義の一つは、この同化主義的な構図を読み解くことにあり、「ことば」に関して抑圧されていたろう児・者の立場に改善をもたらす意味でも大きな成果となっている。ここではしかし、当時見られた口話法の強制について手話言語を根拠に同化主義と評価する段階で立ち止まらず、次の議論に進みたい。それは、口話法推進という口話主義者の態度や方向性が、ろう児を社会参加させる手段として説得力をもち得た理由について考察することである。

　まずはこの口話法が発案され、広まっていった時代について考える。そのために、西川や橋村、川本以前の「口話法第一の波」[13]とされる伊沢修二[14]と、彼が用いた視話法の目的について述べよう。伊沢は東京師範学校長、文部省編輯局長、東京音楽学校長、台湾総督府学務部長、東京高等師範学校長を歴任した人物であったが、そのなかに東京盲唖学校長の経歴も含まれる。伊沢は、音を発声する際の発音器官の位置と運動を文字のなかに形状化する音声表記法である「視話法」を、ろう児の教育に用いたことで知られている。視話法はもともと、グラハム・ベルの父親であるメルヴィル・ベルが考案したもので、グラハム・ベルもろう者に発音を教えるために活用した。当時アメリカに留学していた伊沢は、グラハム・ベルと出会い、視話法を習

得した。伊沢が1901年に著した『視話法』によれば、吃音矯正、方言矯正、植民地での日本語の普及に加え、「聾啞ニ、談話スルコトヲ教フ。」ことを視話法の目的の一つとしている。また伊沢は、1911年の第3回全国盲啞教育大会において、発音法（視話法）の必要性を以下のように主張している。

　　発音法は聾啞の側に就いて考へると非常に骨が折れてなかなか六か敷
　く実に迷惑なものに相違ありませぬ。けれども社会の方に取つては重大
　なる問題であります。縦令聾啞の卒業生が出来たところで、社会の人が
　重宝して呉れないでは仕方がない。それには社会の人に聾啞の思想が直
　ぐ分かる様にならなければならぬ。社会の人の直ぐ分かる様にするには
　発音法でなければ甚だ不便である。だからして聾啞には誠に気の毒であ
　るけれども矢張り発音法を強行する方法を取る事は必要ではないかと思
　ふのであります。[15]

　つまり、口話法のさきがけである視話法がろう児にとって必要な理由は、ろう児が社会の人にすぐ通じる発音をもつためであった。この意味では、後に口話法を主張する西川や橋村、川本と同じように、「話す」ことによってろう児を「社会参加」させようとする方向性のうえに、伊沢の視話法の目的も一致するのである[16]。

　ろう児が社会参加する必要性に沿って、伊沢の視話法（口話法）も主張されていることを確認した次に、社会言語学者のイ（2009）の議論を取りあげ、ろう教育における口話主義者たちの思考と、近代日本の「国語」概念[17]の関係について考察してみたい。イ（2009）によれば、近代日本の「国語」概念を支えた二つの柱は、音声と話しことばの領域の発見である。「国語」の理念とは、言語規範を少数のエリートによる書きことばから脱却させ、すべての「国民」が話すべきことばを創出することをめざしたものであり、音声と話しことばという立ち位置に立脚してはじめて、近代の「国語」という思想が可能になったとされる。イは、この「音声中心主義」の方向づけのうえに、上田万年と保科孝一の表音式仮名づかいと漢字廃止の主張、言文一致の推進があり、保科孝一の「満州国」・「大東亜共栄圏」における異民族に対す

る言語的同化政策の推進があるとした。そしてこの近代日本の「国語」概念がもつ音声中心主義のなかに伊沢修二を位置づけている。

イは同書のなかで、伊沢は正音（標準音）を視話法によって確立しようとしていたと結論づける。1900年に、小学校令改正で初めて「国語」という教科名が出現し、1904年の第一次国定教科書である『尋常小学校読本』において、東京の中流社会の「ことば」が「国語の標準」とされた。イは、上記の流れから、「発音矯正」と「標準音の制定」が教育の目標として定められていた当時の教育政策の実態を指摘したうえで、伊沢について以下のように記している。

> 伊沢修二がその「視話法」によって、成し遂げようとしたのは、「国語」の外部にいるさまざまな他者をひとくくりにしたうえで、「国語」の「正音」のなかに同化することであった。つまり、ろう者、吃音者、方言話者、植民地異民族は、それぞれの存在のありかたがいかにちがっていたとしても、ひとしく「国語」の「正音」の外部にいるものとして、「視話法」によって「正音」の帝国に同化することができるのである。こうして、視話法によって吃音者が正確な発音を学ぶように、ろう者は音声言語を、方言話者は標準語を、植民地異民族は「国語」を学ぶのである。[18]

このように見ていくと、ろう教育の世界で1910年前後から起きた、手話法から口話法へという教育指導方法の変更を、「話しことば」による「国語」の創造との関連において捉え、近代日本の言語政策論という、社会言語学の領域と結びつけて理解することができるだろう。つまり、音声中心主義によって方向づけられ、すべての「国民」が話すべきことばとして作られた「国語」をろう児も「話す」ことによって初めて、ろう児は「国民」となる。だからこそ「国民」として認められ、社会参加するためには、話しことばによる「国語」とはかけ離れた手真似や手話ということばの使用は不適切だと判断され、「国語」を「話す」能力を獲得するために口話法が志向されるようになった。そして、ろう児が話すことで国民となっていく論理は、国家主義的な時局において、以下のようにろう児を善良な日本人とすることが、「聾

教育の目的」と定めるに至る。

　　聾教育の目的は國家公民的人格を養成するにあるといふことは各國有
　通の思潮であると思ふ。（中略）日本國民的人格を要請するのが本邦聾教
　育の目的であると思ふ。日本國民的人格とは日本人のことである。故に
　本邦聾教育の目的は聾者をして、善良なる日本人たらしむるにあると確
　信する。[19]

　手話を否定していた口話主義者である彼らにとって、ろう者の善良なる日
本人像とは「国語」を話す「国民」としてのろう者のことである。「国語」
を話す人が「国民（日本人）」と規定される社会言語情勢のなかでは、ろう
者の手話または手話を使うろう者を認める余地は残されていなかったであろ
う。
　ろう教育と近代日本の言語政策の関連については、部分的ではあるがいく
つかの指摘がある[20]。ろう教育が口話法に切り替わっていく背景には、明
治期の西洋型近代国家をめざす日本において強力に推し進められた「一国家
一言語」の理想が影響した、ということがそれらの指摘の核心であり、本章
はその指摘をより具体的な資料のもとに示そうとする試みと言えよう。ま
た、第2章で言及した鳩山の訓示（1933年）については、古石（2004）と木
村（2004）がともに口話が広まる契機としてあげている。ここではその訓示
の内容を分析し、この訓示が近代的言語観である「一国家一言語」の理想の
もとろう教育を「国語」論に接続する機能を果たしたということを示す。口
話を奨励する箇所は訓示全体の最後にある[21]。

　　尚聾兒ニ在リマシテハ、日本人タル以上、我ガ國語ヲ出来ルダケ完全
　ニ語リ、他人ノ言語ヲ理解シ言語ニ依ツテノ國民生活ヲ営マシムルコト
　ガ必要デアリマシテ、聾兒ノ言語教育ニ依ル國語力ノ養成ハ、國民思想
　ヲ涵養スル所以デアリマシテ、國民教育ノ根本ニ合致スルモノト言ワナ
　ケレバナリマセン。全國各聾学校ニ於テハ聾兒ノ口話教育ニ奮勵努力シ
　研鑽工夫ヲ重ネ、其ノ實績ヲ擧グルニ一層努力セラレンコトヲ望ミマス

ここで言われたのは、ろう児も日本人である以上「国語」を話し理解することで国民生活を営む必要があるということ。ろう児の「国語」力の養成は「国民思想」を涵養するためであり、国民教育の根本であること。そして、そのために口話教育が望まれることである。つまり、「一国家一言語」の近代的言語観にしたがい、単一言語による国家の統制を図ろうとする当時の日本においては、日本人であるろう児も国民思想を育むために「国語」＝「話しことば」を話し理解する必要があるという論理が読み取れ、ここからも近代的言語観と口話法との関係を確認することができると思われる。そして、当時の文相によるこの訓示を背景に口話法の優位が確定していく。

5.4　「一国家一言語」思想と「手話言語」・「多言語社会」

　「話す」能力によってろう児を社会参加させるという考え方のもと、口話主義者は口話法を推進してきた面があり、口話法という唯一可能な（と考えられた）手段でもってろう児を社会に参加させることが口話主義者の考える当時の救済策であった。では、口話法普及の動きがなぜ大きな説得力をもったのだろう。口話法普及は、強力ではあったが数人の口話主義者の個人的な思想だけでは、十分な説得力をもたなかったはずである。岡本（1997, p.637）が述べるように、ろう児に教育勅語を理解させるという国家主義的教育と口話法の普及を関連づけることは妥当であろう。しかし、当時の国家主義が基盤にしていた言語観こそが「一国家一言語」という西洋輸入の近代的言語観であったことは忘れてはならない。したがって、言語という視点からは、口話法普及を可能にした要因はやはり、口話主義者も含む、日本社会の構成員全体が意識的にも無意識にも影響を受けていたと考えられる近代的言語観という下地にその根本を求められるのではないか。「国語」の側に引きつけて理解するならば、単一言語による国家の統制を要請する近代的言語観の浸透によって形成された「国語」概念がろう教育にまで射程を広げ、ろう教育に従事するものたちを口話法へと方向づけしたとも理解できる。また、「日本人」とは話しことばによる「国語」を習得しているものであり、ろう児も日

本人である限り「国語」を話せるように、という認識はろう教育関係者以外
にも理解しやすい主張であっただろう[22]。

　手話は言語であるという今日的な認識からすれば、手話を否定する当時の
口話法とは、ろう者を聴者に同化させようとする行為であったことは確かで
ある。そのような観点から口話主義者の思考を解体すれば、ろう児に対する
社会参加のための口話という救済の形は、図らずも聴者への同化をろう児に
強要することであり、その意味で彼女ら彼らに対する差別を助長してしまっ
たものと考えることができる。しかし、口話法普及の背景には、音声中心
主義によって形成された「国語」という概念があり、「国語」という概念自
体も、「一国家一言語」という近代的言語観によって裏打ちされていた。し
たがって、当時において仮に、手話が言語だという市民権を得ていたとして
も、「一国家一言語」の理想のもと、手話は「国語」より劣位に置かれ、ろ
う児は「国語」を話すことを強要されていたかもしれない[23]。その可能性は、
当時のアイヌ語話者や琉球のことばの話者が時の為政者の言語政策によって
辿った経緯[24]からして、否定できないだろう。「一国家一言語」を自明視
する近代的言語観は、社会のなかに言語が複数ある状態を否定する。このこ
とは、手話ということばが言語として認知されるだけでは、ろう児が受けて
いた・受けている不利益の解放は達成されない可能性を示している。ろう児
の言語的解放は実際のところ、手話が言語であると認められるだけでは不十
分であり、異なる言語・共同体が受け入れられる「多言語社会」という前提
をも必要としている。

　ろう者の言語的解放に社会のあり方が関係するならば、社会の内実を注視
することもまた必要になる。当時の口話主義者がめざしていた社会とはいっ
たい「どのようなひと」を構成員として想定した社会であっただろう。ろう
児が参加すべきとされた社会とは、聞こえる日本人たちにとって「普通」の
社会であり、標準化された音声日本語という「国語」が、日本全土で疑い無
く用いられていると想像され（るように仕向けられ）、その想像が言語政策側
の学者や官僚たち以外にとってある程度自明になっている社会である。そ
こでは、手話が言語だと認められていたとしても、「日本人」としてのカテ
ゴライズが優先されることによって、アイヌや琉球の人たちと同じように、

104　第3部　ろう教育の変遷のなかで見られる「ことば」の問題

「国語」による「単一言語社会」に組み込まれたであろう。当時の口話主義者がろう児を組み込もうとした社会とは、ろう児がろう児のままでいることを認めない、聞こえる日本人を前提とした社会であった。その意味で、当時の社会を絶対視し、その社会にろう児を参加させようとする行為は、それがある意味での救済であったとしても、「普通の社会」という意識を（再）強化することに繋がってしまったのではないだろうか。

5.5　インテグレーションに見る「近代的言語観」の現在的影響

　1910年頃から広がった口話法は、「一国家一言語」を理想とする近代的言語観を背景に、ろう児に「国語」を話すことを求めた。言語としての手話という補助線を入れることが可能な今日から見れば、口話法が潜在的にろう児に伝えたものは、聞こえる日本人という理想像であろう。この口話法の背景にある思想は戦後を超えて、インテグレーションという現象にも影を落としたのかもしれない。すでに述べたように、インテグレーション環境とは音声日本語環境のことである。そこでのろう児のコミュニケーションは聴覚口話法になる[25]。そして、話しことばを重視する口話法による指導は原理的に普通教育（聴者への教育）と同じである。そのため、口話法のもつ理念自体が、地域校での統合教育（インテグレーション）という思考を導く[26]。そうして、口話法思想の影響によるインテグレーションが興隆し、ろう学校のみならず地域校においてもろう児のコミュニケーションは聴児に合わせることになった。第2章で述べたように、ろう学校の在籍者数は減少し続けており、多くのろう児がインテグレーション環境下[27]にある。このように考えると、口話法に透けて見える「一国家一言語」という近代的言語観による「単一言語社会」日本という想定が、戦後も、そしておそらくは現在もろう児に対する教育に影響を与えていることがわかる。このことからもやはり、ろう児の言語的・人権的解放には、手話ということばが言語として公認されるだけでなく、多様なことばや言語とその使用者を肯定する多言語社会の承認が期待されていることがわかるだろう。

5.6　おわりに

　ここまで、言語としての手話という補助線を引いたうえで、ろう教育史において口話法を進めてきた口話主義者の主張を分析し、ろう児の社会参加のための口話法という論理について考察してきた。そして、口話主義者による主張を「国語」との関連から読み解き、その背後にある近代的言語観とのつながりを述べ、それが現在でもインテグレーションという形に残っていることを指摘した。手話が言語という線引きの外側に位置づけられるのか、それとも内側に入るのかによって、ろう教育の実践は差別的にも権利擁護的にも作用する可能性がある。ろう教育史の一場面がもつ「ことば」の問題について社会言語学の視点から捉え直した本章の試みが与える示唆とは、手話ということばへの認識もろう教育のあり方も、当該の社会情勢と深く絡み合いながら成り立っており、それらと無関係に論じることはできないということであろう。そして、法的な後押しを得た手話ということばが今後の日本社会で実際にどれくらい機能していくかは、日本社会が異なる「ことば」や「言語」とその話者を包摂する「多言語社会」として既に存在していることをより多くの人が知り、多様性への理解を広げることができるかにかかっていると思われる。

　冒頭で述べたように、現在のろう教育は、これまでのろう教育の射程を超えた議論が可能になってきている。言語としての手話という補助線をろう教育内部に取り込むことによって、「障害」や「福祉」、「教育」だけでなく、「社会言語」や「マイノリティ」などの領域ともろう教育はその論点を共有できるようになりつつある。他の学問分野との接続は、今後ますますこれまでとは異なる新たな視点や知見をろう教育にもち込むだろう。また、反対にこれまでろう教育が蓄積してきたものが他学問領域への刺激や示唆となり、貢献することも十分に考えられる。さらに今後は、接続できる視点の発見にとどまらず、取り込んだ新たな知見をどのように援用し、ろう教育の現場で活用していくのかという実際的な取り組みを考えていくことも必要となるだろう。

■注

1　日本の聴覚障害教育構想プロジェクト委員会（2005, p.22）

2　木村・市田（1995）

3　長瀬（1999）

4　「言語としての手話という補助線を引く」という表現は、大阪大学言語文化研究科の植田晃次氏の助言から着想を得た。また、かどや（2012）も参考にした。

5　川本（1940, p.484）、橋村（1925b, p.31）

6　西川（1925, p.49）

7　当時の手話についての呼び名。

8　高山（1982, pp.81, 82）

9　川本（1940, pp.329, 499）、西川（1925, p.48）

10　西川（1925, p.50）

11　川本（1940, pp.484, 485）

12　本多（2003）によれば、橋村はろう児と聴児を同等に認識しようする一種の平等主義によって特徴づけられる。その平等性が、ろう児にも「音声言語」を教えるべきという主張を支え、一方では手話は不具者の象徴として禁じられた。

13　野呂（2000）は、後述する伊沢を口話法第一の波とし、西川と橋村、川本の三人を口話法第二の波に位置づけている。

14　野呂（2000）では「伊澤」、後述のイ（2009）では「伊沢」と表記されている。本章では、「伊沢」を用いる。

15　信濃教育会（1958, pp.880, 881）

16　音声言語共同体の意思疎通効率を高めるという視点のもとに、伊沢のろう者への口話教授を位置づけている研究（本多 2003）もある。

17　「国語」の成立については、長（1998）、安田（1997, 2007）などにも詳述されている。

18　イ（2009, pp.162, 163）

19　橋村（1925a, p.16）

20　古石（2004）、木村（2004）などを参照。また、本多（2002、2003）は、植民地における言語政策とろう児に対する口話教育の類似点を指摘している。

21　1933 年発刊の『聾口話教育』9 巻 3 号 2-4 頁に全文が掲載されている。

22　聴者に伝わりやすいという面から、口話法はろう学校を公的に位置づけるための運動手段として掲げられた側面もある（日本の聴覚障害教育構想プロジェクト委員会 2005, p.13）。ろう児の発声をラジオ放送するという実際に行われていた事象についても、ろう教育についての認知度を高めるための取り組みであったと理解できる。

23　九州帝国大学に赴任していた言語学者の佐久間鼎は、1938 年に文部省が主催した聾教育講習會において、手話を広い意味での言語として認めながらも抽象的な内容には適さない低級な言語だと述べている（佐久間 1942）。

24　アイヌ語については中川（2005）を、沖縄のことばについては、かりまた（2005）を参照。

25　中野（2001, p.323）

26 日本の聴覚障害教育構想プロジェクト委員会（2005, p.13）
27 共同参画を重視するインクルージョンという名称に変わった現在でも、言語やコミュニケーション面でろう児の一番快適な選択肢が整っていないのであれば、これまでのインテグレーションと実態は同じであろう。

第6章　言語権とバイリンガルろう教育

　第5章では、ろう教育の過去の事象に対して、言語としての手話という補助線を引くことで見えてくるものについて考察した。本章では、言語としての手話という補助線を現代のろう教育を対象に引いたうえで見えてくる現象について考察したい。既述のように、口話法の強制により長く否定されていた手話は1980年頃からろう教育に再登場する。しかし、ろう教育に再導入された手話の、その「され方」は一つではなく、異なる二つの経路があった。6.1と6.2では、手話再導入の二つの流れを確認する。そして、6.3から6.5では言語としての手話という認識と親和性の高い教育法である、バイリンガルろう教育についてまとめる。次に、6.6でろう学校の聴者教員の手話力について概説し、6.7以降では、「言語権」という概念を取りあげ、言語権がろう児だけでなくろう学校の聴者教員に与えうる効果について考えてみたい。

6.1　口話法の補助機能としての手話導入

　手話を否定する口話法・聴覚口話法の時代が約半世紀にわたって続いた後、1980年頃から、ろう学校の教育現場では、手話を制限する口話法の限界や反省についての意見が見られるようになり[1]、手話に取り組む教員が次第に増えた。また同時に、口話法では入力されるコミュニケーション上の刺激が少ないという点が強調され、口話法そのものへの批判が見られるようにもなった[2]。このように、口話法が万能ではないということが明らかになるにつれて、従来からの口話主義者も口話法では一定の条件を備えたろう児にしか対応できないことを明言するようになっていった。筑波大学付属聾学校（現在の筑波大学付属聴覚特別支援学校）で勤務し、聴覚口話法の推進者であった馬場（2001）は、聴覚口話法成立の条件として以下をあげている。

(1) 社会的条件 [3]

　　・早期発見と早期教育

　　・社会の経済状況

(2) 個人的な条件

　　・子どもの聴力損失が軽いこと

　　・子どもの能力が優れていること

　　・両親の教育力

　　・親の経済力

　　・教師の資質

　多くの成立条件が要求されるが、なかでも (2) 個人的な条件のうち、「子どもの聴力損失が軽いこと」という条件により、多くのろう児が聴覚口話法から振り落される。「子どもの能力が優れていること」とは、重い聴力損失のあるろう児が聴覚口話法で日本語を学ぶ場合は標準以上の能力 [4] が要求されることを意味している。さらに、聴覚口話法が効果的であるためには、ろう児の親に聴覚口話法を理解し、実践する素養（両親の教育力）があることや、母親が働かず、ろう学校に毎日通うことを許容する父親の経済力が求められる。だが実際には、すべてのろう児とその家庭に対してこのような条件を求めることは難しく、馬場自身が以下のようにまとめている。

　　　聴覚口話法に対していろいろな批判があるが、この指導の原理や方法は、ろう教育の貴重な財産である。聴覚口話法は聴覚障害者の教育に貢献してきた。ただし、そのためには、先に述べたような条件のもとで、ということであって、聴覚障害児のすべてに等しく効果があったとはいえないことは認めなければならないであろう。[5]

　このように、ろう学校現場が口話法について見直すようになったという要因の他に、ろう教育の専門家集団であるトータルコミュニケーション研究会と、ろう当事者の団体である全日本ろうあ連盟の「ろう教育に手話を」とい

う連携もろう学校への手話導入に貢献した[6]。

　ただし、ここでの手話はあくまで口話法の補助的な役割を果たすものという位置づけであった。それはつまり、意思疎通の量的質的な不足が前景化する口話法によるコミュニケーションのなかに手話を取り入れることで、意思疎通の効率を高めようとする試みであった。これがろう学校への手話導入の一つの形である[7]。

6.2　「言語」としての手話導入

　ろう教育に手話が導入されたもう一つの「仕方」として、ろう教育・ろう学校内部とは離れたところで展開された議論があった。ろう教育畑ではない研究者や、全日本ろうあ連盟とかかわりのない成人ろう者たちがおもな活動者となり、手話が言語であることが主張された。ろう者とは、日本手話を用いる言語的少数者なのだという視点が提起され、ろう児は手話を第一言語として習得したうえで、第二言語としてリテラシー（書記日本語）を習得し、ろう者の文化と聴者の文化のなかで生活するとした。日本手話をめぐる一連の動きは、ろう教育に言語としての手話という補助線を引くことで、手話言語による教育を受ける権利という視点を明確にした。ろう児が言語としての日本手話を学び、また日本手話で学べるろう学校を求める声と運動は次第に大きくなり、二言語二文化主義（バイリンガル・バイカルチュラル）の理念をもつフリースクール「龍の子学園」が始まり、私立「明晴学園」の開校に至った。

　この二つ目の動きのなかでもろう学校に手話が必要だという主張がなされた。手話をろう学校に求めるという点では、一つ目の「手話導入」と一致している。しかし、手話をろう学校にという点では一致するこの二つは、手話の捉え方というその根本においてまったく異なっている。ろう学校・ろう教育内部から起こった手話導入の動きはあくまでも、口話法では露呈してしまう、ろう児と教員間・ろう児間での非効率的なコミュニケーションの改善をめざしたものである。それまでのろう学校がもっていた口話法による日本語習得という指導理念は基本的に変更を迫られない。一方で、ろう学校外部で

起きた手話導入への議論は、手話とは「日本手話」という音声日本語とは異なる独自の言語であるという主張が核となる。そして、日本手話が「言語」であると規定することで、日本手話がろう児・ろう者の第一言語であり、ろう児・ろう者は日本という社会のなかで言語的少数者であるという主張が成立するようになった。このように、言語としての手話という補助線をろう教育や日本社会に導入することによって、ろう児・ろう者の問題とアイヌや沖縄のことばの使用者、在日韓国朝鮮人、ニューカマーなどの問題が、「言語的少数者」という点で同列に論じられるようになった。同様の論理は、口話法でのコミュニケーション効率を高めるための手話という見方からは導き出せないと思われる。そして、言語としての手話という理解は、言語的少数者がそれぞれの言語による教育を求めるように、手話による教育を要求する。ろう教育においてそれは、バイリンガルろう教育という形態を模索することにつながった。6.3 では、バイリンガルろう教育について概説することとする。

6.3　バイリンガルろう教育の動向について

　第一言語として手話言語を習得し、その国の主要な言語を第二言語として身に付けること理念とするバイリンガルろう教育を推進する国々は、北欧や北米を中心に見られる。なかでも、スウェーデンで進められているバイリンガルろう教育は「スウェーデンモデル」として日本でも紹介され[8]、現職教員に対する手話研修のみならず、ろう児をもつ親への手話学習機会の提供や、手話教師としてのろう者の派遣、『アダムズブック』と呼ばれる手話を活用する教材の開発など、その考え方や実践が注目された。スウェーデンでは 1981 年に国会で手話が言語だと認められ、それまでの口話法やトータルコミュニケーション法に代わってバイリンガルろう教育が 1983 年から導入された。その教育効果は高く、ろう児の成長に大きく寄与しているというのがスウェーデンモデルへの一般的な理解であった。

　しかし、Bagga-Gupta（2004）のように、バイリンガルろう教育で育ったろう児のナショナルテストの結果が聴児と比較して明らかに低いため、バイリンガルろう教育は成功とは言えないという主張も見られている。それでも、

112　第 3 部　ろう教育の変遷のなかで見られる「ことば」の問題

Bagga-Gupta はバイリンガルろう教育自体を否定しているというよりは、スウェーデンのバイリンガルろう教育では手話習得のみに注力する期間が長すぎるため、第二言語として読み書きを学ぶリテラシーの指導開始が遅れていることを問題視しているのであり、手話言語からスウェーデン語へ橋渡しするような実践が不足していることを批判したものとなっている。また、スウェーデンのろう教育では増加する人工内耳装用児の影響もあり、それまでのように聴覚の活用を重要視しないバイリンガルろう教育がすべてのろう児に適応されるわけではなくなり、バイリンガルをめざしつつも聴覚の活用も取り入れられつつあることが報告されている[9]。このことから、バイモーダルな形でのバイリンガルろう教育への関心がうかがわれる。

　次に、日本におけるバイリンガルろう教育の動向についてはどうであろうか。手話言語を第一言語として早期に獲得させ、第二言語として音声言語の特にリテラシーを獲得させることがバイリンガルろう教育に共通した考え方であるが、同様の意図を日本のバイリンガルろう教育も共有している。そこには、手話言語環境を整えれば、ろう児は確実に手話言語を獲得できるという考え[10]や、言語能力や認知能力を第一言語である手話で育てた後に、第二言語を学ぶほうが効率が良いという考えが根底にある[11]とされる。日本のバイリンガルろう教育を支持する論理的基盤の一つとして、鳥越（1999a）が岡本（1985）を援用して提唱した、二次的ことばとしての手話（思考することばとしての手話）という考え方があげられるだろう。岡本（1985）は、聴児の話しことばが単純に書きことばに移行しているのではなく、話しことばのなかに具体的な文脈に対応して表出される「一次的話しことば」と、文脈に依存せず論理的に組み立てられる「二次的話しことば」があり、「二次的話しことば」の育成が書きことばの獲得に繋がると主張した。これを受けて、鳥越は手話においても同様の発達があり、二次的ことばとしての手話が日本語のリテラシーに促進的な役割を果たす可能性が考えられるとしている。また、武居（2003a）もバイリンガルろう教育を支持する論考であり、そこでは手話獲得が「コミュニケーションとしての手話」,「今ここを越えた記号としての手話」,「言語としての手話」の三段階に分けられており、「コミュニケーションとしての手話」を「一次的話しことば」に、「今ここを越えた記号

としての手話」を「二次的話しことば」に対応するものとしている。そして、「今ここを越えた記号としての手話」の段階に達しているろう児は、もっている手話の力を活用して日本語のリテラシーを効果的に学ぶことが可能だと述べられており、その理由として以下が示されている。

　　①日本手話を通して、メタ言語的知識を得ることができる
　　②日本手話と日本語を比較することが可能になる
　　③日本手話を媒介にして、ろう児は確実なコミュニケーションがとれる

　①は、言語とは、文法とは何か、というようなメタ言語的知識の獲得は、疑問文や否定文がどのようなもので、どのように使用されるかという理解を助け、そのことが第二言語としての日本語習得に役立つというものである。②は、日本手話と日本語を比較することで、双方の共通点や相違点を見つけることができ、ろう児は日本手話と日本語を行き来しながら日本語を学ぶことができることを意味している。そして③は、わからないところは手話で質問し、手話で理解することができる、手話を通して「わかる」ということがわかるため、何かが「わからない」時に「わかる」ための策を考えることができる、と説明されている。

　バイリンガルろう教育の論理的基盤は上の通りであるが、その学習を支える教材として例示されるものの一つに手話ビデオがある[12]。手話ビデオは、全日本ろうあ連盟日本手話研究所ろう教育部によって作成され、国語科の教科書が日本手話に翻訳されている。手話ビデオの狙いは、ろう児に物語の内容を理解させることにあり、理解した内容を教科書の日本語と比較しながら日本語を学んでいくことが意図されている。また、手話ビデオには、語彙や文法事項の学習が繰り返され、物語文の内容の理解にまでなかなか到達できないことが往々にして起こってしまう国語の授業スタイルを改善する効果も期待されている。鳥越（2003）では、手話ビデオ教材を使用した10校23学級に対するアンケート調査結果が報告され、総論では以下のように述べられている。

手話ビデオ教材により、児童が興味や意欲を持って教材の学習を行う
ことができたこと、教科内容の理解が深まったこと、対話形式の授業の
展開ができたこと、手話そのものの学習も可能であったことなどがあげ
られた。その一方で、いくつかの問題点も指摘された。一つには必ずし
も手話から日本語へと授業の中で十分に展開できなかったことである。
手話による話し合いや意見交換は活発になったが、それをもとに日本語
に結び付ける取り組みが不十分であったのだろう。[13]

　以上のことから、教材内容の理解を深めることができる点、ろう児の学習
意欲を促進する点で手話ビデオ教材は効果的であることがわかる。しかし同
時に、手話ビデオ教材の利点の一つとして重要視されている、手話を通して
理解した内容を日本語の学習に結びつける点については改善が求められてい
る。いずれにしても、近年では音声言語のバイリンガリズムを対象としてい
た研究者たちもバイリンガルろう教育について言及し始め[14]、その認知は進
んでいると言えよう。
　ここまではバイリンガルろう教育の全体的な特徴について述べてきたが、
次に日本のバイリンガルろう教育の具体的な姿を探るために、日本で唯一
バイリンガル・バイカルチュラル教育を掲げている明晴学園の取り組みを
榧（2012）から拾ってみる[15]。まず、公立ろう学校と比較して特徴的なのは、
教員の配置であろう。

　　　できるだけ、日本手話を母語とするろう者や、日本手話に堪能な聴者
　　を教職員に採用した。講師やスタッフも含めて、ろう者と聴者の教職員
　　がちょうど半々になっている。管理職についても、ろう者と聴者が対等
　　の任務になるようにした。[16]

　このように、日本手話によるバイリンガルろう教育を行うための人的資源
の整備が行われていることがわかる。また、ろう者と聴者の教職員数を同等
にすることによってバイリンガルろう教育を実行可能にするだけでなく、ろ
う者も管理職に就く[17]ことによって学校運営にろう者の意思を反映させる

第6章　言語権とバイリンガルろう教育　*115*

表17 「手話」「日本語」「市民科」について
＊榧（2012, p.187）より筆者が一部修正

手話	第一言語としての手話で適切に感情や思考を表現し、相手の手話を十分に理解する能力を育成し、伝え合う力を高めるとともに、思考力や想像力および言語感覚を養い、生活や学習に必要な学習言語としての手話能力を育成する。
日本語	第二言語としての日本語を適切に運用し正確に理解する能力を育成し、伝え合う力を高めるとともに、思考力や想像力および言語感覚を養い、日本語に対する関心を深め日本語を尊重する態度を育てる。
市民科	手話と日本語のバイリンガルとなり、自らのアイデンティティを確立することで、社会に主体的、積極的に参加できる人を育てる。

表18 時間割の例
＊榧（2012, p.192）より筆者が一部修正

（小学部1・2年）

	月	火	水	木	金
1時間目	市民科	算数	算数	算数	算数
2時間目	手話	手話	手話	手話	手話
3時間目	算数	日本語	日本語	図画工作	体育
4時間目	体育	体育	日本語	図画工作	生活
5時間目	日本語	生活	生活	日本語	市民科

（中学部1年）

	月	火	水	木	金
1時間目	数学	数学	数学	数学	市民科
2時間目	社会	理科	社会	社会	日本語
3時間目	体育	英語	理科	英語	日本語
4時間目	手話	英語	理科	手話	英語
5時間目	日本語	日本語	技術家庭	保健体育	美術
6時間目	日本語	日本語	技術家庭	保健体育	美術

ことができ、その意味でバイカルチュラル教育を推進しやすい体制作りもめざされているのであろう。また、教科の組み方にも独自の変更を加えている。従来のカリキュラムにある「国語」「音楽」「自立活動」の教科を廃止し、代わりに「手話」「日本語」「市民科」が設定されている。それぞれの教科は表17のように説明され、時間割の例は表18となる。

手話に関して特徴的なのは、表 17 にあるように学習言語としての手話という捉え方である。これは、ろう教育のなかで従来から散見される、手話はコミュニケーションには役立つが、学習用の言語にはなりにくいのではという指摘を否定する考え方だと言える。明晴学園関係者によるバイリンガルろう教育への支持は、カミンズがろう教育について展開する論考[18] を根拠として表明されることが多いが、そこで核となる、二つの言語に関する能力には共通する基底部分（共通規定能力：Common Underlying Proficiency）があるため、片方の言語についての知識や能力がもう片方の言語にも転移するという二言語相互依存説を基本的に取り入れていると思われる。また、手話言語には書記体がないため、第二言語（である日本語）のリテラシー獲得に対する転移が起こらないとする Mayer and Wells（1996）によるカミンズ理論への批判に対応できるよう、前述した鳥越（1999a）や、武居（2003a）も参照されているであろう。

　具体的な手話習得や手話学習については、まず幼稚部から日本手話環境が整えられており、子ども間のやり取りはもちろん、絵本の読み聞かせも日本手話で行われる。そのようにして、幼稚部の間に生活言語としての手話をしっかりと育てることがめざされた後、小学部で教科としての手話授業が始められる。週に 5 時間設定されている手話の授業では、思ったことや感じたことを日本手話で伝える力をつけながら、「『生活言語』としての手話を、複雑な論理や抽象的な思考を進める『学習言語』に高め」[19] ることがめざされる。具体的な教育方法としては、月ごとに定められた「手話語り」「手話ポエム」「手話コント」「手話ニュース」などのテーマに沿って手話の学習が進められる。また、個人やグループでテーマに沿った発表を行うこともあり、その際には必ず子ども同士の評価活動を組み込む。この発表時の手話をお互いに評価するという活動が学習言語としての手話を更に高めるとされる。中学部では、手話の授業は週 2 時間になるが、内容は高度化し、手話言語学について学ぶようになる。手話言語学の知見から自身の手話を言語学的に分析することは、手話だけでなく、第二言語として日本語を学ぶ際にも役立つものとして考えられている。

次に、第二言語として学習が進められる日本語の学習について目を移すと、声を使わず、リテラシーを中心に学んでいくという点が特徴としてあげられる。そして、第二言語として日本語を学ぶため、同年齢の聞こえる子どもたちとは異なる発達の仕方をするとされている。小学部段階では、日本語を楽しみ、日本語に慣れ親しむことが重要視され、まずは様々な本の世界を楽しみ、たくさん読むことが優先される。書くことについては、文法的な正しさより内容の面白さを大事にし、繰り返される間違いに対しては教員が正しい例を示すことで子ども自身に発見させるようにする。このようにして、度重なる間違いの指摘による日本語へのコンプレックスを回避しながら、自らの発見による日本語の定着がめざされることになる。中学部段階では、日本語教育専門の教員が、第二言語として日本語を学ぶためのカリキュラムに沿って日本語文法を教える。文学などの国語に関する内容は、国語の免許をもつろう教員が教える。

　手話と日本語以外の教科学習でも、日本手話を教育言語にすることの利点があるという。例をあげるなら、日本手話のCL（類別詞に類似）は「大きさや長さや数、さらに位置や動きも細かく表現できるため、様々な現象を手話で細かく見せることができる」[20] ため、視覚的に提示された事象を、視覚的に理解でき、子どもたちにとって教育効果が高いとされる。CL等の特徴をもつ日本手話を用いることによって、花のしくみ、天気のしくみ、体のしくみ、地球温暖化、プレートテクトニクス等の科学的事象や、算数や数学で見られる小数点の移動、二次関数でのグラフの平行移動等が容易に説明できる。

　明晴学園のバイリンガルろう教育で使用される教材の例としては、DVDによる手話版とテキストによる日本語版から構成されている「ハルミブック」があげられる。この教材は、小学校中学年までの子どもたちを対象とし、日本手話と日本語それぞれの語彙と文法を系統的に学ぶことが意図されている。そこで取りあげられているテーマは、乗っていた電車が事故のため止まってしまい理由がわからずとまどったなどの、ろう児たちの日常生活で起こることであり、子どもたちは楽しみながら手話と日本語を学ぶ。また、聴者は声で人を呼び、ろう者は肩をたたくことで人を呼ぶというような内容もあり、聴文化とろう文化も学べるように作られている。

6.4 バイリンガルろう教育の直面する課題について

　ここまで日本のバイリンガルろう教育について、そのおもな考え方と具体的な実践についてまとめてきた。最後に、日本のバイリンガルろう教育に関してあげられている課題について記述したい。古石（2012）は日本手話と日本語によるバイリンガル教育の意義を主張した後に、その方法論の確立が喫緊の課題だとしている。つまり、「音声言語同士のバイリンガル教育とどこが違うか、他の言語でのバイリンガルろう教育と比較してどこに独自性があるか、リテラシー能力や複文化能力の育成はどうするか、等々を意識的に、そして具体的に考えていかねばならない」[21] のである。これらの点はどれも重要だと思われ、長い蓄積があるわけではない日本のバイリンガルろう教育がクリアしていかなくてはならない課題は幅広いことがわかる。このように少なくない課題をもつバイリンガルろう教育であるが、とりわけ指摘されるのは、言語間の類似性という点である [22]。つまり、日本語と日本手話は語彙面での共通性はあるが、文法的な相違部分も大きく、そのことが手話と日本語のバイリンガルを難易度の高いものにするのではないかという危惧である。また、感覚の様相を示すモダリティの違い、つまり、手話言語で用いられる視覚モダリティと、日本語を音声でやり取りする際に用いられる聴覚モダリティの関係性についてもまだわかっていない部分が多いとし、検討課題とされている。たとえば、上農（2001）はバイリンガルろう教育を支持しながらも、話者自身が話のなかで別の人物として現れる「ロールシフト」という日本手話の現象を一例としてあげながら、以下のように述べている。

　　日本手話の発話中に生じるロールシフトという言語機能を通し、聾者（聾児）は「使役」や「受身」（と聴者が呼ぶ）関係概念を理解し、使用している。その理念や使用を支えているのは、すべて手指や身体の動きという視覚的音韻、空間分節的記号なのである。一方、音声言語では、それを音声という時間分節的記号、間接的記号で表している。つまり、「～させる」とか「～られる」という、それ自体なんの身体性を伴わない

助動詞と呼ばれる音韻記号（書記言語の場合は文字記号）の使用によっ
て表現している。手話という空間分節的な視覚言語によって世界を把握、
理解している人と、時間分節的音声言語で世界を把握、理解している人
の思考状態（世界認識）は、本質的に、そして具体的にかなり異なった
ものではないだろうか。[23]

　上農はこのような理解から、視覚言語と音声言語の質的な差は小さくなく、
音声言語同士の違いとはまた異なるため、日本手話と日本語の断層は大きい
と述べる。そして、この断層を乗り越えるための意図的な教育技術の確立こ
そバイリンガルろう教育の最大の課題だと指摘している。
　ここまで見てきたように、聴覚モダリティのみを使用する音声言語のバイ
リンガル教育とは違い、視覚と聴覚という二つのモダリティを橋渡しする必
要があるバイリンガルろう教育は、その点で独自の研究が必要なことは確か
だろう。しかし、このことはバイリンガルろう教育が不必要だということを
意味しているのではなく、むしろその推進のための改善点や取り組むべき課
題の提起である。では、このようなバイリンガルろう教育推進のための動向
や問題提起が、実際に教育が行われる現場であるろう学校に、どのように反
映されているのであろうか。バイリンガルろう教育が日本で紹介されるよう
になって以降、日本手話を活用した授業が見られるようになったこと [24] や、
小学部という限定された学部では日本手話のクラスを選択できる体制を準備
した公立ろう学校（北海道札幌聾学校）が見られるようになったが、ろう教
育の全体的な傾向から言えば、バイリンガルろう教育を推進・展開するため
の議論は、ろう学校現場にそれほど大きな影響を及ぼしてはいない。このこ
とは、学校全体としてバイリンガルろう教育を行っている公立のろう学校は
2018 年現在でも存在しない点からもわかる。現在でも公立ろう学校では、教
育方針の点から言えば聴覚口話法またはトータル・コミュニケーション法に
よる教育活動が進められているという理解になるだろう。バイリンガルろう
教育がろう学校現場に浸透していかない理由の一つとして考えられることは、
読み書きを介した日本語の習得という、日本語のリテラシー能力と関連する
懸念を現場教員が感じている点にある。

120　第3部　ろう教育の変遷のなかで見られる「ことば」の問題

私にとっては、手話を第一言語とし、その社会で使われている言語は、
　　読み書きを通して第二言語として習得させると言う主張は、方法論的な
　　面で具体性に乏しく、その社会で使われている言語の習得を、単に幼児
　　期から少年期に先送りしてしまったのではないかという懸念を持つ。[25)]

　これは、聴覚口話法を支持するろう学校教員であった馬場（2009）の考え
であるが、バイリンガルろう教育に対する同様の理解は少なくないだろう。

6.5　バイリンガルろう教育におけるバイリンガルイメージの修正

　ろう教育では、日本語モノリンガル聴児のレベルを目標に、ろう児の日本
語読み書き能力を高める取り組みが積み重ねられているが、バイリンガリズ
ムの観点からはこの点で注意が必要である。なぜなら、音声言語によるバイ
リンガリズム研究では、二つの言語における「話す」「聞く」「読む」「書く」
というすべての能力が両言語のモノリンガルと同等になるようなバイリンガ
ルは一般的に想定されていないからである。バイリンガリズム研究では、二
言語ともにその言語のモノリンガルと同等の能力をもつバイリンガルを「二
重バイリンガル」（ambilingual）と位置づけているが、「二重バイリンガル」
はある種の理想上のバイリンガル像として理論の範疇に限られ想定されて
いる[26)]。したがって、そのような万能なバイリンガルは、研究の設定上は
ありえても実際に存在するのかは疑問があり、ろう児に対するバイリンガル
教育においても、日本語モノリンガル聴児と同等の日本語リテラシーを求め
る「二重バイリンガリズム」的な発想には注意する必要があり、その背景に
ある研究上のイデオロギーについても読み取る姿勢が求められる[27)]。このよ
うな姿勢は、ろう児へのバイリンガル教育の文脈において意識されていない
わけではない。例えば、幼児期段階から第二言語での教育が行われるトータ
ル・イマージョン教育の結果（カナダ）においても、第二言語の能力は、そ
の言語のモノリンガルに比べ、特に話す・書くという産出面でエラーがある
という報告をふまえたうえで、バイリンガルろう教育に対する以下のような

提言がなされている。

　　今後、聴覚障害児に Bi-Bi 教育を行う場合の到達点の設定は、読み書
　きができるという大枠の目標を立てるだけでは十分とはいえない。どの
　程度の日本語を読み書きできるのかという具体的なレベルを、個人ごと
　に設定する必要があるのではないだろうか。[28]

　筆者は、この指摘自体は音声バイリンガリズム研究が積み重ねてきた知見
を踏まえた妥当なものだと思う[29]。ただし、この提言に沿って個別に設定さ
れた、日本語リテラシーに向けた教育実践が行われるためには、個人ごとに
設定された日本語リテラシーの到達点が、社会的に当然身についていると期
待されるレベルではないと判断された場合、それでもその社会は当該のろう
児を受け入れ、不利益が生じないようなシステムをもっていることが前提と
なる。所属している主流社会の言語の書記体を第二言語として身につけるこ
とが想定されているバイリンガルろう教育において、すべてのろう児に期待
されるリテラシーのレベルが、主流言語を第一言語とするモノリンガル聴児
と同じであることは過大な要求となる可能性があり、それゆえにバイリンガ
ルろう教育は常に「失敗」と理解されてしまうことが考えられる。
　たとえばメイヤー・アカマツ（2015）による、欧米のバイリンガルろう教育
研究のレビューからは、30 年の研究や実践を経た状況においても、バイリン
ガルろう教育が抱える言語とモダリティの関係性や複雑さの影響もあり、「リ
テラシーのより良い成果への期待に答えられてこなかった」[30]とされてい
る。さらに、同レビューは以下のように、バイリンガルろう教育の衰退を予
想させる記述が続く。新生児聴覚スクリーニングや人工内耳装用が広まって
いる状況下では、初期に人工内耳を装用した子どもにとって、リテラシーの
育成という観点からはバイリンガルろう教育の必要性は低減し、「L2（第二言
語）が十分アクセスできない音声言語となってしまっている子どもにとって
も、L1（第一言語）の自然手話言語プラス書記の L2 という方法が、有効なモ
デルになっているかさえ明確で無い」。つまり、人工内耳装用をしていないろ
う児にとっても、バイリンガルろう教育はリテラシー獲得のモデルとして成

功しているわけではないということが述べられているのである。

　この論点については第4部で再度取りあげるが、リテラシーの基準値がどのように設定されているかは注目するべきであり、ある特定の集団が不利益を受けるような構図になっていないかどうかを問う作業が必要であろう。習得すべきリテラシーの基準が、一貫してモノリンガル聴児のレベルに置かれる場合、手話言語という聴児とは異なる回路を用いるバイリンガルろう教育よりも、聴児と同様の「聴覚」回路を医療技術によって再生する人工内耳装用という選択が信頼され増加しても不思議ではないだろう。なぜなら、聴児と同じ「聴覚」回路を使って、リテラシーを高めようと言う発想は、聴覚口話法そのものであり、ろう教育の歴史において長く支持されてきた方法であるのだから。ここから見出せる結論としては、手話言語を第一言語として重視するバイリンガルろう教育が広く普及するためには、リテラシーの基準をモノリンガル聴児レベルに置く社会通念を変更するという条件が付帯する、ということだろう。そして、この「聴児並みのリテラシー」が必要という考え方を後押しする根拠は、「学力」を聴児並みに高めることがろう児のためになる、という発想なのかもしれない。この点について、脇中（2013）は、日本のろう教育の分野で定着している「9歳の壁」[31] という用語との関連で以下のように述べている。

　　いろいろな論文を読むと、聴児並みの学力の獲得を聴覚障害児に求める度合いや雰囲気が国によって異なることがうかがえることから、筆者は、日本では、聴児並みの学力の獲得が強く求められていることが「9歳の壁（峠）」という用語の定着につながった可能性を考えています。[32]

　ここまで、言語としての手話という補助線を引くことで見出されるようになった教育方法である、バイリンガルろう教育についての概説とその課題について論じてきた。次に、バイリンガルろう教育を現実のものとするための必須条件である教育人材について述べる。バイリンガルろう教育を実践するための障壁の一つに、バイリンガルろう教育を実行可能な人材の確保という問題がある。バイリンガルろう教育は手話を第一言語として習得させ、授業

も手話という教育言語で行われるため、言語としての手話を扱える教員の存在はバイリンガルろう教育成立の前提条件となる。そのため、スウェーデンの例でも教員の手話学習プログラムが準備され、ろう児をもつ親に手話学習の機会が提供され、ろう者の手話教師としての採用が進められたわけである。次節では、日本のろう学校に勤務する教員の現状について述べる。

6.6 ろう学校の聴者教員が手話技能に関して置かれている困難さ

手話は 1980 年頃からろう教育に再登場し、現在では全国のろう学校で広く使用されている。しかし、ろう児と聴者教員とのコミュニケーション不全は、手話導入後のろう学校においても指摘され続けている[33]。手話ということばを使用することが当然になっている現在のろう学校では、授業初日から手話を使うことは当然視される。しかし、その手話の習熟度が問題となっている。「手話をする」ことと、「手話がろう児に伝わる」こと、「ろう児の手話を読み取る」ことはまったく別次元である。手話単語をできる限り覚えて授業に行くという状態でも、「手話をする」ことに現場ではなりえる。結果として、聴者教員が手話を使ってもろう児との意思疎通が十分に図れているわけではない状態が多くある。さらに、ここに聴者教員が使用する手話が、日本手話なのか日本語対応手話なのかという論点が重なることで複雑さが増す。

筆者は、多様化しているろう児の言語環境に対応する必要から、日本手話と日本語対応手話のどちらも使用できる聴者教員が理想的だと考える。しかし、理想と現実とはかなりのひらきがある。日本語の文法規則を使用できるという特徴から考えて、聴者教員にとっては比較的習得しやすいと思われる日本語対応手話であっても、ろう学校に赴任する聴者教員にとって習得は容易でない。彼女ら彼らの多くは、地域校園（幼稚園・小学校・中学校・高等学校）やろう学校以外の特別支援学校において、音声というモダリティを使用して教育を行っていた、20 代から 50 代までの聴者である。たとえ文法面で負担が少ないとしても、モダリティを音声から手指へと変更することの困難さは大きい。日本語対応手話という範疇であっても、手話単語を表す際の

手の形・手の位置・手の動きを学んでいく作業には相当な時間がかかる。さらに、日本手話という独自の文法規則までを学ぶことの困難さは容易に推測できるだろう。ろう学校に赴任した聴者教員が、日々の教育活動で日本手話を用いる必要性を感じたとしても、それを実行できないような教育環境がそこにはある。実際に、国語科の聴者教員としてろう学校の高等部に赴任した岡（2001）では、日本手話をベースとしている生徒の指導に日本手話を用いようとするが、自身の日本手話力では対応できないため、ろう教員の協力が必要となった事例が記されている。岡は、協力してくれたろう教員とその生徒の会話をほとんど読み取れなかったとも述べており、ろう学校に赴任する聴者教員の苦闘する様子が伺われる。

　ここにおいて、現場に立つ聴者教員の一人としての立場も加味し筆者が確信していることは、聴者教員がろう学校に赴任してから、自己学習によって日本手話を習得することには大きな限界があるということである[34]。このように日本手話、日本語対応手話を含めたろう学校教員の手話能力に関する問題を改善するには、ろう学校教員の養成システムや人事面、現職教員への研修などが鍵となることは明白であろう。そして、教員養成や人事に関する範囲でろう教育に責任をもっている文部科学省や教育委員会の積極的な関与なしに、根本的な改善は望みにくいことも想像に難くない[35]。さらに近年では、頻繁な人事異動が、聴者教員の在職期間を短くしているという問題がある。人事異動によって、数年をかけて手話能力を高めたろう学校の聴者教員が短い在職期間で転出させられるケースは決して珍しくない。

6.7　「言語権」について

　ここでは、言語としての手話という認識のもとに接続可能となる「言語権」概念に注目しその概要を示す。木村（2006）によれば、異なる言語を話す人と人との関係性のなかで常に一方のみに大きな負担を強いるような言語間の階層性がある場合、弱小言語の話し手にとってそれは言語的な差別となる、そこには言語間の非対称性があり、言語権とは言語的不平等が生じる際にこれを是正しよとするものである、また、言語権には言語的少数者が自集

団と自己同一する権利と、より広い社会につながる権利という二つの柱がある、つまり、一つ目は自身が帰属意識をもっている集団の言語を習得することや使用する権利であり、二つ目は当該の地域や国で広く使われている言語を学習することや使用する権利である、さらに、言語権とは社会生活に必要となる言語的条件を獲得する権利であって、その他の自由権や社会権を享受する前提となり、基本的人権に含まれるとしている、また、すでに社会生活を送るうえで支障をきたさない言語的条件をもっている人でも、自己のアイデンティティを確立するために必要とみなされる言語を学ぶことも基本的な言語権であり、文化権としての言語権である。

　このように規定される言語権は比較的新しい権利であり、1990年代以降世界的に注目されるようになった。また、これまで言語権という権利が見過ごされてきた理由として、言語的な不平等は人種差別や性差別と違い、複数の言語を習得することや言語を「乗り換える」ことが原理的にはできるため、差別として認識されにくいこと、また、国民国家の同質的統合を奨励するという近代的な要因も言語権の低い社会的認知に影響を及ぼしたと指摘されている[36]。

　ろう児に関する言語権については『ろう教育と言語権――ろう児の人権救済申立の全容』のなかで詳しく論じられており[37]、手話環境が整えば言語としての日本手話を第一言語として習得できるろう児に対して、日本手話を遠ざけ口話法のみを用いて教育を行う不適切さを「人権侵害」とし、第一言語の日本手話を学習し、日本手話で学習する権利があると言語権を根拠に述べている。しかし先に述べたように、日本手話による教育という選択肢を用意しバイリンガルろう教育を実施しているろう学校はほとんどないのが現状である。

6.8 「言語権」がろう学校の聴者教員に与えうるもの

　6.6で述べたように、ろう学校は聴者教員の手話能力という点に今日的な課題をもっている。ろう学校教員の「養成」、「教員研修制度」、「人事制度」などの喫緊の課題を改善することは容易ではなく、ろう学校の聴者教員個人

やろう学校という単位を超えて文部科学省という単位での貢献が必要であるとした。そして、6.7 では「言語権」について紹介し、言語権とろう教育のかかわりについて述べた。以下では、言語権がもたらしうる効果について、直接的な権利の享受者であるろう児にではなく、ろう学校で働く聴者教員側に焦点をあわせて論じる[38]。具体的には、言語権が聴者教員の手話能力という今日的な課題の改善に寄与しうる可能性について検討する。本章は、ろう教育に対して言語としての手話という補助線を引くことで見えてくる様相を、社会言語学の視座から捉えようとするものである。したがって、ろう学校に在籍するろう児の手話使用状況は実際には多様であり複合的な側面をもつが、ここでは上記の趣旨に沿って、手話言語としての日本手話と言語権の関係にしぼって論を進める。

　日本手話による教育という選択肢の成立は、日本手話話者の言語権という着想からは正当化される。しかし、実際にこの教育を実行しようとする段階では、日本手話を教育言語として使用できるろう教員、聴者教員の不足という課題が生じる。人権救済申立書[39]のように、日本手話話者の積極的な採用や現職教員への日本手話研修を文部科学省に要求しようとする運動はある。しかし、現行の特別支援学校小学部・中学部・高等部の学習指導要領において、手話はコミュニケーション手段としては明記されているものの、手話を言語とする記述や日本手話を規定する記述は見られない[40]。幼稚部の教育要領においては、手話という用語自体がない[41]。小学部・中学部・高等部の学習指導要領におけるコミュニケーション手段としての手話が意味するのは、日本語対応手話であると考えられることからも、文部科学省は手話を言語とする認識には立っていないだろうことがわかる。このような、文部科学省の立ち位置からして、日本手話技能に関する研修を文部科学省が準備することは今のところ期待できない。

　仮に、日本手話に秀でた聴者教員を養成できないまま、日本手話による教育が理念先行でろう教育に導入されたとしよう。日本手話技能が不足する聴者教員が日本手話による教育を推進することになるため、質の高い教育が行われるとは考えにくい。その結果として生じうるであろう教育不全の直接的な被害者がろう児であることに異論はないと思われる。一方で、聴者教員と

して適切な教育を行う条件を与えられていないという意味では、日本手話技能を育成されないままろう学校に赴任させられ、ろう児を教えることになる聴者教員も間接的な被害を受けているとも言える[42]。さらに、日本手話による教育が、理念先行でろう教育に導入された場合に生じると予想される教育不全の原因は、現場でろう児やその保護者と対峙する聴者教員個人に向けられることもあるだろう。しかし、6.6で述べたように、ろう学校の聴者教員個人の自学では日本手話の習得は厳しく、日本手話技能を聴者教員に保障するための抜本的な仕組みはやはり、文部科学省や教育委員会という教育行政の規模で行う必要がある[43]。では、文部科学省や教育委員会が聴者教員の日本手話技能を保障する責任主体であるという主張をどのように展開できるだろうか。一つの答えは、6.7でも触れた言語権のもつ社会権という性質にあると考えられる。小嶋は、言語権の性質について以下のように述べている。

　　言語的少数者にとっては、社会的経済的弱者が社会権を保障されることによって国家からの給付を受けるのと同様の意味において、社会内において自己の言語を使用する環境を国家が整えることを要求する権利も保障されるものと言うべきである。その意味で、言語権は社会権でもある。[44]

　この指摘を踏まえれば、日本手話話者は、日本手話による教育を実行するための条件整備を文部科学省に対して要求することが権利として認められていると言える。言語権とは、前述のように基本的人権に含まれる概念である。日本手話による教育のための条件整備には、日本手話技能を有する教員の養成が重要な柱として含まれると考えられるため、ろう学校の聴者教員の日本手話技能保障の責任主体として文部科学省が規定されることになる。このように、言語権の射程は社会権という性質にまで及んでいるとする考えから、日本手話話者は、言語権を根拠に日本手話技能を有する人材育成を文部科学省に求める権利があると理解できるだろう。

　この言語権がもつ社会権としての側面を聴者教員の立場に引きつけて捉え直すならば、ろう児への言語権の正確な行使は、ろう学校の聴者教員に日本

手話能力の保障をするという前提を要するため、結果的に聴者教員の教育活動をサポートすることにもなる。自身が職責を果たすために必要な知識や技能の一つを身につけることが保障されることは、聴者教員に安心感を与えるであろうし、ろう学校の教員としてのアイデンティティを構築し維持していくことにも繋がると考えられる。特に、聴者教員の多くは予期せぬ形でろう学校に赴任する。日本手話による教育の責任主体として文部科学省や教育委員会が明記されること、そして、現職の聴者教員や赴任が決定した聴者教員に対する研修によって一定程度の日本手話技能が保障されることは、ろう学校の聴者教員がろう学校で働くうえでの支えとなるのではないだろうか[45]。

　言語権が聴者教員にもたらす効果とは、何よりも聴者教員自身に日本手話能力を保障することを意味する。なぜなら、言語権の社会権的性質からは、聴者教員に対して日本手話能力を高められる環境を準備することが責任主体である文部科学省の果たす役割と明記することができ、そのため、ろう児に対する言語権の保障を成立させる過程において、聴者教員が日本手話を学び習得することをも権利として保障されていくことが考えられるからである[46]。

　5.4 でも指摘したように、ろう教育において手話が否定されないためには、手話が言語として認知されるだけでなく、多言語社会という枠組みへの肯定的認識が必要である。単一言語社会を良しとする近代的言語観のなかでは、聞こえる日本人への接近が優先され、手話ということばが言語として位置づけられたとしても排除される危険性は常にある。ろう教育に言語としての手話という補助線を引くことで見えるようになる「言語権」概念は、異なる言語話者間の不平等を是正するというその目的からもわかるように、多言語社会を前提としている。言いかえれば、言語権による議論が成立するためには、多言語社会という認識が必要となるのである。その意味で、日本社会における言語権概念の広がりは、多言語社会という意識の広がりとある程度同期した現象であると考えられるだろう。

6.9　おわりに

　本章は第 5 章に引き続き、言語としての手話という補助線をろう教育に引

いたうで、ろう教育の「ことば」の問題を捉えようと試みた。具体的にはまず、ろう教育に手話が再登場する二つの経緯を確認したのち、言語としての手話という認識から導かれるバイリンガルろう教育について取りあげた。そして、ろう児が第二言語として習得することが期待される日本語リテラシーの基準をモノリンガル聴児と同程度に置く限り、バイリンガルろう教育はリテラシー獲得の文脈では「失敗」とされる可能性があると指摘した。次に、ろう学校の聴者教員の手話能力という今日的課題を指摘した後、日本手話という手話言語の承認から導き出せる「言語権」概念を紹介し、言語権がもつ聴者教員への効果について考えた。言語権のもつ聴者教員に対する効果とは、言語権に含まれている社会権の性質にあり、その社会権の性質により、文部科学省や教育委員会が聴者教員の日本手話力を保障する責任主体と規定される。そうすることで、ろう学校の聴者教員は日本手話による教育を実行する条件を得ることができ、日本手話技能の欠如は聴者教員個人に押し付けられることはない。このことは、これまでろう教育の文脈で言語権が語られる際に指摘されてきた、言語権の本来的な享受者である日本手話話者に対する権利保障だけでなく、ろう学校の聴者教員が日本手話を学ぶ権利が保障されるという意味で、ろう学校に勤務する聴者教員に対する権利保障でもあると言えるだろう。

■注
1 日本の聴覚障害教育構想プロジェクト委員会（2005, p.73）
2 金澤（1999, p.210）
3 (1) 社会的条件とは、早期に聴覚障害児を発見し教育を開始する必要があること、国が経済的に安定しており、子どもが学校に通えないような状況が発生していないことを指している。
4 この「標準以上の能力」の具体的な中身が何であるのかについて馬場は言及していないため、その能力の詳細はわからない。
5 馬場（2001, p.19）
6 クァク（2014）
7 ろう学校の手話導入は、1993年に文部省が示した「聴覚障害児のコミュニケーション手段に関する調査研究協力者会議」のなかで、中学部以上の手話がコミュニケーション手段の一つとして位置づけられたことによるところが大きく、そのため中学部と

高等部から導入が始まった。金澤（2013, pp.194-198）では、小学部の手話導入事例が紹介されている。それによれば、いくつかのろう学校では、中学部高等部の手話導入に続き幼稚部が手話を導入した。それらろう学校の小学部では、手話をすでに使用するろう児が小学部に入部する段階になってから、実態に合わせるという論理で手話を導入することになった。ここから、ろう学校の手話導入は、学校全体として行われたのではなく、時間をかけながら進んでいったことがわかる。また、手話導入に関しては学部間で温度差があり、口話一辺倒への反省が契機となったことは確かであろうが、手話を使用するろう児が入部するという現実問題への追認というケースもあった。

8　鳥越・クリスターソン（2003）

9　鳥越（2009）

10　武居（2003a）

11　相澤（2009b）

12　武居（2003a）、鳥越（2003）

13　鳥越（2003, p.105）

14　井狩（2014）、佐野他（2018）の佐野など。

15　明晴学園そのものの展開史の詳細は、クァク（2017）に詳しい。

16　榧（2012, p.186）

17　2018 年度時点では、ろう者の榧氏が学校長であり、この方針は継続・実現されていると言える。

18　カミンズ（2003、2008、2011 など）

19　榧（2012, p.190）

20　榧（2012, p.195）

21　古石（2012, p.278）

22　相澤（2009b）

23　上農（2001, p.11）

24　一例として、海老原（2011）がある。これは、三重県立聾学校の小学部において実践された日本語文法指導の取り組みについての論考である。まず、「手話は聴覚障害児にとってことばの概念形成をはかるうえでなくてはならないものになる。そして、手話は書きことばにつながる二次的ことばの積みあげにも大きな役割をはたしている」（p.14）として、手話の教育的意義が認められている（ここでいう手話は本論で言うところの日本手話と同様のもの）。そして、授業場面に合わせて、手話、日本語対応手話、指文字が使用される様子が報告されている。手話の具体的な活用領域は、「文章の意味理解ができているかの確認」や、「意見交換」であり、日本語対応手話は「書きことばを意識しての意見交換」のために用いられるとされている。

25　馬場（2009, p.32）

26　山本（1991, pp.15-19）

27　山本（2014, p11）は、バイリンガルとモノリンガルは様々な面で違いがあり単純比較ができないという先行研究の知見があるにもかかわらず、「バイリンガルはその何かが、たとえば言語、知能、成績が評価されるときにはほぼ常に、モノリンガルのそ

れが基準となり、それとの比較でなされる」と指摘し、「（二重）限定バイリンガル」
（(double-) limited bilingual）という考え方を批判している。

28 相澤（2009b, p.58）　引用文の Bi-Bi とは、バイリンガル・バイカルチュラルの意味で
ある。

29 田浦（2014）など参照。

30 メイヤー・アカマツ（2015, p.262）以下に続く引用文の（　）ないの補足は筆者によ
る。

31 「9歳の壁」とは、「小学校高学年以降の教科学習が難しい、多面的な見方ができない、
などの現象」（脇中 2013, p.i）。

32 脇中（2013, p.3）。脇中は、聴児並みの学力の獲得を求める度合いや雰囲気が異なる
ことがうかがわれる文献の例として、Paul（1999）をあげている。

33 第3章を参照。そこでは、手話ということばを知らない聴者教員がろう学校に赴任す
る苦労を記述し、手話ができないことによって作られる聴者教員の立ち位置が、ろう
児の低学力の一要因となっていることを示した。また、ろう学校の人事異動や赴任制
度がもつ問題を指摘した。そして、問題解決のために言語権という視座を取り入れる
必要があると提起した。

34 加藤（2010）も同様に、公立ろう学校教員が自己努力のみで日本手話を習得すること
が難しいと論じている。ただし、加藤は教員配置や教員養成の面で見られる教育行政
の不十分さについては言及するものの、それほど批判的な目を向けておらず、政策の
改善に向けた現場の声と研究が必要だとするに留まっている。その意味で、この問題
のもつ構造的また本質的な課題への批判は不十分だと言える。

35 現場では、手話ができないことや手話の習得が比較的遅いことの原因を教員個人の資
質や努力にのみ還元してしまうようなケースも見られる。教員が、手話能力不足を原
因としてろう学校に不適応を起こすということがないよう、ろう学校現場では何かし
らの対策や工夫を行い努力しているが、根本的な解決策とはなりにくい。

36 臼井・木村（1999, p.9）

37 古石（2004）、小嶋（2004）、木村（2004）を参照。

38 言語権の直接的なろう児への意義については、本章注37で示した先行研究に詳しい。
また、2001年にはすでに、広島ろう学校呉分校の教員である阿部敬信が「ろう者の
『言語権』を保障するための方策を考えていかねばならない」（p.19）と述べており、
公立のろう学校教員も「言語権」についてまったく意識していなかったわけではない
ことが伺われる。しかし、阿部以降そのような主張が増加したわけではない。

39 複数の弁護士とろう児をもつ親たちが日本弁護士連合会宛に出した申立書。日本手話
による教育の保障を求める内容になっている。

40 「児童の聴覚障害の状況等に応じ、音声、文字、手話等のコミュニケーション手段を
適切に使用して、意思の相互伝達が活発に行われるように指導方法を工夫すること。」
（特別支援学校小学部・中学部学習指導の第2章第1節2）

41 「聴覚障害者である幼児に対する教育を行う特別支援学校においては、早期からの教
育相談との関連を図り、保有する聴覚や視覚的な情報などを十分に活用して言葉の習

得と概念の形成をはかる指導を進めること。また、言葉を用いて人とのかかわりを深めたり、日常生活に必要な知識を広げたりする態度や習慣を育てること。」(特別支援学校幼稚部教育要領の第3章第2「特に留意する事項」)

42 第3章では、手話を知らずにろう学校に赴任した聴者教員たちが、ろう学校を外国のように感じることや、ろう児の手話がわからずに気後れしてしまうこと、ろう児に対して壁を作って自分を守るようになることなどの事例があると述べている。

43 筆者の経験からは、(日本手話、日本語対応手話を問わず)手話能力がないままでろう学校に赴任させられる教員に対する保護者からの不満は出やすい。その教員が教科指導の知識や技能は十分にもっていたとしても、そのもっているものが十分に伝えられないため、授業の質と進度に影響が出るからである。教員にとってそのような状況は苦しいものであり、自身の能力を発揮するためにしっかりとした手話技能の研修を受けたいと望む教員は少なくない。

44 小嶋(2004, p.132)

45 また、大学での教員養成課程にも言語権の理念が反映され、「日本手話」技能の育成をはかることができるカリキュラム設定が望まれる。なお、関西学院大学のように「日本手話」を第二言語としてカリキュラムに位置付けている大学も存在する。

46 ここまでは本章の筋立てに沿って、言語としての手話という立場を明確化している日本手話を言語権の対象として論じてきた。しかし、言語権にも課題はある。木村(2010)は、海外と国内での言語権にまつわる議論から、言語権に言語やアイデンティティ、または言語とアイデンティティの結びつきを所与のものとする意味での本質主義があるとの指摘がなされていることを紹介し、その本質主義的なアプローチが権利の対象となる言語とそうでない言語の選別や格づけにつながる危険性や、主体をある「母語」への忠誠に囲い込むことで、多様な言語を用いる使用者の現実をゆがめるという矛盾についての批判があると記述している、そして、このジレンマに対し、固定的な「言語」ではなく言語実践に注目し、分類され命名された「言語の権利」ではなく「人間のことばへの権利」という観点からの考察が重要になるとしている。また、言語権には情報弱者やコミュニケーション弱者への寄与という点にも不十分さがある。古賀(2006)は、知的障害者のコミュニケーションは既存の言語という枠組みからはずれているとし、言語権が知的障害者に寄与しにくくなっていると指摘した。この課題に対して、かどや(2006)では、言語の枠組みの外部に存在する人たちをも含む概念として、言語権を「コミュニケーション権」へと捉え直すことを主張している。筆者もこのコミュニケーション権の考え方に賛同しており、実際には多様な手話使用実態がある多くの公立ろう学校において、コミュニケーション権を論拠に据えることで、日本手話だけでなく日本語対応手話についても同様にその保障を求めていくことができると考える。さらに、ろう児と比してより注目されにくかったと言える知的障害のある重複児や盲ろう児のコミュニケーションにも同様の期待ができるようになるのではないか。

第 4 部

ろう教育における
「リテラシー（読み書き）」研究がもつ問題

第7章　リテラシー論の現状と射程

7.1　はじめに

近年ではリテラシーという用語の使われ方が多様化している。メディア・リテラシー、情報リテラシー、コンピューター・リテラシー、エモーショナル・リテラシー、数学リテラシー、ファイナンシャル・リテラシー、エコ・リテラシー、セクシャル・リテラシー、ビジュアル・リテラシー等々を目にしたり聞いたりすることが多くなり、それら〇〇リテラシーが多様な学問領域で研究対象となってきている。例えば、医学分野のなかでも看護の領域ではメディア・リテラシーを取りあげ、その研究結果を実際の看護活動に生かす試みがなされている[1]。

このように、リテラシーに関する研究は学際的になってきているが、それでもリテラシー研究の母体の一つは教育分野であろう。この分野でのリテラシーは学力と関連付けて論じられることが多い。特に 2000 年以降は、OECD（Organization for Economic Cooperation and Development：経済協力開発機構）が行っている PISA（Programme for International Student Assessment：生徒の学習到達度調査）の提示するリテラシー観が社会的関心を集めたこともあり、PISA 型リテラシーが注目されるようになった。とりわけ、2003 年に行われた PISA の第二回調査の結果が第一回に比べ低下したことを受け、学力低下が叫ばれたことは記憶に新しく、「学力低下論争」なる現象が見られた。日本の教育政策への PISA の反響は大きく、全国学力・学習状況調査（2007 年）の開始にも影響を与えている。また、PISA の影響力は日本に限られず、他の国々でも PISA をもとにした議論がなされている[2]。

ろう教育の分野でも、澤（2011）や佐藤（2011）が PISA 型リテラシーについて言及しており[3]、前者は PISA が示す読解力の観点には、日本語を使っ

136 第4部　ろう教育における「リテラシー（読み書き）」研究がもつ問題

て思考する力や、考えながら日本語を読んだり書いたりする力が含まれており、それらを身につけさせるための「考えさせる」授業づくりが求められるとしている。また後者は、PISA読解力を育成するための手法の一つとして、「連続型テキスト」である文章だけでなく、「非連続テキスト」である図や表、絵、ビデオなどの教材を用いた多様な読みを設定し、その実践を紹介している。このように、ろう教育分野でもPISA型リテラシーへの関心は見られるようになっているものの、その影響力は教育界一般に与えたそれほど大きいとは言えず目立った研究群や実践群が見られるわけではない。また、そもそもろう教育においては、リテラシーという用語自体がそれほど浸透しているわけではない。ただし、リテラシーという用語は使用されずとも、ろう児の読解力を高めるためのいわゆる「読み」の指導や、自身の考えを文字にする「書き」の指導は「言語指導」という形で一貫して行われてきた。つまり、ろう教育においても「読み書き能力」という意味でのリテラシー研究は積み重ねられており、現在ではこのテーマがより重要視される傾向にもある。ろう教育におけるリテラシー研究については第八章で詳述することにし、本章ではその前段階として、おもに社会言語学に関連した議論にもとづいて、「ことば」の問題のうち読み書きの領域に関わるテーマである「リテラシー」についての研究動向をまとめたい。

7.2　リテラシーの多様性

　現在においてリテラシーとは何かという統一的な定義が確立されているとは言えない。論者によって示そうとするリテラシーの内容は様々というのが実際の様相であるが、長期的に見ればリテラシーとは単数形であるという認識から、コミュニティの状況や具体的な文脈に即した複数形のリテラシーを認めていく考え方が支持されるようになってきている[4]。複数形のリテラシーという認識が表すとおり、リテラシーが示す中身は一定ではないが、それでも、少なくとも「何かを読んだり書いたりする力」と同義の「読み書き能力」という意味は、リテラシーの示す範囲に含まれると一般的に了解されそうである。だからこそ日本では、リテラシーの訳語として「識字」という語

がしばしば当てられ、その意味するところは「読み書き能力」と同一であったし、佐々木（2014,p.197）が言うように、国立国語研究所の「外来語」委員会が 2002 年に出したリテラシーの言いかえ案は、(1)「読み書き能力」・(2)「活用能力（情報を的確に読み解き、またそれを活用するために必要な能力）」となって提出された。

　しかし、現在は広く了解されるであろう、リテラシーに対する「読み書き能力」という理解さえも歴史的に見れば、後発の、付け加えられた意味であることがわかる。literacy の語源である literature とは元来「（高度で優雅な）教養」を表すものであり、この語が 14 世紀にラテン語から英語に取り入れられてから長く「（高度で優雅な）教養」という意味は維持され、17 世紀や 18 世紀においても literature ではないことを表現する illiterate な人の基準は、シェークスピアの戯曲を読んで理解できない程度におかれていた[5]。単に文字の読み書きができるということを示す「読み書き能力」や「識字」という意味は literature には存在していなかったのである。

　また、現在の一般的な理解では、「読む」ことと「書く」ことの両方の技能が獲得されていることがリテレイトな状態であると想定されているが、中世ヨーロッパにおいてのリテラシーは「読み書き」というひとまとまりではなく、「読む」ことと「書く」ことにわかれて存在する傾向があった[6]。スウェーデンでは、すべての国民が聖書を読み、キリスト教の教養を身につけることを求める 1686 年の教会法によって「読む」能力の習得が推し進められたが、「書く」能力は問題とされなかった[7]。中世において「読む」能力が「書く」能力と分けられ優先されたのは、「読む」能力は宗教的テクストの理解につながるものであり、宗教的テクストの規範を人々に内面化していくためには「読む」能力の普及が重要であった一方、「書く」能力の必要性は、署名という何らかの契約が成立したことを証明する場面に限られていた[8]からであろう。

　その後、literature から派生した literacy は 1883 年に登場する。オックスフォード英語辞典（OED）では同年にアメリカのマサチューセッツ州教育委員会が発行した『ニューイングランド教育雑誌』においてこの語が初めて使用されたとあり、ここでの literacy は公教育を通して子どもたちが身につけ

るべき共通教養としての「読み書き能力」を意味するものだった[9]。このように、リテラシーという語の歴史を見れば、すべての子どもや人が身に付けるべき共通の教養として想定される「読み書き能力」という意味でのリテラシーの成立は近代公教育の成立と関連しながら19世紀末に生まれたことがわかる。現在でもこの意味でのリテラシー育成のおもな担い手として学校教育が想定されていることは、この語の始まりが公教育と関係があったことに端を発しており、したがって、ユニセフ（UNICEF：国連児童基金）は学校教育を受ける機会の喪失が読み書き能力の欠如や不足（illiteracy）と結びつく可能性に危惧を示し、識字率の向上をめざす国々では学校教育の柱としてリテラシー育成があげられ、場合によっては学校教育を受けているということが基準となって識字率が決定されることさえある[10]。

　近代公教育の成立と親和性の高いリテラシー概念であるが、近代の西洋式学校教育によらない、またはそれを避けるようにして習得がめざされるリテラシーもある。例えば、アメリカやカナダに暮らすアーミッシュの人々が用いるリテラシーは近代の西洋式学校教育を避けるものとしてあげることができる。以下では菊池（1995）を参照し、アーミッシュのリテラシー観[11]について述べる。現在のアーミッシュには分派の結果、多様なグループが存在し多様な信仰の形態が見られるが、元来アーミッシュは聖書の示す指針にもとづいて生活を送り、教会の牧師や司祭はくじ引きで選ばれ、聖職者の階級制度はもとより神学校という機関を意図的にもたない。そうすることで、特定の権威や権力の横行を許さない生き方を志向している。アーミッシュは教会の教えや教会メンバーの振る舞いを規定する「戒律」をもっており、それによってアーミッシュのコミュニティは維持されている。1925年以降、アーミッシュコミュニティはアーミッシュの学校を独自に運営しているが、そこでは教育は8年生までで十分だとされている。むしろ、高校以上の教育は「戒律」にもとづいて生活するコミュニティの破壊に結びつくような否定的なものとしてみなされる。

　このような考えから、教育の在り様も西洋式の近代的学校教育制度とは異なっており、あるアーミッシュコミュニティの学校では1年生から8年生までが一緒に勉強している。教員はアーミッシュの学校で8年生までしか学ん

でいないものから基本的に選ばれることになっており、アーミッシュの価値観に反しない限り、教材の使い方や教え方、カリキュラムの編成も教員の自由裁量であるという。このような生活を送るアーミッシュのリテラシー観とはどのようなものであろうか。特徴的なのは、知識としてのリテラシーやそれを授けるための教育が、アーミッシュをアーミッシュのコミュニティから引き離す一つの原動力になるという考え方であろう。意図的に高等教育が避けられるのもそのためであり、このコミュニティにはリテラシーの獲得が社会的地位の上昇につながるという仕組みはない。したがって、アーミッシュの読み書きで用いられる英語では、文法や句読法が多少間違っていても、その意味するところが読み手に理解可能である限りはそれほど問題とならない。これは、文法等の間違いは逸脱として徹底して避けるように教え込まれる近代の西洋式学校教育制度のなかのリテラシーとは異なっている。アーミッシュのリテラシー観は知識としてのリテラシーを拒絶するものであり、知識としてのリテラシーを発現させてしまうような学校教育の形態を取らないという選択に直結している。

　もう一つの例としてはヴァイ文字のリテラシーをあげることができる。西アフリカのリベリアには、ヴァイ文字という独自の文字をもつヴァイの人達がいる。ヴァイの人達のコミュニティでは、学校教育を通して学ばれる英語や、主としてコーランを暗唱するために学ばれる言語であるアラビア語とともに彼女ら彼らの日常的なことばであるヴァイ語を表記するためのヴァイ文字が使用されている[12]。このヴァイ文字は西洋式の学校教育を通さず、友人や身内などのヴァイ文字を知るものから個人的に学ぶことで習得される。学校教育を仲介しないためヴァイ文字を学び始める時期は一定しているわけではなく、10代後半や20代からが多い。また、それ以上の年齢から学び始めることもある。前述のスウェーデンの事例では、聖書を「読む」リテラシーの育成は親にゆだねられており、近代公教育とは関係のないところでリテラシーが習得されていたことが知られているが、それは近代的教育システムである西洋式の学校教育がない状況下では想定されることでもあるだろう。しかし、西洋式の学校教育が普及するようになる近代以降を見ても、学校教育を介さないリテラシーはありうることをヴァイの事例は示しており、西洋式

の近代学校教育とリテラシーの獲得とは、本来的には不可分の要素ではない。

　以上見てきたように、時代や場所、社会環境の変化、どのコミュニティについて議論されるかによってリテラシーということばの示す意味範囲は変化し、その概念や到達すべき基準も異なる[13]のであり、西洋式の近代学校教育を介さないリテラシーというものも存在している。このことから、学校教育とリテラシーを不可分なものとして認識しがちな現在に生きる私たちが、リテラシーという用語について検討しようとする際にまず注意が必要なことは、この語の表している意味や現象が決して固定したものではなく、変遷するものだという認識であると考えられる。つまり、リテラシーとは具体的な社会的文脈に依存する概念であるため複数形で捉える必要があり、単数形のリテラシー観の押し付けは、異なる角度から見れば抑圧的なものとして認識される可能性があることに注意が必要であろう。

7.3　機能的リテラシー

　西洋式の学校教育が成立してからの、いわば近代以降のリテラシーに限定すれば、その様相はどのように捉えられているのであろうか。19 世紀になり西洋式の学校教育が成立する近代以降のリテラシーをめぐる議論では、産業化や近代化による国家の発展や、その基盤となる学校教育とリテラシーが切り離されることなく論じられ、結果としてリテラシーや教育の多寡が経済的成功と結び付けられていく傾向が強まる[14]。前節ではリテラシー概念やその求められる到達度が当該の社会環境に応じて変化することを確認したが、まさに社会の近代化や産業化への要請に応える形でリテラシーの基準もより難易度が高く設定し直されていくことになる。

　ある時代や場所の過去の識字率を調査する研究者や歴史家の従来的方法は、残された署名資料をもとにその時代や場所のリテラシーレベルを推定するものであり、結婚など何らかの重要な契約の際に自分の名前を署名できることをリテラシーの基準にしていた[15]。この傾向は現在の研究手法にも引き継がれているようである。梅村（2014）は、中世末期から近世初期の花押を測定資料として識字率を推定しており、この方法は西洋近世の識字率測定の

方法である署名調査から着想を得ている [16]。しかしその後、自分の名前が書けることや簡単な文章が読めることをリテラシーの根拠として算出される識字率の高さとは裏腹に、現実には日常生活のなかで十分に読み書きができない人が少なくないという実態が指摘され、そのような人々が「機能的非識字者」(functional illiterate) と呼ばれるようになっていく [17]。その反対に、「機能的識字者」(functional literate) であることの境界線は、公教育の修了段階によって引かれていくようになる。アメリカでは1930年代に行われたニューディール政策の一環で、当時の社会問題であった多くの青年失業者に対して生活訓練や職業訓練を行い、全米各地の職業キャンプでの職を与える試みがなされた。この事業を担うために設立された民間資源保全団 (Civilian Conservation Corps) は、失業青年のうち、日常生活で必要最低限の読み書きができるものと、そうでないものにわける際に、初等教育3年という基準を設け、それに満たないものには識字訓練プログラムを実施した [18]。その後、機能的リテラシーの基準は、1947年のアメリカ国勢調査局 (Census Bureau) では5年程度の水準に修正され、1952年には6年程度、1960年の教育省 (Office of Education) では8年に規定され、1970年代末にはハイスクール卒業程度と規定し直されている [19]。このように、どの程度が「機能的」レベルであるかは就学年数という曖昧なもの差しではかられ、その年数自体も時代の進行にともなって高く設定し直されながら、リテラシーの概念は簡単な読み書きというレベルを超え、日常社会で生きていくための実用的な読み書き能力という「機能的リテラシー」に至り、人々に求められていくようになる。

　機能的リテラシーという考え方が実践に移された場としてユネスコ (UNESCO：国際教育科学文化機関) が推進するリテラシー関連の事業がある。1946年に設立されたユネスコは、当初からアジアやアフリカなどでリテラシー普及のための活動を行っていたが、その成果は期待された程ではなかった。そこで、ユネスコは状況を好転させるためにリテラシー概念自体を検討し直し、William. Gray の提唱する機能的リテラシー概念を取り込んで行った。Gray は、機能的リテラシーとは簡単な文章の音読のような初歩的な読み書き技能のことではなく、習得した読み書き能力を生活のなかで活かすことができるレベルのリテラシーであり、その射程は黙読を通して内容を理解する

ことや、楽しむために読むというような範囲までを含めているとしていた、また Gray 自身は、機能的リテラシーを人々の自立を促し、自覚的な社会参加に必要な読み書き能力として定義しており、日常生活の実用性のみを強調するものとは一線を画していた[20]。しかし、ユネスコが取り込んだ機能的リテラシーの実際とは、Gray が示唆した自立的な社会参加を支えるものではなく、ただ単に職業生活への準備を促すものとして作用していくことになる。

　ユネスコは、初歩的な読み書き技能の獲得は人々の貧困を改善する助けとはならないとの反省から、実際に読み書きが行われる日常生活場面や生活改善のための訓練とリテラシープログラムを結びつけるようになった。これにより、ユネスコの提供するリテラシープログラムは職業獲得に結びつくようなより実用的なものへと変更されていった。ただし、このように職業準備という側面が強く現れるようになったユネスコの機能的リテラシー観は、ユネスコのリテラシープログラムを人々の自立的な社会参加のためのものではなく、人々を経済や社会開発のために適した人的資源として養成するための制度として機能させるようになってしまう。1965 年にテヘランで開かれた「非識字の撲滅に関する世界文部大臣会議」（World Conference of Ministers of Education on the Eradication of illiteracy）にあたり、ユネスコが準備した論文「発展の要因としての識字（Literacy as a factor in development）」では、機能的リテラシーは社会的、経済的な発展にとっての最優先事項として位置づけられることになる。このことは、人々にリテラシーを獲得させることは、人々の社会参画のためよりも一層、社会の経済成長や生産性の増大のためであり、それら社会発展の結果によって人々の生活水準が改善されるという考えを導くようになる。ここにおいて、機能的リテラシーは既存の社会システムや経済システムに人々を馴らすための概念として固定されていくことになる。最終的には、機能的リテラシーとは「仕事のためのリテラシー」（literacy for work）とほとんど同じ意味に変容し、機能的リテラシーの普及は農村部出身者を産業化された都市型の労働に組み込むための文脈において意義付けられるようになった[21]。そして、職業教育や人的資源開発の側面が強調された機能的リテラシーの影響は、ユネスコと国連開発計画（UNEP）が 1965 年から 1975 年にかけて 11 カ国の協力のもと行った「実験的世界リテラシー

計画」（Experimental World Literacy Program）に一層強く現れることになった。アルジェリアやエチオピア、イランなどの非識字者を対象にリテラシープログラムが施されたこのプロジェクトの目的には、明確な形でリテラシーがもたらす経済的・社会的効果を測定し証明することが掲げられた。それゆえ、このリテラシープロジェクトには職業訓練という側面が強く現れることになり、「マリのピーナッツ」や「イランの砂糖大根」のような特定の作物に特化した知識がリテラシーと結び付けられながら伝達された。

　以上のように、Gray の構想した自立や社会参加のためのリテラシーという側面は弱められ、第一に発展や経済開発のための基礎的条件となった機能的リテラシーは、人々を、特にこれからリテラシーの育成がめざされる非識字状態にある人たちを既存の社会体制や労働システムに同化していくものとなる。そして、既存の社会体制はすでに正統なものとして存在しているため、人々がリテラシーを学ぶことでそこに参入することは当然の成り行きとして認識されやすい。しかし、既存の社会体制とは、何らかの形でその社会の支配階層や優勢な地位や条件をすでにもっている層にとって有利なシステムでもある。そのため、支配階層の「知」を象徴する機能的リテラシーは、菊池（1995,pp.64,65）が指摘したように、産業化社会にあっては産業化社会の知識を伝えるためのリテラシーとなり、その知識をもたないものに押し付けることにもなるため、当然その押し付けに反発し批判的な論を展開するためのリテラシーが必要とされた。それが「批判的リテラシー」という考え方である。

7.4　批判的リテラシー

　ユニセフは 1975 年に「国際識字シンポジウム」をイランのペルセポリスで開き、経済開発に隔たりすぎたそれまでのリテラシープログラムを反省する一つの宣言を採択した。それはペルセポリス宣言と呼ばれるもので、この宣言に強い影響を与えたのがブラジルの教育学者 Paulo Freire である。彼は亡命生活の経験や被抑圧者の解放運動と関わるなかで、リテラシーを「解放」（emancipatory literacy）や「変革」（transformative literacy）という概念とつなげて自身の教育理論を構築していった。彼の理論については、Freire

（1970/1979）に詳しいが、より簡潔に示すため以下では小柳（2010）をもとに Freire の教育理論について見てみる。

　Freire はまず非識字状態にある人たちは無知なのではなく、生活のなかで自分達の知恵を活用して上手く生き、それらを表現する言い回しをもっていることを人々の日常生活の観察から見出した。しかし、それを外部世界に向けて発信する文字という手段がないので外部からは文化のない存在に見えかねないことにも気づく。Freire はこのような状況を「沈黙の文化」と呼び、「沈黙の文化」をもつ人達との対話のなかから、彼女ら彼らが生活世界においてすでに使いこなしていることばを調査していく。次に、彼女ら彼らが熟知していることばのなかで、彼女ら彼らの生活世界と強く結びつき、また彼女ら彼らの生活現実を意識させるような、例えばスラブ（Favela）のような語を「生成語」（generative word）として選び出す。この「生成語」は同時に音節的に豊かなものが選ばれる。この「生成語」には二つの効果があり、一つはスラブ（Favela）のように自らの生活と密接した語の読み書きを学ぶことで、自身の置かれている境遇や立場をも問うことが可能となる。もう一つは、音素や音節についての知識を得るという言語学的なねらいにある。つまり、ある「生成語」から音素や音節について理解することで、その知識をもとに、音素や音節の異なる組み合わせが別の語を生み出すことを学習者自身が学んでいくようになる。

　「生成語」が確定した後は、「意識化」（conscientization）という段階がめざされる。例えば、「意識化」を促すためにスラブ（Favela）という生成語に関連した具体的な生活場面が、絵や写真などで学習者に提示される。これは「コード表示」（codification）と呼ばれ、「コード表示」には生成語がもつ意味内容が視覚教材として学習者に提示されることで、日常が認識対象へと変化されるというねらいがあり、学習者がそれまで無意識に受け止めていた自分たちの現状を意識的に捉え直していくことが意図されている。「意識化」が行われた後は、生成語が示す現実について日常の経験や思いを語り、討論することで自分たちの直面している現実に対して能動的に分析していくことになる。このようにして進められる Freire のリテラシープログラムは、文字の学習が現実世界の意味を読み取ることと固く結びついていることに特徴があ

り、文字を獲得することと自身の暮らす日常世界の意識化が同時になされる。したがって、現実世界とは無縁のことばの読み書きをただ機械的に行うことは避けられ、既存のテキストも使用されない。

　文字の読み書きが人々の日常世界の「意識化」につながっている Freire のリテラシープログラムは、彼のもつ教育理念によって支えられる。Freire は、教師が生徒に対して一方向的に知識を伝達するような教え込みを「銀行型教育」として明確に拒絶している。「銀行型教育」とは、生徒をそれ自身では何の主体的知識をもたない空っぽの金庫であると想定し、教師はその金庫に可能な限りたくさんの知識を預金していく教育の形態を意味しており、このような教育では生徒に本当の学びは起こらないとしている。なぜなら、「銀行型教育」は知識の一方的な教え込みという特徴がゆえに、生徒を無知と見なすイデオロギーがすでに存在し、生徒は語ることを予見されない常に受動的な存在となる。その結果、そこには生徒自らが何かを問い、考察し、新たな知識を主体的に獲得するという期待はなく、生徒はひたすらに教師からまた外部から差し出される知識を蓄えることに集中する。そして、自ら何かを学び取る姿勢は消え、創造性や探究心、そして批判的に物事を考える力が摘み取られる。このようにして、勉強すればする程に外からの知識で埋め尽くされた生徒は、自身ではなく外部から与えられたことばや知識で世界を認識するようになるため、「銀行型教育」は、生徒を従順で管理しやすい存在へと押し込めることになる。つまり、「銀行型教育」によって生徒は社会の支配―被支配の構図を受け入れ、そこに馴らされていくことになる。

　「銀行型教育」とは別の方向性を示す教育として Freire が主張するのが「課題提起型教育」である。その具体的方法は上述のような文字の獲得を通した「意識化」とその後の討論を中心とした教育の形である。ここでの教師は一方向的に知識を押し付けるのではなく、コーディネーターとして討論の課題を提起していく役割を演じる。そのため、教師は学習者を客体として固定せず、能動的な主体として認める。そして、学習者と共通の課題に取り組みながら対話を進め、学習者の共同探求者として、学習者の学びを内側から喚起する媒介者として振る舞う。このような対話による課題提起を軸にした教育の土台には、Freire がもつ教育と知識との関係についての理解がある。

「銀行型教育」を批判することからもわかるように、彼は教育を知識の伝達—受容の過程とすることを明確に否定する。そうではなく、教育は知識の生産や再創造の過程として理解される必要があると考える。なぜなら、知識とは人間が現実世界を探求して得られた知的生産物であり、先人の知的活動の成果である知識を学び取る行為とは、その知識を単に有益な情報として受け取り消費するだけではなく、学習者自らも現実世界の探求に参加し、先人の知的労働を再発見することだからである。

　以上、機能的リテラシーに対する反省のなかで提起されるようになった批判的リテラシーについて Freire の教育観や実践を介して見てきた。それは、支配的な社会システムによって抑圧されている人たち自身が現実を読み取り、そこにある支配—被支配の構図を理解し、変革の可能性を展望することができるようになるためのリテラシーである。Freire によるこのようなリテラシーは、それまでの主流なリテラシー観である、日常社会で生きていくための実用的な読み書き能力や生活のなかで活きる読み書き能力という理念をもっている機能的リテラシーと区別され、批判的リテラシーと呼ばれるようになっていく。既存かつ主流派の社会を固定化する側面をもつ機能的リテラシーの押し付けは、既存社会の知を体現する機能的リテラシーにあがなう批判的リテラシーを導くようになった。それが Freire にあっては、抑圧されている学習者の日常とはかけ離れた、産業化され都市化された社会の知識をただ伝達するためだけに行われる、機械的な文字の読み書き訓練やそのための一般的なテキストの使用への抵抗として現れる。また、その反対に学習者の現実世界と深く関連したことばの読み書きを学びながら、学習者自身の日常を読み取り、なぜこれまで文字を知らない状態にあったのか、なぜ抑圧的な立場に置かれているのかを理解していくことで社会をも変革していく新しいリテラシーの提起へとつながっている [22]。

　批判的リテラシーの理解において注意が必要なのは、ここで言う「批判的」とは、中立で分析的な思考をすることだけを意味しているのではないという点である。批判的リテラシーは、価値中立的な立場から物事を分析的に理解するようなリテラシー観をめざすのではなく、機能的リテラシーのような広く支配的であるリテラシー観が、なぜ支配的であり得るのか、どのような系

譜を辿って主流的価値観となったのかなどを明らかにしながら、そこに潜む
イデオロギーに光を当て、解体しようとするものである。また、批判的リテ
ラシーには、Freire も主張したようにどのような教育も中立ではありえず何
らかの価値観を優先しており、その意味で教育は政治的であるという認識が
ある。だからこそ、批判的リテラシーの立場は、教育実践としてリテラシー
の育成が図られるとき、リテラシーの技術、つまり読み書きの技術は価値中
立のものと理解することを許さない。したがって、今ある社会のリテラシー
を標準として正当化し、それが唯一の単数形リテラシーであるとする認識を
促す機能的リテラシーの立場は認められず、反対に実際にリテラシーの実践
が行われる場や集団、文化などの文脈に応じた様々なリテラシーの承認が求
められる。結論的に言えば、批判的リテラシーとは、実際に読み書きが使用
されるさまざまなコンテクストに応じた複数のリテラシーを認め、ある一つ
のリテラシーにだけ権力を認めることを許さない、批判的リテラシー研究で
は、人がリテラシーとかかわる限りどのようなリテラシー観をもつかがリテ
ラシーを抑圧的また暴力的にするかどうかを決めると考える[23] のである。

　機能的リテラシーと批判的リテラシーについてここまでまとめてきたが、
最後に日本の文脈においてリテラシーが語られる際の代表例の一つとして、
部落解放運動と結びついて言及される識字運動について触れておく。識字運
動を推進してきた内山一雄は、「識字運動の現状と課題」(1986) を著してい
る。そこで内山は、識字運動を「部落差別によって奪われた文字を奪い返す
営み」としており、その意義と目的を次のように六つにまとめている[24]。

　①文字と言葉を奪う部落差別の生証人としての営みである。
　②奪われた文字を奪い返すことを通して、自立自闘の解放思想を形成す
　　る営みである。
　③学習と生活を統合し、人間解放の闘いをめざす営みである。
　④運動と教育を統合し、人間を変革する営みである。
　⑤「解放の学力」を身につけ、新しい文化を創造する営みである。
　⑥地域と学校、親と教師を結びつけ、「地域の教育力」を創造し、学校を
　　変革する営みである。

識字運動では、部落差別の結果「非識字者」となった人たちが文字を奪い返す（＝学習する）ことで「解放」や「変革」「自立」を達成することがめざされていることがわかる。ここには、部落差別の生証人という点を除けば、Freire が主張した批判的リテラシーとほぼ同様の観点が見られる。部落解放運動における識字教育の一つの特徴は、学習者がなぜ自分たちは文字を知る権利を奪われていたのかという問の答えを模索し、そこに部落差別とのつながりを見出していくことであろう。このような識字教育を通して、非識字状態に置かれていた人たちが文字を学びながら、人々から文字を奪う要因である部落差別という社会的差別をなくしていく運動や取り組みに参画していくことがめざされる。文字を知らなかった人たちが、文字の学習を通して現実世界を読み取っていくこのような過程は、Freire の批判的リテラシーと同じ論理である。実際に内山論文の最終部では、1975 年にイランのペルセポリスで開かれた「国際識字シンポジウム」に言及したうえで、「パウロ・フレイレ（ブラジル）の『解放の識字』理論など、日本を初め世界的に人間の自立と解放をめざす識字運動が注目されている」[25] と述べており、ここからも日本の識字運動が推進している識字教育（リテラシープログラム）は基本的に批判的リテラシーの立場を取っていることがわかる[26]。

7.5　リテラシーのもつ「排除の領域」

本節では、砂野（2012）「近代のアポリアとしてのリテラシー」の議論を追いながら、機能的リテラシーと批判的リテラシーからなるリテラシー理解ではこぼれ落ちてしまう論点があることを確認したい。

砂野は、近代以降の現象である教育の普遍化というプロジェクトのなかでリテラシーが問題として立ち現われてきたという理解から、近代に埋め込まれた問題としてリテラシーを捉え考察している。機能的リテラシーと批判的リテラシーは、それぞれ「近代の価値としてのリテラシーの肯定的側面を推進しようとする立場と、その否定的な側面に注目して、それを批判し、乗り越えようとする」[27] 立場であると概略的に説明される。また、歴史的な理解

からは、肯定的側面の価値を認め、国連などの国際機関のリテラシープロジェクトの対象となったリテラシー（つまり、機能的リテラシー）は、18世紀の啓蒙主義的人間観に端を発しているとする。一方では、近代のリテラシーは国民国家を背景としているため、イデオロギー的側面が必然的に付随すること、さらに、リテラシーには、排除の構造を生み出す知の権力が内在していることを指摘し、以下の三つの観点から近代の問題としてのリテラシーを検討している。

①近代のプロジェクトとしてのリテラシー
②イデオロギー装置としてのリテラシー
③排除の領域を形成するリテラシー

機能的リテラシーと批判的リテラシーという二項対立的な図式は、問題が形作られてきた歴史的経緯を忘れさせ、思考の硬直を招きかねないと砂野自身が述べている[28]のと同じように、上記の三つの観点によるリテラシーの読み解きも、読み解かれている中身が重要なのであって、分類の仕方自体が優先されるものではない。ここであえてこれらの分類に沿って、再度リテラシー概念を検討しようとする理由は、リテラシーが「排除」と関わる概念でもあることに目を向けたいからである。

7.5.1　近代のプロジェクトとしてのリテラシー

まず、①近代のプロジェクトとしてのリテラシーについて理解するために、以下のような啓蒙主義が作り出した近代の「人間」について確認しなければならない。

　　18世紀の啓蒙主義的人間観の重要なポイントは、一握りのエリートだけでなく万人が理性的、自律的「主体」となり得る、ということである。「人間」が、しかもすべての人間が、この世界の「主体」になる、というのが近代の壮大なプロジェクトだった。それがいかに多くの矛盾をはらんだものであるとしても、自由と民主主義という、現代世界において

150　第4部　ろう教育における「リテラシー（読み書き）」研究がもつ問題

「普遍的」とされている価値は、この自律的主体としての人間というもの
を前提とせずには成り立たない。そしてリテラシーとは、その自律的主
体としての「人間」を基礎づけるものなのである。[29]

　近代が前提とした「人間」とは、ハーバーマス（1994）が言うところの「市
民的公共圏」に主体として参加する「市民」のことであり、「市民」とは自
由という基本的権利をもつものでもある。「市民的公共圏」とは、主体とし
ての「市民」たちが形成する「公共性」のことであり、この「公共性」を担
うのは、リテラシーを獲得した「議論する読書公衆」であるとされる。つま
り、理性的で自律的個人である「市民」として「市民的公共圏」に参加する
ための条件として、リテラシーの獲得があった。そのため、リテラシーは主
体としての「人間」を基礎づけるものと言えるのである。

　近代ヨーロッパの言語事情を見れば、ラテン語による覇権から逃れようと
する俗語（現在では、フランス語やスペイン語などと呼ばれている言語）の「国
語」化という一連の現象があった。近代以前の知識特権階級に独占されてい
たラテン語に代わって、一般民衆にも接続可能な有力な俗語たちが、国民国
家の形成と印刷・出版の普及によって「国語」となっていった。そして、近
代ヨーロッパの各「国語」が辞書や正書法の整備を通じて文法という名の
「正しさ」を装備していきながら、各「国語」間ではお互いに翻訳しあい、
近代の科学や政治、経済、文化に関わる諸概念を共有した。そのような相互
翻訳の過程で、普遍的「人間」という価値や「自由」、「民主主義」という概
念の価値が確認され近代の普遍的価値として定着していった。

　以上のことから、砂野が言わんとする近代ヨーロッパが産みだした近代の
プロジェクトとしてのリテラシーとは、「人間」「自由」「民主主義」といっ
た近代的諸概念を含むリテラシーのことであり、同時に主体としての「人間」
であるための基礎条件として作用するものであったと言えるだろう。このよ
うに、リテラシーが「近代」に埋め込まれているがゆえに、日本のような後
発の国民国家が「近代」に参入するためには、近代ヨーロッパで形成された
それら諸概念を翻訳を通して自らの「国語」に取り込まなければならなかっ
たのである。

第7章　リテラシー論の現状と射程　*151*

7.5.2 イデオロギー装置としてのリテラシー

　②イデオロギー装置としてのリテラシーとは、端的に言って「近代のリテラシーとは『国民』への統合と馴化の過程を司るもの」[30] であることを示すものであり、「近代のリテラシーのイデオロギー装置としての側面を批判し、異なる方向性を示そうとするのが批判的リテラシーの立場である」[31] とされる。しかし、筆者には上記の二つはわかれて存在するものではないように思われる。リテラシーのもつイデオロギー的側面を指摘する目的には、そのイデオロギーを解体し乗り越えようとする意図が必然的に含まれるであろうことから、「イデオロギー装置としてのリテラシーを乗り越えるための『批判的リテラシー』」というのがより適切な理解ではないだろうか。いずれにしても、前節の機能的リテラシーの概説でも見たように、社会の主流となったリテラシーは既存社会システムの知を内在させており、その押し付けは、既存社会の知を唯一で正しいものとするイデオロギーへの同化を強要するという形で抑圧的に作用する場合がある。しかし、砂野はフーコー（1977）を参照しながら、リテラシーがもつイデオロギー装置としての側面について別の角度からの説明を試みている。

　フーコーが人間を管理するための概念として登場させた「ディシプリン（規律）」とは、まっとうな人間であればそうすべきだという行動規範を人に内面化させる効果がある。そして、近代の普遍的「人間」という概念がディシプリンによって管理されることにより、人間はもはや自律的主体ではなく、ある種の行動規範を内面化させた「他律」による存在へと変質する。砂野は、この他律を内面化した「人間」を作ることによって成り立つ人間管理システムに資するものとして、正しい文法や綴り字によって標準化された「国語」とその画一化されたリテラシーの普及を捉える。このような理解からは、「近代のリテラシーとは、まさにそのような『ディシプリン（規律）』を内面化し、制度に馴化された『人間』を作り出すためのものであった」[32] というように、リテラシーのもつイデオロギー性は説明される。つまり、砂野が照射しようとするイデオロギー装置としてのリテラシーのシルエットとは、リテラシーの獲得というプロセスを通して既存社会や既存の制度がもつ「ディシプリン（規律）」を「人間」が内面化していく、という見えにくい抑圧の形であると

理解できる。

　砂野は次に、このリテラシーがもつイデオロギーの側面を乗り越えよう
と模索する批判的リテラシーの例として、イヴァン・イリイチ（1977・2006
［1982, 1990］）やJ. E. スタッキー（1995）、菊池久一（1995）をあげるが、そ
れらは批判としては鋭くとも抽象的で近代のプロジェクトとしてのリテラシ
ーに代わるオルタナティヴを示すことに成功しているとは言えないとしてい
る。一方で、Freire の実践に根ざした議論は具体的な指針を与えてくれるが、
Freire の実践が行われたブラジルでの言語状況とは異なるアジアやアフリカ
では彼の理論をもってしても乗り越えられない壁があると述べる。すなわち、
ブラジルではポルトガル語という確立された言語による膨大な文章資料があ
るが、アジアやアフリカでは一つの国でいくつもの言語が使用されているこ
とが珍しくなく、それらの多くは書記化されていない。Freire の批判的リテ
ラシー実践は、読めるものがない言語の話し手に対しても同様の効果を期待
できるのだろうかと砂野は問うのである。

7.5.3　排除の領域を形成するリテラシー

　結論から言えば、③排除の領域を形成するリテラシーとは、リテラシーに
は支配階層と被支配階層を分断する分離線として機能する側面があることを
示している。多くの場合リテラシーの獲得は人々を結びつけ、社会に参入さ
せる効果があると考えられがちであるが、同時にその逆の作用ももっている。
砂野は、ゲルナー（2000）を引きながら産業化以前の社会である「農耕・識
字政治体」がリテラシーの有無によって分断されていたことを指摘している。

　図4のような「農耕・識字政治体」の典型的な例では、人口比率のうえで
は少数である軍事や行政、聖職、商業を担う支配階層が圧倒的多数である農
民から厳格に分離された形で階層が固定している。固定化された階層を維持
し、大多数の農民を権力の場から排除するための手法の一つが支配層による
リテラシーの独占であった。つまり、「政治支配層の儀式用語、聖職者層の
神学的用語は、アクセスの困難な密教的なものであるほうが望ましく、支配
層の高文化は、閉鎖的、排他的なものであり、文字の形態、文書の形態もそ
のような特徴を示すものだった」[33]ために、あえて難解なものにされてい

第7章　リテラシー論の現状と射程　*153*

図4 農耕社会の社会構造の一般形態 ＊砂野（2012, p.23 より抜粋）

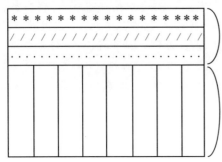

るリテラシーを被支配層の農民たちが獲得する余地はほとんどなく、農民が密教的なリテラシーによって固定された階層を突破することは困難であった。このように、そもそもリテラシーとは支配階層と被支配階層を分断する分離線として機能していたのである。また、リテラシーの語源である literature の意味が「（高度で優雅な）教養」であったことからも、リテラシーには分断や排除の側面が本来的に備わっていたことがわかるだろう。

　そして、歴史的な順序で言えば、この分断を突き崩そうとしたのが近代の啓蒙主義的人間観であった。啓蒙主義的人間観は理性的で自律的な人間像を作り出し、その集団が公共空間を形作ることで、それまで権力と世界解釈を独占していた王権と教会による支配から脱却しようとしたのである。したがって、③の「排除の領域を形成するリテラシー」によって維持され続けた階層化を打ち破ろうとする動きのなかで、①の「近代のプロジェクトとしてのリテラシー」が現れたと言えそうである。しかし、「排除の領域を形成するリテラシー」は、王政や教会による支配の時代が終わったことにより既に解決されたとは言えない。排除の領域を形成するリテラシーをより開放的なリテラシーとして変貌させるため、さまざまな言語で綴り字改革や文字改革が行われ、わかち書きや句読点、文章の段落化や章立てという技法を導入し、視覚的にわかりやすく、アクセスが容易な文章の形態へと変更が施されたのであるが、いまだ分断は温存している[34]。また、言語の経済的影響力の差による、言語の「有用性」の差が顕著になっている現代では、英語を頂点とし

た言語間の格差が存在しているが、このことはリテラシーの格差にもつなが
っている。以下を見てみよう。

　　リテラシーとは、それが近代のプロジェクトとしてある限り、そうし
　た近代的諸価値へのアクセスを可能にするものとして、はじめて意味を
　持つものである。それゆえ、リテラシーを、どの言語についても同様に
　適応可能な概念として理解してはならない。[35)]

　　新たに誕生した脱植民地化国家の言語で、近代の諸概念を担い得る水
　準まで整備された「国語」の数はほんのわずかしかない。とりわけアフ
　リカでは、タンザニアのような例外的な事例を除けば、ほとんどの脱植
　民地化国家は自前の「国語」の整備を断念し、公用語も教育言語も旧植
　民地宗主国の言語に依存している。（中略）脱植民地化国家では、さらに
　厳しい「選択」を迫られている。獲得すべきリテラシーは、近代への参
　入を可能にするリテラシーでなければならず、それは単に文字を与えら
　れただけの「母語」ではかなえられない。それではどの言語によるリテ
　ラシーが獲得されるべきなのか、という問題が尖鋭に問われることにな
　る。[36)]

　本来的に、リテラシーとは支配層から被支配層を分離するという意味では
排除の領域を形成するものであった。しかし、現代的なリテラシーによる排
除の一形態とは、言語間・リテラシー間の格差（経済活動に影響される「有用
性」の差）によって、劣勢言語の話者は自らの「母語」とリテラシーに見切
りをつけ、優勢言語とそのリテラシーを「選択」せざるをえないような強制
の形であろう。世界的に見て限られた数しかない「近代」に参入可能な言語
のリテラシーを「選択」しなければ、職を得ることを始めとして、経済的に
充足した生活を送ることができないという言語状況が広がっている。このよ
うな形の排除は脱植民地化国家に限らず、日本にいるオールドカマーやニュ
ーカマー、沖縄やアイヌの人たちに対しても「日本語」という優勢言語とそ
のリテラシーの押し付けという形で発動されているし、これから増えるであ

ろう移民にも同様に作用すると思われる。「諸『言語』はもはや等価ではなく、したがって諸言語のリテラシーはもはや等価ではない」[37] のが世界的な言語現状である。

7.6　障害学的社会言語学のリテラシー論

　前節ではリテラシーが排除の領域を形成するものでもあることを確認した。リテラシーによる排除は、支配層と被支配層がリテラシーの有無で明確に分けられていた近代産業化以前の社会に限定的なものではなく、日本にいるオールドカマーやニューカマー、沖縄やアイヌの人たちに対する対応に見られるように今も進行中の現象である。また、近年の社会言語学領域におけるリテラシー研究では、リテラシーによる排除に直面している新たな層に注目が集まっている。その層とは身体条件が「健常者」とは異なる人たちの集団である。彼女ら彼らに対するリテラシーの排除の形は、読み書きという行為がどの媒体で行われるのか、文字使用に対するどのような規範が負担となっているのか、という問題と深く関係している。この分野の研究をリードしているのが社会言語学のなかでも障害学の知見を取り込んでいる、障害学的社会言語学とも呼べる領域の諸研究である。ここまでに確認してきた社会言語学関連のリテラシー研究からは、主流社会が所有しているリテラシーの押し付けは抑圧や暴力性を伴うことや、その反対に、特権階層による密教的なリテラシーの独占はそれをもたないものを排除する機能をもつことなどがわかってきているのだが、障害学的社会言語学を担う論者の一人である、あべ（2010b）は社会言語学のこれまでの研究態度が抱える問題点について以下のように述べている[38]。

　　　人間のからだは、どのような社会であっても、けっして均一なものではない。人間ひとりひとりが、ことなるからだをもっているからである。その「からだの多様性」のなかで、「一般的なからだ」は「健康」で「正常」であるとみなされる。その一方で少数派のからだは「例外」としてみなされる。どのようなからだが「ふつう」で「標準的」とされるか

156　第4部　ろう教育における「リテラシー（読み書き）」研究がもつ問題

は、その時代や社会の価値観によってことなってくる。当然のことながら、からだの多様性は字をかく方法にも反映される。あしで字をかくひともいる。みぎてではなく、ひだりてで字をかくひともいる。不器用なひともいる。パソコンでしか文章がかけないひともいる。しかしながら、これまでの社会言語学は、こういった「からだの多様性」を議論の対象にしてこなかったようにおもわれる。それは社会における言語のありかたや、言語をとりまく社会のありかたを研究する学問として問題があるのではないだろうか。すくなくとも「ふつうのからだ」を前提にした議論では、すくいとれない現実があるはずである。

「書く」ことはリテラシーの一部である。また、目が見えない人を想定してもわかるように「からだの多様性」は、リテラシーの「読む」側面についても差異をもたらすことは明白であるため、あべの主張は社会言語学領域のリテラシー研究にも明確に当てはまる。目が見えない・見えにくい人、耳が聞こえない・聞こえにくい人、四肢全部または四肢のうちどれか、いくつかがない人・四肢に何らかの動かしにくさがある人、知的に定型発達とされていない人など、いわゆる「障害者」と呼ばれる人たち、「健常者」とは異なる身体性をもつ人たちに対してもリテラシーは問題の場となる。むしろ、リテラシーによる排除の影響を受けてきた・いるにもかかわらず、見えなくされていたのが「障害者」だと言えるかもしれない。

　社会言語学は、社会のなかの「ことば」や「言語」の問題を扱おうとするにもかかわらず、社会の構成員である「障害者」をリテラシー研究の対象とはしてこなかった。単一のリテラシーの押し付けは抑圧となり暴力的に作用するわけだが、このことは身体的な差異や知的な違いをもつ「障害者」にはより一層致命的な形で作用しているかもしれないという想像力が欠けていた。これまで社会言語学が積み重ねたリテラシー研究は「国民」以外に、「未開人」や「外国人」を対象とすることはあっても「障害者」に目を向けることはなかった。つまり、「国民」であろうと「未開人」であろうと「外国人」であろうと対象者は常に「健常者」であった。リテラシーを獲得しようとする人が皆、見ることができ、聞くことができ、四肢があり、知的に定型発達

第 7 章　リテラシー論の現状と射程　*157*

の人たち、というわけではないはずなのに、これまではリテラシー研究の対象から「障害者」は取り除かれていたという意味で、「障害者」はリテラシー研究からすでに排除されていたとも言えそうである。このような問題意識から、以下では排除の領域を形成するリテラシーが先鋭的に発現する場を理解するため、障害学的社会言語学のリテラシー論を見ていくことにする。

　まず盲人のケースを確認する。盲人の場合、見えない、あるいはほとんど見えないため、紙という媒体に書いたり書かれたりする文字（以下、「すみ字」とする）を目から読むことができない。したがって、点字という手で読むシステムを使用する盲人にとって、「リテラシー＝すみ字による読み書き」という一般的な通念は、彼女ら彼らの言語生活に困難をもたらす。また、盲人だけでなく、読字障害や書字障害のあるディスレクシアの人たちにとってもすみ字の読み書きは困難であり一つの障壁となっている。他にも、かなに対応し、漢字を用いない表記システムである点字を使用している盲人の言語生活にとって漢字の存在が負担となっていることを明らかにした、ましこ（1993）[39] のように、今の日本社会で一般的には違和感なく使用されている文字体系である、漢字かなまじり文が盲人にとって不利に働くことがわかっている。

　この点について、あべ（2006）をもとに説明したい。点字はかな文字によるシステムを採用しており、通常は漢字を使わない。しかし、読み手として見える人を想定する場合、盲人もすみ字の文章を書くことがある。この場合、すみ字を書くといっても手で書くのではなく盲人用のワープロで入力することになるのが一般的な形である。ただし、かな文字システムの点字とは違い、すみ字の文章では漢字まじりの文章にすることが当然だとされているため、盲人のなかには盲人用のワープロを使って漢字まじりの文章を書く人もいる。ここで問題になるのは、目が見えない人たちにとって漢字を扱うのは難しいということだ。そもそも漢字のシルエットを目で見たこともないうえ、かな入力した後、漢字変換した漢字も見えない。そのため、盲人用のワープロでは漢字変換をサポートする「詳細読み」という機能がある。「コウセイ（構成・校正）」という漢字であれば、「構えるのコウ・成長するのセイ」「学校のコウ・正しいのセイ」というように読みあげられる。ここには、漢字か

なまじり文の漢字をひとつひとつ変換する作業に膨大な時間がかかってしまうという問題もあるが、より深刻なのは「詳細読み」で読みあげられる説明を理解するにも漢字の知識が前提となることである。例えば、「移動」と「異動」の「イ」や、「太平洋」と「大西洋」の「タイ」はなぜ違うのか、「共同」と「協同」の使い分けにはどのような理屈があるのかなど、目で漢字を知覚することなく無数にある漢字の音読みと訓読みの知識や、同音異義語の使い分けをどのように理解することができるのだろうか。このように考えてみれば、漢字の存在や、漢字かなまじり文を「普通」とするようなある種の文字規範が盲人にとって排除の領域を形成している現実が見えてくる。

　日本手話話者や難聴者、中途失聴者を含むろう者にとっても漢字は問題の場となる。具体的に言えば、自身の周りで日常的に話されている音声が聞こえない・聞こえにくいために漢字の読みがわからないということが起きる。例えば、「後手にまわる」の「後手（ごて）」を「コウテ／ウシロテ」と読んでいたことや、「岩塩（がんえん）」を「イワシオ」と思っていた、「小倉」は「オグラ」か「コクラ」かわからない、などの話は筆者が直接聞いたものである。このような読み方の覚え違いは多くあり、ここでも漢字の存在がパソコンの漢字変換に手間取る原因にもなっている[40]。また、ろう教育では、ろう児に日本語リテラシーを身につけさせる手がかりの一つとして、聴覚活用や指文字などを通した音声日本語の音韻意識獲得をあげるものが少なくない[41]。しかし、日本語の場合、音韻意識が、かな文字の習得には役立っても漢字の学習にはそれほど効果を期待できないのではないだろうか。例えば、大阪に実在する「喜連瓜破（きれうりわり）」「杭全（くまた）」のような地名は難読地名マニアでもない限り聴者も読み違うと思われるが、地名や人名のような熟字訓のケースだけでなく、頻度の少ない漢字の読みは、日常的に音声から「読み」を聞くことのないろう者には障壁となっていることは確かだろう。さらに、地域の高等学校に在籍しているろう児のなかには、国語の授業で行われる音読に心理的負担を感じると筆者に語ったものもいる。当人は漢字を読み違う可能性を自覚しているため、人前で読み違うことへのある種のプレッシャーが一層ぬぐえずに負担を感じるのであろう。

　リテラシーの知的障害者に対する排除はより複雑である。「知的障害」と

いう用語でくくられる人たちの範囲は広く、そこには大きな個人差がある。そのため、コミュニケーションの取り方も、コミュニケーションが取れる程度も多様である。古賀（2006）は、知的障害者の場合、「言語」習得の環境を整えたとしても第一言語の習得が可能とは言えないとし、彼女ら彼らに「健常者」と同じような言語能力、日本語文字表記への規範（漢字かなまじり文を肯定し、ひらがなだけの文章を蔑視する、など）を要求する姿勢こそが実は問題であり、そこに隠されている、言語を操らないものを劣った存在と見なす差別的な意識の存在を指摘している。知的障害者に「健常者」と同等の言語能力を強要することの問題性は当然、文字だけの情報を十分に理解することが難しい知的障害者に対して「健常者」と同等のリテラシーを求めることの不条理さにも通じている。「知的障害者」にとっても漢字は負担となっている。しかしそれ以前に、知的障害者にとって言語そのものが「わかりにくい」ものであるにもかかわらず、リテラシーのレベルが「健常者」を想定して設置されていること自体に、彼女ら彼らに対する排除の側面を見出さないわけにはいかないだろう。

　以上のように、障害学的社会言語学の諸研究は、リテラシーの媒体＝すみ字という図式を疑うことなく受け入れる姿勢がもつ問題、「健常者」中心の文字体系である漢字かなまじり文規範の押し付けという問題などを、「障害者」に対するリテラシーの排除機能として明らかにしつつある。さらに、「健常者」を中心に形成されるリテラシーや言語そのものがすでに「障害者」にとって抑圧的に作用するのではないかという、より根源的な問題意識もそこにはある。

7.7　リテラシーによる「排除」の乗り越えにむけて

　次に、障害学的社会言語学の研究が明らかにしつつあるリテラシーの新たな排除をどう乗り越えるのかという議論について述べてみたい。具体的には、乗り越えのための論拠として「ユニバーサルデザイン」という考え方を取りあげる。障害学的社会言語学で見られる「ユニバーサルデザイン」という発想は、リテラシーの問題にだけではなく、それを含みながらより広くコミュ

ニケーションや情報保障という枠で適応され、障害学的社会言語学がめざす一つの到達点を指し示していると考えられる。ましこは 2002 年の時点ですでに媒体の「ユニバーサル・デザイン」という表現で以下のようにその必要性を訴えている。

　　しょうがい者／外国人にとってつかいやすい情報環境は、いきつくさきは、すでにのべたとおり、媒体の「ユニバーサル・デザイン」といえよう。それは、程度の差こそあれ、しょうがいをかかえている高齢者や、媒体への対応が不十分にしかできない学童／幼児にも障害となりづらい媒体の出現／定着を意味するのである。[42]

　ここからは、ことばや言語、あるいは情報という媒体に十分な対応がとれない（十分に使いこなせない）人たちがいる場合、その人達に「障害」があるという認識をしていないことがわかる。むしろ、この場合、「しょうがい者」「外国人」「高齢者」「児童／幼児」が対応しづらい媒体の側に「障害」があるという発想が見てとれる。この考え方はまさに、障害学で知見が蓄積されている「障害の社会モデル」をことばや情報の問題に援用したものである。ましこ以後、ことばや情報、または識字の「ユニバーサルデザイン」論が社会言語学のなかで活発化する[43]。それら障害学的社会言語学を論じる研究者の一人である、かどや（2009）は能力主義という観点からリテラシーの問題に切り込みながら、情報のユニバーサルデザインについて論じている。

　　複数の人間がコミュニケーションをとろうとするとき、われわれは身体性の拘束からのがれることはできない。体と頭をつかって情報を発信したり受信したりする以上、体と頭が物理的にあたえる制約内でしか、コミュニケーションはとれない。そして身体的制約が多数者とことなるものは、コミュニケーションに参加できず、排除されるということが「つねに」おきる。いいかえれば、人間の身体を媒介する以上、能力主義的でないコミュニケーションというものは、ありえないのである。[44]

本や新聞、広告などのように文字が情報共有のツールになっている社会で
は、読み書きができない人は困難をこうむる。それを回避するには音声をツー
ルとして情報を共有するようにすればよいのだが、そうすれば次はろう者
のような聞くことに難しさがある人たちが困難を抱えることになる。身体条
件が違う人たちがコミュニケーションを図ろうとすれば確かに、何らかの能
力主義的排除が起きる。しかし、同箇所でかどやは、能力主義的排除がまっ
たくない社会は現時点ではありえないと退ける一方、能力主義を「よりまし
な能力主義」に変えていく実践は可能であるとも述べている。

> 　かんがえられることは、能力主義の多元化であろう。文字「だけ」、音
> 声「だけ」によってコミュニケーションがおこなわれないようにすれば、
> コミュニケーションの媒体、方法が多種多様になっていけばいくほど、
> 能力主義的であっても、そこから排除＝差別されるひとは極少化してい
> くだろう。（中略）ただし、コミュニケーションの多元化とは、具体的に
> なにをすれば達成、といった性質をもたないということに注意しなけれ
> ばならない。人間のコミュニケーションの多様性やコミュニケーション
> のありかたにきまった範囲はなく、無限に拡大していくものといってよ
> い。したがって、そのときどき、情報の発信・受信、ひとびととのかか
> わりのなかで、そこから差別的な排除がおこっていないかを観察し、修
> 正をくわえていくという無限のプロセスが、ユニバーサルデザイン化の
> さししめす社会実践である。[45]

　情報のユニバーサルデザイン論では、ただ一つの媒体によってすべての人
のことばや言語、情報の問題を解決しようとはしないし、できるとも考えら
れてはいない。なぜなら、人の間に存在する身体性の違いという多様性を前
提にし、その差異によって必然的に起こる能力主義的なコミュニケーション
の問題を受け入れている。そのうえで、能力主義的なコミュニケーションに
よる排除を極小化するために、コミュニケーションの媒体や方法を多元化し、
それらをつねに修正していくことをめざしているのである。では、媒体や方
法の多元化とはどのようなものであろう。最初に思いつくのは、視覚情報を

162　第4部　ろう教育における「リテラシー（読み書き）」研究がもつ問題

音声情報（聴覚情報）に、またはその反対のような、一つの情報を複数の知覚器官によって受信し発信するための作業であろう。例えば、すみ字による媒体では盲人のアクセスが阻まれるため、すみ字を点字に変換することやその反対の作業、また、すみ字による図書を録音図書に変えていくことの必要性である[46]。アメリカでの事例では、録音図書を用意することや文字文章の朗読者を用意する、ノート作成者を提供するなどの配慮が、ニューヨーク州のシラキュース大学やワシントン大学で実際に提供されているようである[47]。また、知的障害者の情報アクセスを高める方法の一つには、文字情報を補う、写真、イラスト、グラフ、地図のような視覚情報の活用があり[48]、「わかりやすさを高める」ためのこのような工夫も媒体の多元化となるだろう。

　しかし、情報のユニバーサルデザイン実践は視覚から聴覚というような明らかな感覚器官の変換だけを指すのではない。一つの知覚器官に向けて発信される情報の形もまた多元化されなければならない。あべ（2010c）[49]はこの点について示唆的である。たとえば、「視覚障害者」という場合、点字を使う盲人が思い浮かべられるだろうが、点字を使わない弱視者やロービジョンの人たちもいる。その場合、必要とされるのは視覚で認知する文字を個別のニーズにあわせて調整することである。そこで考えられる基本的な方法は文字を大きくする拡大文字の準備だが、拡大した時に文字がつぶれて判別しにくくなることは避けなければならない。したがって、太すぎる線の書体は使えない。文字の拡大だけでなく書体にも配慮しなくては、文字による排除は起こってしまうのである。さらに、文字間は文字がぶつからないよう、行間も判別しやすいよう十分にとる必要がある。このようにレイアウトにも配慮するほか、色の判別がしにくい人にとっては文字の配色やコントラストの調整も媒体の多元化に必要なことである。そして、以上のような調整を可能にするためには、情報を紙媒体だけでなくテキストデータの形で提供することが求められる。テキストデータは加工可能なデータであり、受信者の必要性にあわせて情報の形を変換できるのがその理由なのだが、この利点を活かすのがマルチメディア・デイジーである。マルチメディア・デイジーを使えば、文字の拡大に書体の変換、行間や文字色の調整、漢字のルビふりなどができる。さらに、文字データの読みあげやそのスピードの調整、読んでいる箇

所をハイライト表示することもでき、多様なニーズに対応できる。「障害者」に対するリテラシーによる排除を低減するため、媒体の多元化を進めるユニバーサルデザインの研究と実践は、不十分ながらも前進していると言えよう。

ただし、上記のような情報のユニバーサルデザインを論拠に媒体の多元化をおし進めるうえでの課題もある。それは、主流媒体を使用している大多数の「健常者」が、多元化された媒体やリテラシーのあり方を拒絶せず、なおかつ受け入れるように促していく必要性である。この課題に対する一つの答えを示しているのが、障害学の生み出した「障害の社会モデル」を言語現象に援用することで、これまでの識字運動の理論的倒錯を論じた、かどや(2012)論文である。かどやの議論では、非識字者を読み書きができるようにエンパワメントする取り組みは、リハビリや治療によって障害者を健常者に近づけようとする「障害の個人（医療）モデル」として理解される。そこでは、障害者である「マイノリティ」が健常者である「マジョリティ」とできるだけ同じであることが良いという言明されない判断があり、それが同化主義的に作用する。しかし、同じ言語現象を「障害の社会モデル」から捉えれば、「文字のよみかき能力があるかないかという問題は、個人の問題ではなく、社会の問題として把握される」[50]ようになる。つまり、すべての人が、健常者を標準としたリテラシーを身につけた「ふつうの識字者」になれるという不可能な想定を前提に運営される社会のあり方が問題視されることになる。

また、かどやは非識字者が受けている困難を軽減するには、文字の読み書きについてマジョリティの側を「アンエンパワメント」するしかない、つまり、マジョリティ自身が自らの力を自発的に抑えるしかないと主張する。なぜなら、マイノリティを一方的にエンパワメントすることで問題解決を図ろうとする限り、マジョリティはこの問題の当事者とはされず、その優位性も維持され続けてしまい、結果的に問題は解消されないからである。問題解決には、マイノリティのエンパワメントとともに、マジョリティが自身のアンエンパワメントに肯定的になるような巻き込み方をしていくことが必須なのである。そして、かどやは「『マジョリティのアンエンパワメント』をもふくむ社会の再構成」[51]を実現するための手法として、識字のユニバーサルデザインをあげている。つまり、マジョリティに「識字者」や「健常者」基準

のリテラシーを放棄するよう直接的に迫るのではなく、媒体の多元化という実践を通して既存の媒体とは異なる媒体も認めていく態度をマジョリティの側にも広めながら、マジョリティをこの問題の当事者としてゆるやかに引き込んでいくのである。障害学的社会言語学のリテラシー論が、リテラシーがもつ排除の側面を乗り越えようとする時、その基盤となる情報の「ユニバーサルデザイン」という考え方と、それによる媒体の多元化という実践は、実は「識字者」や「健常者」というマジョリティの自発的アンエンパワメントへとつながるものである [52]。

7.8 リテラシー研究における「障害者」排除と研究姿勢

本章の最後に取りあげるのは、「障害者」が「健常者」基準の文字社会から排除されているリテラシーのあり方に、これまでなぜ目が向けられなかったのかという問題である。その一端を示すためには、日本人で読み書きに困る人はほとんどいない、日本人の識字率は世界一高かったという一種の神話について言及する必要がある。このいわゆる「識字率99%」や「識字率100%」の神話は、これまで広く信じられてきただけでなく、今でも信じられているようである [53]。しかし、角（2010）は「識字率99%」や「識字率100%」という表現は実際の状況を表しておらず、ある種の言説にすぎないということを明らかにしている。日本人の識字率が高いという言説の論拠の一つは、読み書き能力調査委員会によって1948年に行われた「日本人の読み書き能力調査」にあり、その報告書である『日本人の読み書き能力』（東京大学出版）が1951年に発刊されている。

この調査の対象者は、全国から抽出された21,008名の日本人で、年齢は15歳から64歳までである。公共施設を利用した集合調査の形を取り、サンプリングで抽出された被調査者には調査への協力依頼文が送られた。調査に協力した人の数は16,820名で、出席率は約80％となっている。問題は、問1から問8までの全90題であり、1問1点の90点満点で集計が行われた。問1から問3までは、ひらがな、カタカナ、数字を扱う語いの問題、問4から問6までは漢字の語い問題、問7は、ひらがな、カタカナ、漢字がランダム

第7章　リテラシー論の現状と射程　*165*

表19　総得点の分布　　＊角（2010, p.169）図1を筆者が表に修正

点数	0-9	10-19	20-29	30-39	40-49	50-59	60-69	70-79	80-90
%	3.1	2.3	2.8	3.3	3.9	5.9	9.8	19.8	49.1

に出題される語い問題であり、問8だけが文章を読解する問題という構成になっている。しかし、「現在から見ると、問題のレベルは総じてひくい」[54]とされる。得点分布は表19の通りである。

　このテストの平均点は、100点満点換算で78点であった。満点を取った人の割合は4.4%であったが、不注意によるまちがいを推定すると6.2%に上昇するとされている。反対に、報告書で「完全文盲」と表記された正解答がゼロの人の割合は1.7%であった。ここでの1.7%という数字が「識字率99%」や「識字率100%」の根拠とされるわけだが、この数字をどのように見れば良いのだろうか。まず、1.7%という割合を実際の人口に戻した実数で考えれば、かなり多くの人がまったく読み書きできないのであり、それ自体大きな問題ではないのかということが指摘されている[55]。また、この調査で正解答ゼロを意味する「完全文盲」の割合である1.7%という数値が反転して、読み書きできる日本人の割合は「99%」や「100%」「世界一」という解釈につながっているわけだが、この考え方に沿った識字率の算出では、テスト結果がゼロ点であった人以外をすべて「識字者」として承認することになる。そもそもどこからが「識字者」であるとするかは恣意的であり、識字率という発想自体が常に不確かさを含むと言えるが、「完全文盲」以外のすべての人を「識字者」とする解釈は「識字率99%」の論拠として果たして妥当なのだろうか。例えば、90点満点の半分に満たない「40点に届かなかった人」という区切り方をすれば、11.5%の人が該当する（表19）わけだが、これらの「識字者」たちが「読み書きできる」という時のそれはどの程度のものなのだろう。

　さらに、1948年の「日本人の読み書き能力調査」結果の解釈は、そのデータを読み取る人の立場に合わせて、都合良くなされたこともわかっている[56]。実はこの調査の報告書では、「literateであるためには、『満点』であることが必要である」[57]と明確に述べられている。そのため、当時の国語国字問題

166　第4部　ろう教育における「リテラシー（読み書き）」研究がもつ問題

の論者のうち漢字を制限または廃止し、かな文字やローマ字などのより表音的な文字へと日本語を改良しようとする立場からは、この調査結果は日本の低い識字率を証明したものという解釈になる。しかし反対に、漢字を擁護する表意派の人たちはこの部分を重視せず、むしろこの調査結果を高い識字率の証拠として捉えたのである。実際に起こった歴史的経緯としては、表意派が優勢となったことで高い識字率という解釈が主流となり「識字率99%」や「識字率100%」へとつながっていった。このように、識字率自体が恣意的な線引きによる曖昧な概念であるため、その解釈には政治的立場が影響するのである。しかし、この調査が抱える重大な問題はまだ他にもある。それは、実際に調査の対象者とされた人たちとはどのような人たちなのか、という点である。角はこの識字率の出し方には、以下の三つの問題点があるとしている[58]。

①調査の時間や場所をしるした「読み書き調査案内状」がサンプルとしてえらばれた家庭におくられたのであるが、かなりむずかしい漢字をふくむ漢字かなまじりでかかれたこの文章を、非識字者がよめなかった可能性がある。あるいはだれかによんでもらったとしても、よみかきのテストにしりごみしてでかけなかった可能性もある。そうした意味で、「集合調査」という調査方法がもっていた限界をかんがえなければならない。

②報告書の集計では解答をしたが正解答ゼロであったものだけが非識字者とされまったく解答がなかったものは「無反応者」として別あつかいされている。「無反応者」は、1.6％いたのだが、別あつかいしていいのかどうか、判断がわかれるところである。

③あらかじめ精神障がい者、身体障がい者などは調査対象者から除外されている。「外国人、めくら、つんぼ、おし、および精神的あるいは肉体的に無能な人はのぞくべきであろうと考えた」（読み書き能力調査委員会1951,p.25）として、サンプリングからはぶかれている。「肉体的、精神的無能力者」がきたときには「被調査者名簿の備考欄にその旨記入して、受付で帰ってもらう」（同書,p.244）、「文盲、白痴などで会場の秩序を乱す者は、途中で退席させてさしつかえない」（同書,p.247）ともある。（中

略）いずれにせよこの調査は外国人や障がい者等を排除した差別的な調査であったといえる。

　①②では、調査対象者から非識字者が除外されていた可能性や、テスト時に解答がなかった 1.6% の人たちを「無反応者」として集計結果の対象から外し、別扱いにされていることへの疑問が述べられている。この二点だけでも、文字の読み書きができなかった非識字者の数は、少なくとも 1.7% の何倍かは存在していたはずであり、「識字率 99%」という数字には根拠がないと言える [59]。しかし、リテラシーの排除の側面と「障害者」について分析するねらいからしてより注目されるのは③の記述であり、調査対象者から「精神障がい者」「身体障がい者」が除かれていること、そのうえで進められたテストによる結果が「識字率 99%」という社会通念の形成に影響しているということは看過できない。なぜなら、「識字率 99%」「識字率 100%」という誤った神話は、実際には読み書きに困難を感じている人たちの存在を覆い隠し、見えなくしてしまうからである。山下（2009）はこの何かを覆い隠す役割を「隠蔽機能」と呼び、1948 年の「日本人の読み書き能力調査」が「隠蔽」したものを三つあげている [60]。

　　・日本人のなかにも少なからぬ非識字者がいるという事実、
　　・社会的／制度的差別によって非識字者がつくられてきた部分もあるという事実、
　　・日本社会が差別社会であるという事実と、それを反省し、かつ批判的にみる視点。

　ろう児と盲児の就学義務制度が完成したのは 1956 年のことである。1948 年の調査時には多くのろう者や盲人が教育を受ける機会を得ていなかったし、知的障害児の就学は就学免除という措置によりさらに大幅に遅れていた。このような「社会的／制度的差別」によって非識字者となった「障害者」は多かったであろう。その意味でも「日本社会が差別社会であるという事実」は避けがたい。「識字率 99%」や「識字率 100%」という神話がもつ隠蔽機能に

よって非識字者全体や、そこに含まれている「障害者」の存在が「健常者」でかつ「識字者」である人たちには見えなくされ、見えなくされるがゆえに日本社会がもつ差別性にも気がつくことができないという悪循環が確認できる[61]。

　また、「調査結果に恣意的な解釈が含まれたことによって、調査者、あるいは被調査者にとって好ましい結果は強調され、好ましくない結果は無視されるという事実」があったと、調査自体とは別に調査結果の取り扱いについての問題も指摘されている[62]。この指摘を山下自身のことばでよりわかりやすく説明すれば、以下になる。

　　「調査」という客観的な手続きに基づいて、ある事実の一側面が明らかにされ、その結果が、その調査を行った調査者をとりまく社会にとってプラスの評価が下されると、その側面ばかりが強調され、別の側面が見えなくなってしまったり、無視されたりすることがあるだろう。逆に言えば、ある社会にとって、マイナスの評価が下され、「好ましくない」、ましてや「恥ずべき」であると判断されることが明らかになった場合には、意図的であれ、無意識的であれ、それを積極的に取り扱うことはない、ということになる。[63]

　このような調査結果の取り扱いの問題と関連しているのは、研究者のもつ研究姿勢であろう。リテラシーのもつ排除の領域と「障害者」との関係という問題意識から1948年の調査を見れば、「健常者」によって規範化されたリテラシーが当時の「障害者」の実生活に直接的な損害を与えた、ということが示さているわけではない。そうではなく、冒頭で問題視したようにリテラシー研究という場からすでに「障害者」が閉めだされ、結果としてその存在が見えなくさせられていたという点にこそ問題があり、その点で研究者がこれまでとってきた「障害者」への態度が「障害者」に対するリテラシーの排除機能を温存させてきた一因であることをこの調査は暗に示していると言える。

研究者が読み書き能力の問題がない、という見解を保持していた背景
には、研究者が「強者」の立場に身を置き、「弱者」や「敗者」の立場に
身をおくことがあまりない、という事情もあったであろう。社会にとっ
てプラス、ということは、文化的支配者、政治家、マジョリティ、もし
くは健常者にとって、つまり強者にとってのプラス、という評価なので
ある。研究者も強者に属し、知らず知らずのうちに強者の論理の代弁者
となっていったのだろう。[64]

　リテラシー研究を担う研究者たちは、そのほとんどが健常者であり識字者
であろう。したがって「強者」というカテゴリーに属しているため、識字率
が高いことに、人々に読み書き能力が備わっていることに良い評価を与えが
ちであるというのが事実であれば[65]、ろう教育におけるリテラシー研究の文
脈でも、ろう児のリテラシーを研究しようとする人たちの研究姿勢について
考えてみなければならないだろう。ろう児のリテラシーを研究しようとする
人の多くは、研究者という意味でも教員という意味でも識字者という意味で
も聴者という意味でも「強者」であることは間違いないのだから。
　本章では、リテラシー概念についていくつかの角度から論じてきた。なか
でも強調しておきたい点の一つは、リテラシーには排除という側面があるこ
とと、この排除の機能が「障害者」に対しても実際に発動されているという
事実である。そして、このようなリテラシーによる「障害者」の排除は、こ
れまで一般的にも研究者にも目を向けられることなく隠蔽されてきたのだが、
そこには研究者の研究姿勢の問題があることも重要な論点である。この点に
ついては次章で取りあげたい。

■注
1　前田・他（2003a、2003b、2003c、2003d、2003e）これらの研究では、情報を受け取
　る側の患者を中心にすえ、病院ないのポスターや案内掲示物などを難解でわかりにく
　い情報の形から、読み手がわかる形に変更していく事例が複数紹介されている。また、
　医療機器を扱う看護師にとってもわかりにくい取扱説明書を看護師が理解しやすい形
　に修正する事例もある。このように情報の形を発信者にではなく、受信者に合わせて
　いく実践例は、日本語の受信に何らかの制限があることの多いろう児への教育にも参

考になる。

2 伊藤（2010）では、ドイツやオーストリアが受けた PISA ショックの様相や、その後の政策動向などについて述べられている。

3 その他、宍戸（2006）も PISA について言及している。

4 松塚・八鍬（2010, p.4）

5 佐藤（2009, pp.4-6）

6 現在でも、リテラシーが「読む」ことと「書く」ことのひとまとまりとは想定されていないコミュニティはある。例えば、山本・臼井・木村（2004）が示しているようにネパールのような多言語状況を常とする場所では、ある個人がいくつもの言語を使用する。しかし、どの言語も同等に用いるのではなく、場面や話題、相手などの変数によって言語を使い分けており、ある言語を「読む」ことはあるが「書く」ことはないというようなリテラシーのあり方は今でも見られる現象である。

7 菊池（1995, pp.94, 95）

8 森田（2005, pp.17, 18）

9 佐藤（2009, pp.4, 5）、樋口（2010, p.82）

10 樋口（2010, p.82）

11 菊池（1995）では「識字観」と表記されている。

12 Scribner, Sylvia, and Michael Cole.（1981）この研究ではリテラシーの獲得が人に普遍的な認知的変化を与えるのかについて認知心理学と民族誌の両面から調査された。この研究の目的は、人はリテラシーの獲得によって理論的抽象的思考を獲得することができるという仮説である Great Divide（大分水嶺）論を実証することにあり、その関心は”Is literacy a surrogate for schooling ?”［リテラシーは学校教育の代かえとなるか？］（p.20）という点にあった。大分水嶺論は、Jack Goody and Ian Watt（1963）や Walter J. Ong（1977）が主張した以下のような考えを核にしている。それは、文字使用の開始が文字として固定化した情報の形を生み出し、それまで口頭伝承されていた情報がいつでも文脈を超えて参照可能になったことで、分析的で抽象的思考が可能になり、文字の文化が生まれたとするものである。つまり、リテラシーの獲得が認知的な普遍的発達を保障するであろうという予測があり、リテラシーが原始の社会（primitive societies）と文明化された社会（civilized societies）を隔てるという見立てがあった。しかし、Scribner, Sylvia, and Michael Cole.（1981）の結果は、Great Divide（大分水嶺）論による仮説を実証するものではなかった。リテラシーの獲得が普遍的な認知的変化を引き起こすことはなく、リテラシーの影響力はリテラシーの実践（practice）が行われる各状況によってそれぞれに異なるとされた。以上のことから、未開と文明を切りわけるような普遍的な認知的変化の源としてのリテラシーは否定され、書きことばが習得され使用されることと深く関連する領域において観察される認知的変化とは何か、に研究の主題は移されることになった。

13 松塚・八鍬（2010, p.3）

14 菊池（1995, p.98）

15 森田（2005, p.17）

16 大黒（2015, p.196）西洋近世の署名をもとにした識字率研究では、自ら記した署名と、自分では署名できないものが代用する＋などの記号の比率から識字率を推定する。梅村（2014）の扱う花押を資料とした識字率研究でも、自筆できないものが記す○や＋という略押を代用記号とし、花押と略押の比率から識字率を割り出すことが試みられている。

17 小柳（2010, p.52）

18 同, pp.52, 53

19 佐藤（2009, p.7）

20 樋口（2010, pp.85, 86）

21 小柳（2010, p.67）

22 批判的リテラシーの出現をアメリカの文脈に即して見た場合によく指摘されるのは、E. D. Hirsch（ハーシュ）が提起した文化的リテラシーに関する議論である。小柳（2010, 第5章・6章）によれば、1970年台後半以降、黒人やヒスパニックなどマイノリティの高い機能的非識字率が社会的注目を浴びるようになった。そして、それが失業や貧困、犯罪などと結びつく要因と見なされるようになっていった時代背景のなかで文化的リテラシーという考え方が出現する。ここでの文化的リテラシーは、リテラシーとは単に読み書きの技術ではなく、書かれている内容を理解するために必要となる「背景知識」（background knowledge）をも含むものであるとする点に特徴がある。Hirsch は、アメリカに住む人々が共有すべき背景知識をもっていないことがリテラシーレベルを下げる要因であると考え、人々が知っておくべき知識の一覧である「国民的共通語彙」（national common vocabulary）を作成し、学校教育を通して子どもたちに共有させようとした。しかし、Hirsch が提起した文化的リテラシーが示している背景知識の実際とは、WASP（白人かつアングロ・サクソンかつプロテスタント）の文化の伝統であったため、マイノリティの文化を抑圧するリテラシーとして機能するものであった。当然、文化的リテラシーのもつ暴力性は反論を招き、WASP の知識を正統と位置づけるとことでマイノリティへの社会的差別を覆い隠そうとするイデオロギーを解体するための対抗理論として、批判的リテラシーが導かれるようになった。

23 菊池（1995, pp.70-73）菊池は「批判的識字」や「識字」という用語を用いているが、本論ではそれぞれ「批判的リテラシー」、「リテラシー」に置き換えている。

24 内山（1986, p.91）

25 同, p.107

26 内山（1991, pp.61, 62）では、Freire が日本の日之出識字学級を訪れ交流する様子とともに、「変革」へ向けて連帯しようとする動きが報告されている。

27 砂野（2012, p.6）

28 同, p.6

29 同, p.8

30 同, p.16

31 同, p.16

32 　同 , p.15

33 　同 , p.23

34 　同 , pp.24,28

35 　同 , p.12

36 　同 , p.13

37 　同 , p.13

38 　あべ（2010b, pp.114, 115）

39 　また、ましこは、「外国人」も日本語を聞き話すことはできるが、漢字システムが原因で「読み書き」できない点で、盲人と問題を共有しているという指摘を行っている。オストハイダ（2011）では、「車いす使用者」と「外国人」は、通りかかった人に道をたずねたり、店で商品の説明を求めたりする場合、本人に直接返事をしてもらえず、隣にいる「健常者」や「日本人」という第三者を介して返事を伝えられることが報告されているように、日本に住む「障害者」と「外国人」が受ける扱いには確かな類似点がある。

40 　ただし、岡（2013, p.318）や、脇中（2013, pp.94-96）のように、ろう者のなかには、文章を読む時に漢字だけをひろい読みして理解しようとする人や、漢字が読めなくてもそこから意味を推測する人がいるため、漢字の使用を肯定的に見る意見もある。

41 　長南（2005）、近藤・濱田（2010）、大島・都築（2013）など参照。

42 　ましこ（2002, p.72）

43 　ましこ（2002）以後、障害学的社会言語学では、ことばや情報のユニバーサルデザイン論が活発になった。その傾向は、主要雑誌である『社会言語学』に掲載されている論文のタイトルにも現れている。例えば、知的障害児・者と、ことば・言語・情報の関係性を論じている古賀（2006）「『ことばのユニバーサルデザイン』序説——知的障害児・者をとりまく言語的諸問題の様相から」や打浪 [古賀]（20011）「知的障害者への情報のユニバーサルデザイン化に向けた諸課題の整理」、英語教育の領域から分析した仲（2008）の「言語観教育序論——ことばのユニバーサルデザインへの架け橋」、既存の識字運動がもつ理論的限界を示した かどや（2009）の「識字運動の構造——同化主義・能力主義の再検討によるコミュニケーションのユニバーサルデザイン」、日本語表記のあり方が複数の層の人たちにとって困難を生じさせる原因となっていることを論じる あべ（2011）の「日本語表記の再検討——情報アクセス権 / ユニバーサルデザインの視点から」などがあげられる。その他にも、タイトルには表記されていないが、内容にはユニバーサルデザインについての言及がある論文もある。

44 　かどや（2009, p.35）

45 　同 , pp.35, 36

46 　しかし、漢字かなまじり文のデータを点字に変える「自動点訳ソフト」も漢字が原因で精度が下がるということや、漢字かなまじり文のデータを読みあげる「スクリーンリーダー」も「行った（いった / おこなった）」「風（かぜ / ふう）」のような漢字の読み間違いを起こすことが知られており（あべ 2006）、漢字はここでも盲人やディスレクシアの人たちにとってバリアとなっている。

第 7 章　リテラシー論の現状と射程　*173*

47 あべ（2010a、2012）その他に、試験では時間を延長することや別室受験が可能になる。

48 古賀（2006, p.10）

49 あべ（2010c）では、識字（内容的には「情報」）のユニバーサルデザインについて、「ユニバーサルデザイン」と、それを補う「ユニバーサルサービス」にわけて詳しく論じている。

50 かどや（2012, p.149）

51 同 , p.154

52 義永（2015）によれば、日本語教育研究では、「障害者」は中心的課題とはされていないものの、「日本人（日本語母語話者）」は「外国人（日本語非母語話者）」との、ことばの関係性において、日本語は「日本人（日本語母語話者）」のものだという考え方をあらため、母語話者自身がもつ規範意識を見直す「セルフディスエンパワメント」が必要だという議論が存在している。義永はこのような、日本語母語話者が自発的に力を抑え外国人と一緒に互いにとって利用しやすい日本語を作っていく作業を「日本人による日本語の学び直し」と呼び、外国人をエンパワメントすることで日本人（日本語母語話者）に近づけようとする同化主義的な側面をもつ日本語教育に代わる「やさしさ」になるのではないかと述べている。また、「日本人による日本語の学び直し」が弱者のためのものとされる場合、マジョリティには社会的コストとみなされる危険性があるが、この課題を超え、「日本人による日本語の学び直し」がマジョリティにも恩恵をもたらすものという認識を生み出すきっかけの一つとして、「複言語・複文化主義」の思想を検討している。義永論文に代表されるように、日本語教育研究と障害学的社会言語学には、ユニバーサルデザイン論という通底する基盤が存在しており、学際的な研究や取り組みが可能であろう。

53 今でもネットで検索すれば同様の主張が見られる。例えば、『日本の世界一』と題されているウェブページは、「世界が驚嘆した識字率世界一の日本」（http://www.nipponnosekaiichi.com/mind_culture/literacy_rate.html：2016.3.20 現在）といういかにもナショナリズムを煽るようなタイトルとともに、後述する 1948 年実施の「日本人の読み書き能力調査」の結果を理由に、日本では識字率が非常に高いとしている。なかには、貧困が原因でもはや日本は識字率 100％ではなくなっているという、日本の識字状況を危惧するような内容のもの（http://hentenna-project.com/2015/02/24/shikiji/：2016.3.20 現在）も見られるが、そこでも日本は「識字率 100％」を自認し、海外からもそのように見られているという認識が書き手の前提としてあることがわかるだろう。また、このような識字率神話の広がりは HP だけでなく、専門家による書籍にも見られることを、かどや（2010a, pp.18-21）が指摘している。日本社会や日本近代史への言及とともに識字率の高さや「世界一の識字率」という言説が枕ことばのように使用される傾向があるようだ。

54 角（2010, p.174）

55 同 , p.167

56 同 , pp.171-174

57 読み書き能力調査委員会（1951, p.332）

58 同 , pp.169, 170

59 同 , p.170

60 山下（2009, p.204）

61 ましこ（2012, p.129）は、「公教育の水準がたかいとか、コンピューター技術が空前のゆたかな社会をもたらしたという通念」もまた、多様なリテラシーの実態を見えなくし、漢字を中心とした「健常者」基準のリテラシーによってもたらされる「差別的な現実構造をかくす神話」となっていると述べている。

62 山下（2009, pp.204, 205） その他に以下の二点もあげられている。
・調査そのものが科学的で客観的なものであることと、その調査結果の記述が客観的であることとは別次元のことであり、場合によっては客観的な調査の結果が社会的な意識形成の道具として用いられることもあるという事実、
・調査の対象は、時代によって変化するものなのに、大規模な調査を行えば、50年以上たっても調査結果の有効性が信じられるという事実。

63 同 , p.208

64 同 , p.208

65 ましこ（2002）は、識字学級をふくむ補償教育関係者が可能な限りの文字習得を学習者にもたらそうとする姿勢には、彼女ら彼らが受けている差別的処遇に対する怒りと、それを支える善意や道義心がある反面、多数派が駆使している読み書きの「能力」に対しては疑いを向けないという問題があると分析している。つまり、読み書きできることは良いことだとする価値観は補償教育関係者も多数派と共有しているのであり、逆に言えば、実は本質的な問題である読み書きできないことをマイナスに捉える社会的通念を変革しようとはしていないという批判である。また、「能力」概念を多数派と共有してしまっているという問題構造は、「障害者」の教育を扱う「特殊教育」関係者（現在は「特別支援教育」関係者）にも見られるとする指摘は重要だと感じる。「障害者」教育の関係者は、「健常者」中心の能力観によって作られる「教育の到達点」を受け入れ続けるかぎり、結果的に目の前の子どもたちを既存社会（「健常者」社会）の最下層にとどめることになる危険性に敏感になる必要があろう。

第8章　ろう児のリテラシー論の特徴と課題

8.1　はじめに

　本章では、第7章で行ったリテラシー論の整理を引き継いで、日本のろう教育を対象に行われてきたリテラシー研究について概観する。そして、それらリテラシー研究が社会言語学の視点からどのように位置づけられるのか検討する。ここでの議論は、既存のろう児のリテラシー研究がもつ問題点と欠如している論点を把握し乗り越えようとする試みのもと展開される。そこでの基本的な考え方は、単一のリテラシーの肯定や推進にあるのではなく、むしろ単一のリテラシーが承認され当然視されることがもつ抑圧性に注目する「批判的リテラシー」観にもとづくものである。本章ではリテラシーとは本来複数形で存在しているという理解と立場から、ろう教育を取り巻く「ことば」の問題のうち、ろう児とリテラシーを取りあげ、そこに見られる特徴と課題を示したい。以下、ろう児のリテラシーについて論を始めるにあたって一つの注意点がある。これまでろう教育の文脈で「リテラシー」と言う場合それは「日本語リテラシー」と同義であった。後に述べるように、現在では「手話リテラシー」という考え方も示されているが、ろう児のリテラシー論全体からすればごく一部に限られる。したがって、本章で使用する「リテラシー」という用語も特に説明のない場合には基本的に「日本語リテラシー」を指している。

8.2　ろう児に対するリテラシー教育の歴史的展開

　ろう教育においては、リテラシー研究がどのように行われているのだろうか。これまで、この分野においては「リテラシー」という用語を使用した研

176　第4部　ろう教育における「リテラシー（読み書き）」研究がもつ問題

究はそう多くなかった。ろう教育では「リテラシー」以上に「言語指導」という用語で、ろう児のことばの問題の一つである読み書き能力について論じてきたからだ。本節では、まずろう児の言語指導、つまりリテラシーの教育が、または、リテラシーの教育を含む全体的な教授法がどのような歴史的変遷をたどったのか、小田（2002）を参照しながら簡単に見ていく。

　日本におけるろう教育の開始は、1878 年開校の京都盲唖院（現在の京都府立聾学校）にさかのぼることができる。その京都盲唖院を創設したのは古川太四郎という教育者である。ろう教育の黎明期に行われていた教育は口話法を採用しておらず、手話を用いるものだった。口話法が広まる以前の、当時のろう教育において、読み書き能力という意味でのリテラシーを育成する方法は「手話」と「筆談」に求められていた。古川と同時期に、ろう教育分野で大きな影響力をもった重要人物たちに、伊沢修二、小西信八、石川倉次がいる。彼らは、発音指導や聴覚活用もろう教育に取り入れていくのだが、その効果は期待されたようなものではなく、結局は書きことばと手話中心の指導法が採用されていたのが 1900 年前後の状況であった。

　古川や小西たちの後の世代であり、口話法の普及に奮闘した川本宇之介、橋村徳一らは、口話を通して語彙や語法を習得させることを狙いとしたため、文字優先の教授法には強く抵抗し、読唇による「理解」を優先させた。それは、話しことばから入るという意味で聴児の学習過程をなぞる手法でもあり、発話の流れに文字指導が統合されていた。以後、ろう児の教育は何よりもまして口話技術の習得が優先される時期が長く続いた。

　1960 年代に入ると、ろう児に補聴機器を装用させることによって残存聴力を活かそうとする聴覚活用が進められる時代になる。この聴覚を活用する口話法である聴覚口話法では、音声言語による高いレベルのコミュニケーションが確保できると期待され、それまでの言語指導でネックとされていた、ろう児の語彙の少なさという問題の解消や、生活体験や諸概念と言語を結びつける効果が期待された。また、1960 年代後半に始まった京都府立聾学校のキュードスピーチや、栃木聾学校の同時法的手話の登場は、長らく否定されていた手指表現がろう教育に再登場したという意義があったが、それらは音声日本語に対応するシステムである限り使用が許容されるといった性質の手段

図5 ろう教育におけるリテラシー育成方法の変遷

1878 年 -1900 年頃	書きことば [筆談] と手話によるリテラシー育成		
1910 年以降 - ↓	話しことばの形式を習得することによるリテラシー育成 （読唇・発話技術の習得を通した文字学習）		
1960 年以降 - ↓	話しことば形式の習得を聴覚活用によって促進するリテラシーの育成		
1960 年後半	話しことば形式の習得に手指表現を活用（キュードスピーチ／同時法）		
近年	聴覚活用 （手話なし）	聴覚活用 （手指併用）	手話言語

であり、現在でいう手話言語とは異なる。また、キュードスピーチと同時法的手話のどちらも、日本語の音韻体系に沿って開発されており、発話との同時表現をめざしたものである。これらは開発段階で日本語のかな文字と対応するように意図され、書きことばへの容易な移行が意識されていた。

　1960 年代以降続いている聴覚口話法を経て、近年では手話による絵本の読み聞かせが幼稚部や小学部段階で見られる。これは、直接的に語彙や文字習得に寄与するわけではないが、物語の把握や読むことへのモチベーションとなる。そして、このような手話を用いた新たな取り組みは、手話と日本語の二言語間で学習の転移が起こるという見方に支えられていると言える。さらに、公教育としてではなく私設のろう教育団体による活動も見られるようになった。龍の子学園（現在の明晴学園）では、手話言語を最大活用し、発話や読話には頼らない。手話によるテクストの理解や手話・指文字と文字の対応に比重を置いたリテラシーの指導を行っている。以上のようなリテラシー育成方法の歴史的変遷をまとめれば図5のようになるだろう。

8.2.1　ろう教育分野でのリテラシー研究

　ろう教育においては、その手段や方法に変化は見られるものの黎明期から現在まで一貫してろう児のリテラシーを高めるための「言語指導」が行われてきたことを前節で確認した。次に、この分野で行われているろう児のリテラシー研究に見られる特徴を整理し、その背景にあるリテラシー観について

178 第4部　ろう教育における「リテラシー（読み書き）」研究がもつ問題

確認する。現在のところ、ろう児のリテラシーについては以下の二つが共通認識や統一的な見解として広く了解されていると言える[1]。

・全般的な聴覚障害児のリテラシー（読み書き）に関する能力は、（健）聴児に劣る傾向にある。
・聴覚障害児のリテラシー（読み書き）に関する能力には、大きな個人差がある。

　ろう教育分野で見られるこれらの共通認識をふまえたうえで、ここではまず 2009 年発刊の『リテラシーと聴覚障害』に収められている二つの個別研究を見てみよう。

　佐藤（2009）は、聴覚障害児にとって使いにくい動詞とは何かという着想から、動詞産出の特徴とその過程について考察した。文脈の制約の強弱によって、「いれる－つっこむ」のように産出される動詞は異なる。文脈の制約がゆるい「いれる」のような動詞を「包括動詞」、制約の厳しい「つっこむ」のような動詞を「限定動詞」とし、聴覚障害児と健聴児のそれぞれの使用差を比較したところ、聴覚障害児の場合は「つっこむ」のような限定動詞の産出数が少なく、より汎用性の高い包括動詞の産出傾向が強いことがわかった。

　相澤（2009a）では、先行刺激が後続する刺激に影響を与えるというプライミングの手法を用いて、言語処理の観点から聴覚障害児の統語情報処理を調査した。この結果から、格助詞の統語情報の言語処理は健聴児と同様に生起しているが、意味情報の言語処理は健聴児と同様には生起していないことが示唆された。これは、聴覚障害児にとって統語の理解は比較的難しく、意味情報の理解はより容易であるとしていた先行研究を反証する結果であった。

　上に見た例のように、ろう教育分野では、ろう児のリテラシーの特徴を明らかにするため、認知心理学的に彼女ら彼らの語彙力や文法力、情報処理の諸側面を個別要素的に調査する研究が積み重ねられている。そして、ろう児の受動文使用の頻度や種類、誤りの特徴を調査した澤（2012）など、「発達」や「認知」をおもな関心とする心理学のカテゴリーに入る研究が他にも多く確認できる。これら研究の特徴は、個人ないのリテラシーの程度や特徴を健

聴児と比較しながら明らかにしていくものであり、ろう教育現場でのより効果的な日本語「言語指導」に活かされている。しかし、その反面ではろう児が現実世界で置かれている状況とリテラシーのあり方との関係性を探ろうとするような意図は認めにくい。もちろん、ろう教育分野で行われているリテラシー研究が大きくは心理学の枠組みから行われているため、そこには学問的な射程の問題があるだろう。しかし、ろう児のリテラシーに関する能力の到達度や特性などの諸側面については、これまでの膨大な先行研究によって多くの知見が得られ指導に活かされている一方で、本章のように社会言語学の視点から着目したリテラシー研究がほとんど確認できない状況は、ろう教育の多角的な進展にとって望ましいことではないだろう。特にろう教育にたずさわる教員や研究者のもつリテラシー観は日々の実践にも影響しうる要素であり、この点に関する調査は社会言語学からのリテラシー研究が貢献できる側面であると考えられる。では、現在までのろう教育分野で見られる研究はどのようなリテラシー観にもとづいているのだろうか。再び『リテラシーと聴覚障害』（p.61）を見てみる。

> 　読み書きは、人間の知的・情緒的発達および社会性の発達に大きな影響を及ぼす活動であり、人間が生活を営み成長していくためには、必要不可欠なものである。なかでも児童期の読み書きは、学校場面においては国語教育を含む諸教科の学習スキルとして、日常生活においては他者とのコミュニケーションの道具として使われており、また、その機能が不十分な場合は、心理的側面にも影響を及ぼすことになる。

　ここでは、読み書きの力が知的・情緒的発達や社会性の発達と関連しながら「人間が生活を営み成長していくためには、必要不可欠なもの」という生きるうえでの前提条件として位置づけられていることがわかる。しかし、この前提条件について今一度考えてみたい。読み書きがなぜ「生活を営み成長していくため」の条件になっているのか、それは国語を初めとする教科学習や日常のコミュニケーションの基盤として読み書きが組み込まれているからである。逆に言えば、読み書きができることを基礎的な条件とする社会設計

のもと学校システムが構築され、日常のコミュニケーション環境が整備されているのが今の日本社会の姿であると言える。だからこそ、基盤とされる読み書き機能が不十分な場合には社会設計の枠組みから外れてしまい、個人の心理的側面にも影響があらわれるのであろう。つまり、ある人の読み書き能力が期待されているレベルに達していない場合、そのことが個人の心理面にダメージを与えるような社会体制がそこにはあり、それらをまぬがれ、充足した生活を送るため、言いかえれば、この社会の枠組みから落ちこぼれず機能的に生きるために読み書き能力が必要不可欠とされている側面がある。したがって、ここで見られるリテラシー観とは、既存社会による知を前提としながら受け入れ、そこで生き抜く術としてリテラシーを捉える「機能的リテラシー」にもとづくものである。反対に、既存社会の抑圧性を見抜いていくような「批判的リテラシー」観からは距離のあるものとなっている。

　ろう教育分野において蓄積されている、ろう児のリテラシー研究はおおむね上記のように、既存の読み書き能力の獲得を必須とする「機能的リテラシー」観にもとづいている[2]。また、この分野のリテラシー研究を概観して気づくことの一つに、日本語リテラシーとろう児がもつ手話言語能力との関係、または、手話そのもののリテラシーについての調査はごく限られているという点がある。1990年代以前のろう教育分野では、手話言語の積極的な活用を推進するような動きはほとんど見られていなかったため、「リテラシー研究」＝「日本語リテラシーの研究」であったが、その後徐々に手話言語とリテラシーの問題を結びつける研究が現れるようになる。例えば、小田（2002、2006）、武居（2003a、2003b）、鳥越（2008）などが、手話言語の力と日本語のリテラシーを結びつける論考としてあげられる。これらの研究はどれも、Paul（1998）を参照しながら、リテラシーの重要な側面として「読解的側面（Reading-Comprehension Framework）」以外に「批判的読みの側面（Literacy critical Framework）」があることを提起し、リテラシー概念を拡張しようとしているのが特徴であろう。「読解的側面」とは、知識や情報は読み手の外側にあるテクストのなかに存在するもので、語彙や文法の理解からなる bottom-up 的な能力のことである。一方「批判的読みの側面」とは、読み手がもつ知識や置かれている文化環境、時代状況によってテクストの意味

が内省的に解釈されるという top-down 的な能力のことである[3]。なかでも武居（2003a、2003b）は、手話言語の十分な育成を図り、獲得した手話言語の能力や知識をメタ言語知識として top-down 的に活用することで、手話言語が日本語リテラシーの獲得に貢献できると述べており、手話言語の活かし方に苦労しているろう教育の現場教員にとっても示唆的な論文であった。さらに、これらの研究において画期的だったのは、ろう教育に「手話リテラシー」という考え方を提起したことである。そこでは、言語としての手話を身につけていくことで、手話言語を媒介にして、具体的事象だけでなく抽象的な事象についても理解することができる、内省的に思考し自身の経験と結びつけながら論理的に議論・推論することができる可能性が示されたのである。そして、宮町（2016）がまとめているように手話言語能力を評価するためのバッテリーも様々に開発されている。

　ただし、手話リテラシーそのものの位置づけ、それが何のために必要とされるのかについては課題もある。たとえば、メタ言語知識の活用を推進しようとする目的にそって手話言語や手話リテラシーの存在が認められたとしても、以下のように最終的には日本語リテラシーに貢献するという文脈のなかに手話リテラシーの議論も位置づけられがちだということが課題の一つとしてあげられる。

　　　日本語のリテラシーについての研究や、手話を通して日本語のリテラシーを高める指導法に関する研究には関心が向けられたが、手話は書記言語を持たないため、手話そのもののリテラシーを検討する試みはあまりされてこなかった。筆者は、手話のリテラシーを高めることこそが、ろう児の日本語のリテラシーを伸ばすことにつながると考えている。[4]

　　　手話言語に書きことばはないが、「手話リテラシー」という考えも成り立つだろう。すなわち、手話で語られたことを批判的に捉え、思考していく活動である。この手話リテラシーの能力の発達が、音声言語のリテラシーの発達に促進的な影響をもたらす可能性が考えられる。[5]

これらで想定されている手話リテラシーとは、内省的で論理的な思考を可能にする手話の二次的話しことば[6]に相当するものであろう。しかし、そこで得た手話リテラシーによって思考する力は、日本語リテラシーの獲得を容易にするという役割が与えられることで重要視される一方、手話リテラシー単体での価値が認められているとは言いがたい。もちろん、これら論考の著者たちは、手話を大事にする立場を鮮明にしており、手話リテラシー自体に価値を見出しているだろう。おそらく、手話リテラシーの価値に目を向けさせるために日本語リテラシーへの貢献度をアピールしているのであり、そのような戦略的な論旨の展開は十分に理解できる。

　しかし、そこで提示されるリテラシー観に注目すれば、手話リテラシーには、Freire の「批判的リテラシー」が示したような「現実世界の読み取り」という役割が与えられていないこともまた確かである。なぜ、ろう児である自分たちは日本語リテラシーの獲得に苦労する現実があるのか、あるいは、なぜ日本語リテラシーを獲得することが当然の事柄として期待されているのか、なぜ手話または手話リテラシーだけでは生きづらいのか、などについての「意識化」は起きえないのである。手話リテラシーという存在を認め積極的に活用しようとしている姿勢は、一見すれば複数形のリテラシーを認める立場を取る批判的リテラシー観をもとにしているように見えるがそうではない。なぜなら、手話リテラシーの必要性はいまだ、日本語リテラシーに貢献するという戦略的な文脈でしか注目されえないからである。批判的リテラシーは、ただ一つのリテラシーに権力を認めることはしない。現段階では手話リテラシーと日本語リテラシーという二つのリテラシーは対等ではなく、日本語リテラシーの優位が無意識の前提となっており、その構図自体がもつ不条理さには目が向けられていない。そのため、手話リテラシーについての言及を含むろう教育分野のリテラシー研究もまた、既存の日本語リテラシーの獲得を必須とする「機能的リテラシー」観にもとづいていると考えられる。

8.2.2　医学分野でのリテラシー研究

　ろう児のリテラシーについての研究は、ろう教育の分野だけでなく、身体障害という観点においてろう教育と接続し、基本的に「障害の個人（医療）

モデル」から分析を行う医学分野でも進められている。まずは、医学分野の研究事例として、『音声言語医学』(47) で特集された〈先天性難聴児に対する言語指導の 50 年の歩みとこれから〉に収められているいくつかの研究を概観する。

　井脇 (2006) は、人工内耳装用児の聴き取りについての能力である聴取能と言語発達の経過について研究している。語音聴取を評価するバッテリーである、CI-2004 のオープンセット課題のなかの「学童用日常生活文」の検査結果から、聴取明瞭度は低年齢で手術を受けた人工内耳装用児の群において経過とともに改善が見られたとする。しかし、文の意味理解についての結果は、聴覚正常児に比べて困難な傾向が見られ、語彙検査の結果も正常児に劣ることが示された。それらの結果から、人工内耳は発音を明瞭にし、一対一でのコミュニケーションが容易になるという聴覚補償の点で画期的な技術であるが、この点だけに目を奪われず、得られた聴覚を読み書きの力につなげる視点が必要だと述べている。

　斉藤・他 (2006) は、補聴器を装用する児の言語訓練の成果の検証と問題点の検討のために、先天性感音難聴児 60 名を対象に、小学校就学時の言語評価を行っている。WISC 知能検査からは、言語性 IQ が動作性 IQ と同程度までには到達しないケースが観察され、言語性 IQ が優位に低い症例が 32% あった。また、ITPA 言語学習能力診断検査の結果では「文の構成」について 46% の症例が成績不良であったこと、失語症構文検査の結果では 61% の症例が成績不良であったことが示された。対象児には、助詞や受身文の聴覚的理解が不足している症例が多く、小学校就学時点の感音難聴児には文法の正確な理解が困難な例が多数あることが示唆された。

　鈴木 (2006) は、従来のハビリテーションの成果を検証し今後を見通す目的に沿い、成人となった聴覚障害者に対して質問紙法と面接法での調査を行っている。調査対象者の多くは、統合教育（インテグレーション）を経験しており、高校卒業後の進路は進学である。調査の結果、全体の 7 割が、成人知能検査法 WAIS-R の言語性課題において標準以上であったが、6 割弱で動作性に比べて言語性が低く、本来の認知能力に見合う言語力が獲得されていないことが示唆された。また、重度聴覚障害者の例においては、その半数が言

語性課題と読書力検査の成績が低かった。そして、今後のハビリテーション
が考慮すべき点として重度例の日本語獲得があげられ、書記言語リテラシー
の重要性が指摘された。

　これら医学分野の研究からは、人工内耳や補聴器のような補聴機器の装用
がろう児の聴き取る力をどれくらい伸ばすのか、また聴き取る力と読み書き
能力の向上には関係があるのかという関心、さらに、（リ）ハビリテーション
の効果を把握し改善しようという意図が確認できる。リテラシー能力に関し
て一貫して示されているのは、聴覚障害児・者の読み書き能力は相対的に低
いという、ろう教育分野の研究と共通した結果である。また、聴覚障害児・
者の学習能力診断検査や知能検査のスコアに対する評価は、標準値との比較
で「低い」・「不良」・「劣る」と表現され、読み書きの力を高めなければなら
ないとする方向に結論が導かれる傾向からは、言語や知能にまつわる諸検査
の標準を下回ることに対しての否定的な認識が読み取れ、「聴覚正常児・者」
の読み書き能力の水準に近づくことが暗に要求されていることがわかる。そ
して、医学分野のリテラシー研究でも、日本語リテラシーの多寡が学業や就
労、日常のコミュニケーションの質に影響するという、ろう教育分野で示さ
れる「機能的リテラシー」観と同様の考えが提示される。以下を見てみよう。

　　得られた聴覚をさらに学習の道具としての言語に活用していくような
　働きかけを個々の児に対応したスモール・ステップで行っていくことが、
　日本語の読み書き能力の獲得、すなわち学力の保障や社会参画につなが
　っていくものと思われる。さらには生きる力の獲得に人工内耳の長期的
　効果として寄与できるように、今後もバランス良い支援を図っていきた
　いと考える。[7]

　日本語によるコミュニケーションが圧倒的に優位を占める社会にあっ
て、日本語のリテラシーは学業や仕事において知的活動を担い進学や就
業を左右するばかりでなく、音声言語による疎通困難な重度例にとって
は、日常のコミュニケーション能力としても重要であることが認識され
た。重度例の半数が中学1年以下の読書力にとどまったという結果は、

重度例がリテラシーを含む日本語の言語力を確実に習得するための手法の検討が、ハビリテーションの緊急の課題であることを示している。[8]

教科学習を行ううえで、日本語の読み書きの力を獲得することは必須の条件であり、聴覚障害児の教育においては読解や作文指導の重要性が指摘されている。[9]

各論文中のこれらの記述からはやはり、現在の日本社会のなかで中心を占める日本語リテラシーを必須とする姿勢とともに、日本社会の多数者であり、日本語リテラシーを十分に操ることができる「聴覚正常児」程度にまで、「聴覚障害児」のリテラシーを近づけようとする意図が読み取れる。そして、今の社会システムでは、日本語リテラシーの獲得は、学力保障や社会参画と同義であり、進学や就業を左右する決定的な資源であるという認識が示され、日本語リテラシーの獲得に障害がある層には、（リ）ハビリテーションや言語指導を通してその障害を乗り越えさせようとすること、つまりエンパワメントすることがめざされる。このように医学分野のリテラシー研究もまた、既存社会のリテラシーを唯一のリテラシーとして認識する「機能的リテラシー」観に裏打ちされており[10]、ろう教育分野の研究群と同様に、人として充足した生活を送るためには日本語リテラシーの獲得が必須とされる社会のあり様に対しての疑問は提示されない。

8.3　ろう児のリテラシー研究に見られるリテラシー観の小括

ろう児のリテラシー研究の動向を大局的に捉えれば、ここまで見てきたように「機能的リテラシー」に傾倒していることがわかるだろう。ろう教育分野におけるリテラシー研究の特徴は、彼女ら彼らの日本語リテラシー能力の発達程度を明らかにすることに加えて、語彙習得や文法理解の過程や方略が聴児と比較してどの点が同じで、どの点で異なっているのかを明確にし、ろう児の日本語リテラシーの向上につなげようとする点にある。そこでは、社会参画の必須条件として日本語リテラシーを捉える考え方が見られ、既存社

会のリテラシーと知を当然視する機能的リテラシー観が確認された。一方で、手話言語によるメタ言語知識の活用を「批判的読み」として推進しようとする動向も確認できた。しかし、手話言語の知識を活用する批判的読みというものは、現実世界の読み取りによる変革を促すような Freire の言うところの「批判的リテラシー」とはつながっておらず、また、手話リテラシーへの言及も最終的には日本語リテラシーの獲得に貢献するという文脈で展開されているため、そこで見られるリテラシー観もまた「機能的リテラシー」の範疇にあった。

　医学分野のリテラシー研究では、ろう児の聴覚を通した音声日本語の刺激と日本語リテラシーとの関係を究明しようとする特徴があげられる。特に、補聴器や人工内耳の装用によって得られた聴取能が日本語リテラシーをどれくらい高めるのかという視点や、日本語リテラシーの習得度合いを聴力の程度や補聴機器の種類や装用時期などの変数から調査するという傾向が見いだせた。そして、医学分野のリテラシー研究においても、日本語リテラシーの多寡が学力や就労、生活全般に影響するという既存の社会がもつリテラシーシステムを受け入れたうえで、その枠組みのなかで「機能的」に生きるために読み書き能力を高めることがめざされており、この分野の研究群も機能的リテラシーにもとづいていることがわかった。

　このように、ろう教育分野と医学分野で進められているリテラシー研究はともに機能的リテラシー観を基盤にしている。おそらく、ろう教育に関係している研究者や教員、医療関係者たちの多くは、今の日本社会で、ろう児が日本語のリテラシーなしに生きていくことが難しいという想定を共有している。だからこそ、日本語リテラシーを可能な限り身につけさせることで、そのような困難からろう児を遠ざけたいという意識が働き、ろう児のリテラシー研究においては読み書き能力の向上と親和性の高い「機能的リテラシー」観をもとにした調査が行われてきたのであろう。それらの研究結果が実際の指導に活かされ、日本語リテラシーを高めることに成功し、より充足した生活を送っているろう児も少なからずいるだろう。しかし、そこで身につけることが期待される日本語リテラシーのレベルにまでは到達できないろう児も一方では多く存在している。なぜ、期待される日本語リテラシーレベルにま

でたどり着けないろう児がいるのだろうか。次に、ろう児たちに到達することが求められている日本語リテラシーのレベルについて考えてみたい。そのため次節では、ろう児の日本語リテラシーの程度を測定するために、ろう児のリテラシー研究で頻繁に活用される言語検査や知能検査に着目する。

8.4　「健常者」基準の諸検査がもつ問題

　ろう児にとって日本語リテラシーの獲得が容易でないことは繰り返し述べられている。早期に補聴器を装用しているろう児も、人工内耳を装用することでより聞き取れるようになったろう児も、各種の言語検査や知能検査で成績不良とされるケースは少なくない。そのため、これまでに聴覚口話法の適応や日本語対応手話の導入、手話言語の活用、自然法・構成法による指導のメリット・デメリットなどが、ろう児のリテラシーを高めるために議論されてきた。しかしここでは、ろう児のリテラシーを高めるための各手法の効果や是非についてではなく、検査のあり方そのものについて分析することで、なぜ諸検査でろう児の成績が低く評価されるのかを考えたい。このような意図のもと、諸検査が開発される際の標準化作業の過程や、聴覚障害児との比較用に作成される「聴児」データ用被験者の選抜過程に注目し、それらの検査がどのような対象者をサンプルとして選択しながら標準検査として成立しているのかについて述べてみたい。

　結論から言って、ろう児の言語能力や知的能力を評価しようとする場合に使用される検査は、ろう児用に開発されたものではない。我妻（2011）が言うように、「聴覚障害児を対象に標準化された語彙検査や読解能力検査などがないので、健聴児で標準化され、健聴児を対象に作られた市販のものを使うことになる」[11]のである。我妻は、全国のろう学校が共通して使用している言語テストはないとしながらも、使用率が高いものとして、幼稚部では「PVT（絵画語い発達検査）」が全国幼稚部の約4割、小学部では「教研式全国標準読書力診断検査」が全国小学部の約4割、中学部では「標準読書力診断検査」が全国中学部の約5割で使用されていることなどを記しており、ろう学校の多くが「健聴児」向けの言語テストを取り入れ、活用してい

る現状がわかる。また、滝沢（2008）は、ろう学校（北海道ないの7校）、身体障害者更生相談所、精神病院を対象に行なった調査から、ろう学校がろう児に対して実施することが多い言語検査として、読書力検査、絵画語彙検査、WISC-Ⅲなどをあげ、身体障害者更生相談所で成人ろう者に使用される検査としてWAIS-R知能検査や、田中ビネー式知能検査などをあげている。さらに、最近では、日本女子大学が作成した言語検査であるJ.COSSの使用が、いくつかのろう学校で見られる[12]。以下では、これら言語検査や知能検査がその問題作成にあたって行う標準化作業の対象者や、「聴児」データ作成時の対象者についての記述から、言語検査や知能検査の想定する「基準」から「障害者」たちが排除されていることを確認する。

8.4.1　J.COSS 言語検査の標準化対象者／ ALADJIN の「聴児」データ対象者

「PVT（絵画語い発達検査）」や「ITPA 言語学習能力診断検査」など、ろう学校で使用される言語検査や言語テストは、ろう児用に開発されたものではないことはすでに指摘されている[13]。近年、ろう児の日本語力の実態把握のために新たに活用されるようになった言語検査がある。それが、J.COSSである[14]。J.COSS は、英語母語話者の文法の発達段階を捉えるための検査であるTROG（Test for Reception of Grammar）をもとにして作られた言語検査である。宇野・他（1999）は、日本語の言語発達過程を幼児、成人、高齢者の範囲にわたって解明することを一つの目的とし、TROG の日本語版を作成した。この日本語版 TROG に当たる J.COSS の検証に際して、合計729名の被検児が東京都及び神奈川県ないの幼稚園2園と、東京都及び北海道ないの小学校2校から選ばれた。ただし、対象者の条件として「4歳から12歳までの日本語母語話者」という基準が設けられ、以下に該当するものは対象から除外された。

①現在スピーチセラピーを受けている児童
②聴覚的、視覚的、身体的ハンディキャップを持ち、教室内で特別の配慮が払われている児童
③学習障害をもつ児童

④両親のどちらもが日本語母語話者ではない児童

⑤同居の家族が日本語以外の他国語を話す児童

⑥過去3年間に6ヶ月以上日本語を話さない国に住んでいた児童

　①〜③の条件によって、身体的または知的に「障害」のある子どもたちや、言語の運用に「障害」がある子どもたちが除外されている。そして④〜⑥の条件からは、両親がニューカマーの子どもや、国際結婚家庭の子ども、家族の誰かが日本語以外の言語を話す家庭の子ども、さらに海外勤務する親の事情などで一定期間外国に滞在していた子どもなどが除かれることになる。言いかえれば、対象となる条件とは、身体的にも知的にも、言語の運用面でも「障害」がなく、かつ家族メンバーに「外国人」がいない、日本在住の日本語を第一言語とする子どもと限られることになる。このようにして検証されたJ.COSSの第一版は、修正され、翌年には第二版としてさらなる標準化作業を行っているが、ここでも「言語能力の健常な日本語の母語話者1,350人」がその対象者とされている[15]。

　次に、ALADJINについても見てみたい。ALADJINとは、既存の言語テストを一つのパッケージとして編成しなおした、聴覚障害児の日本語言語発達を分析するツール[16]である。杉下・他（2012）は、このALADJINパッケージを聴児に対して行い、聴覚障害児の言語発達を考えるうえでの基礎データとして聴児の参考値データを作成している。この際、対象とする聴児を、全国の都および県の幼稚園・保育園の年長児113名、通常学級に在籍する小学生301名を対象として選択している。しかし、ここでも対象となる「聴児」から「障害者」が取り除かれることになる。小学生のうち、「通常学級」に在籍する児という条件は、特別支援学級に在籍している小学生を除くという意味でもある。「聴覚障害児」とされるろう児を除いても特別支援学級には、発達障害児たちを含む知的障害児たちや、肢体不自由児、視覚障害児たちが在籍していることになるが、彼女ら彼らは聞こえていても聴児参考値の対象者とは見なされない。さらに、以下の基準に該当するものは、「聴児」であっても聴児参考値を作成するための標準化対象者から除外されている[17]。

①年長児は既往歴に発達障害や運動障害の診断を受けたことのある児
②小学生は同時に実施したレーヴン色彩マトリックス検査（RCPM）と小学生の読み書きスクリーニング検査（STRAW）の得点が平均 -2SD 以下の児童

「発達障害や運動障害の診断を受けた」ことのある幼稚園・保育園の年長児は聴児であっても参考値の対象にならない（①）。小学校の通常学級に在籍する聴児についても追加の条件（②）によって、障害のある聴児は取り除かれる。レーヴン色彩マトリックス検査（RCPM）とは、知的発達障害スクリーニング検査であり、小学生の読み書きスクリーニング検査（STRAW）とは、読み書き障害の可能性が考えられる子どもを発見するスクリーニング検査である。ここから言えるのは、参考値とし収集された「聴児」のデータは、実際にはすべての能力面で定型発達である「健常児」を意味しているに過ぎないということであろう。このことから、ろう児を対象に実施し活用されている、J.COSS や ALADJIN といった言語検査が形作る「基準」や「標準」とは、結局のところ「聴児」であり、かつ知的制約や身体障害がともなわない「健常児」の平均値であることがわかるだろう。さらに言えば、「健常児」のうち、日本語を第一言語としないものも取り除かれるケースがあるため、「日本語を第一言語とする健常児」という注釈をつけなければならない。

8.4.2　田中ビネー知能検査・K-ABC・WISC の標準化対象者

知能検査は言語検査も含むものであるが、言語性だけでなく動作性などの能力もはかろうとするより広範な検査である。ろう学校では、一つの知能検査全体を実施することもあれば、そのなかの言語能力に関する項目だけを行う場合もある。複数ある知能検査のなかでも、ビネー式の知能検査は日本でも古くから知られている。これまで日本版のビネー検査は複数作られてきたが、田中ビネーの考案者である田中寛一は、検査を標準化するにあたり、対象者の選び方について以下のように述べている。

代表トナルベキ被験者ハナルベク特殊ナ素質的、環境的條件ヲ有シナ

イモノヲ選ブコトニ力メナケレバナラナイ。シカシ、實際ニオイテハ、
スベテノ條件が所期ノ目的ニ合スルモノハアリ得ナイカラ、ソノ調査研
究ノ主目的、例ヘバ智能指數ノ一般的配分狀態ガ比較的正常ナルモノデ
アレバ、ソノ他ノ條件、例ヘバ環境的ナモノハ、多少不十分デモソレデ
滿足シナケレバラナイ。[18]（原文ママ）

　田中は標準化作業に際して必要な被験者とは、知能指数において比較的正
常であることが他の条件よりも優先されるとし、知能指数において「異常」
のあるものを除外している。また、田中ビネーより以前に考案されていた鈴
木ビネーは、大阪市の子どもたち、3,814人を対象に標準化されている。鈴木
ビネーは、標準化対象者の数が多いことで知られてもいるが、それでも当時
は就学免除の対象となっていた「障害児」までを含めようとする姿勢ではない。

　　　以上四校はその通學區域（通學區域は地方的に定まつて居る）に生存
　　する其の年齢時代の兒童の殆ど全部と見做して差支へがない。何となれ
　　ば義務教育の學校であるから、其の區域内に生存して居る兒童の全部は
　　其の學校に通學して居るのである。唯若干洩れて居るものもあるが、そ
　　れは極く貧困の爲又は極度の低能或は白痴であつて義務を免除せられて
　　居るもの、其の他事情あつて通學區域外の學校に出て居るもの等である
　　から、これは極めて少數と見ることが出来る。（但し中心部では極く少數
　　であるが周圍部の學校では幾分數が殖える事は事實である、併し大體か
　　ら言ふときは極少數といつてよい）[19]

　このように、鈴木ビネーや田中ビネーのような日本で古くから開発され、
実施されている知能検査においては、「正常」な知的能力をもつものだけが
標準化の対象となっていた。同様の事情は、WISC知能検査でもあるようだ。
児玉・品川（1963）では、日本版のWISCを開発するためにサンプルとした
標準化対象者を以下のように記している。

　　　東京都内の学校をえらんで、それから、各小学校ごとに1年から6年

まで、各学年男子5名、女子5名、計60名、また中学校では、各学年ごとに、男子10名、女子10名、計60名ずつそして各年齢段階ごとに約100名ずつを獲得することにした。なお各学校にお願いして、学年ごとに、だいたい上位知能者、中位知能者、下位知能者と判定せられている子どもたちを代表するように、60名のなかをおおかた3分の1ずつに分けて選定していただいた。[20]

　以降の記述では、「異常児」や「精神薄弱児」という用語が見られ、それらの用語が「障害児」を意味していると考えられるため、上記引用文にある「下位知能者」は「障害児」のことではないとわかる。やはり、ここでも「障害児」は標準化の対象にはならない。

　しかし、鈴木ビネーや田中ビネー、日本版のWISCが開発された時代は、「障害児」の就学義務さえないがしろにされるような時期でもあった。知能検査の開発者たちの意識のなかに「障害者」が存在していなかったのは、時局による側面もあるだろうが、現在では、長く就学免除とされていた知的障害児も含め、すべての「障害児」が就学義務を果たしており事情は異なる。知能検査は時代が進むにつれて改編されるのが通常であるが、より近年の知能検査の標準化作業には変化が見られるのだろうか。この点を確認するため、Kaufmanが1983年に開発した知能検査、K-ABC（Kaufman Assessment Battery for Children）の日本語版作成の試みについて見てみたい。Kaufman and Kamphaus（1984）によれば、原版である英語版検査の標準化作業に用いられたサンプルは4,000人を越え、そのなかには障害児が含まれている。その後、日本でも、このK-ABCの日本語版を作成・標準化し活用しようとする山中・他（1990）や、小野・他（1994）のような研究が進められる。しかし、日本の幼児への適応をはかるための調査である山中・他（1990）では、「この検査は学習障害児をはじめとする知能構造にアンバランスがある障害児の指導を展開していくうえで、有力な手段となりうるだけに、障害幼児に関する研究を行う前に、まず日本の非障害児に対して検査の信頼性や妥当性を検討する必要がある」[21]という考えのもと、対象とされた4歳児19名、5歳児21名、6歳児19名の計57名の幼児から障害児は除外されている。小野・

他（1994）のケースでは、それまでの日本版 K-ABC 研究より対象年齢を広げ、対象児の数を増やすことで、日本の幼児・児童の構成概念的妥当性を検討しようとする意図に沿って、5 歳 0 ヶ月から 12 歳 5 ヶ月までの幼児・児童 174 名（男女ともに 87 名）を対象にしているが、障害児を含むという記述はまだ見られない。日本の各種検査の標準化作業の対象者に障害児が含まれるようになったのは、2000 年以降であるようだ。その例として、日本版 KABC-Ⅱの制作においては以下のように、標準化作業の対象者に障害者を含める旨が示されている。

> 学校基本調査報告書（初等中等教育機関、専修学校・各種学校編及び高等教育機関編）によれば、2008 年において特別支援学校に在籍する児童・生徒の割合は、小学校が 1.21％、中学校が 1.05％であったため、各年齢群（半年刻み）において軽度の知的障害児（者）1 名を含むことを目標とした。[22]

　実際に、標準化作業の対象者 2,587 名のうち、1.6％にあたる 40 人の軽度の知的障害児（者）が含まれており、知能検査の「基準」や「標準」に「障害者」も取り込もうとする意図が見えるようになっている[23]。
　ただし、これで問題が解消されたわけではない。一つには、今回は「軽度の知的障害児（者）」が「障害者」のカテゴリーを代表するような形で、標準化作業の対象者に選出されているが、中度または重度の知的障害児（者）や、聴覚障害児（者）、視覚障害児（者）、肢体不自由児（者）の間にある、日本語リテラシーの多様さや幅は考慮されないという点がある。二つ目には、一つ目とかかわるが、「軽度の知的障害児（者）」は、中度または重度の知的障害児（者）群の人たちとの比較において、より日本語リテラシーを獲得している可能性が高い層であると推測され、実際の「障害者」群の平均よりも高いテスト結果が出ている可能性がある。
　また、残念ながら上記の引用文には誤りがあることも指摘しなくてはならない。学校基本調査報告書（平成 20 年度）のデータを確認すると、上記の「特別支援学校」は「特別支援学級」の誤りであることがわかる。障害児

に関するデータの取り扱いが不用意であることに、障害児への希薄な意識を感じざるをえないが、上記の引用文を修正することで理解できるのは、日本版 KABC-Ⅱの標準化では「特別支援学校」に在籍する「障害児」は対象外とされているということである。したがって、日本版 KABC-Ⅱの標準化対象となる「障害児（者）」の割合とは、対象年齢ないのすべての「障害児（者）」の割合を示しているのではなく、地域校の「特別支援学級」のなかにいる「障害児（者）」の割合でしかなく、しかも実際の対象者としては「軽度の知的障害児（者）」に限られている、限定的なものだと言える。さらに言えば、地域校のなかでも何らかの事情や選択の結果、「特別支援学級」ではなく通常学級に在籍する「障害児（者）」や、学校基本調査報告書（平成 20 年度）のデータでは小学校・中学校を合わせて 68,382 人（小学校 45,971 人、中学校 22,411 人）が在籍している外国人児童は標準化作業の対象者になっているのかどうか判然としないという問題もあるだろう。しかし、特別支援学校の小学部と中学部の生徒の存在を等閑視しているという問題点については、数字上は小さな誤差しか与えない。特別支援学校の小学部と中学部の生徒数を足しても、標準化作業の対象者に該当する年齢全体からすれば約 2%という少数派であり、数値上の変化はそれほどない。少数派だからこそ、少数派ないにある日本語リテラシーレベルの多様さには目を向けられないのであろうが、障害児（者）・外国人児童や成人は標準化作業の対象者として軽視されているのは問題であろう。

8.4.3 「日本語を第一言語とする健常者」という基準と、排除の領域を形成するリテラシー

　以上見てきたように、言語検査の標準化作業については、聞こえる身体をもつ「健聴者」のうち、知的にも身体的にも障害がなく、第一言語として日本語を習得しているものが対象として設定されるのが通常であり、「日本語を第一言語とする健常者」が実質的な基準とされていることがわかる。知能検査においても、開発当初は正常な知的能力をもつものだけが対象となっていた。その後、改編によって「障害者」を標準化対象者に含めるようになりつつあるが、いまだ不十分な程度でしかないことを指摘した。どちらの検

査においても、基本的に日本語を「正常」に使用できる「健常者」を対象に標準化された検査であることは間違いない。このことを裏返せば、ろう児の日本語リテラシーを評価するための基礎データとなる言語検査や知能検査の「基準」や「標準」に、「障害児」や「外国人児童」は含まれず、彼女ら彼らは「標準化」という諸検査を成り立たせる基盤作りの時点からすでに排除されることになる。

　だが、より問題だと考えられることは別にある。知能検査が「障害児」や「外国人児童」の正確な割合を対象に含めたうえで標準化されたとしても、「障害児」や「外国人児童」は依然として少数派であることに変わりはなく、標準値への影響はごく小さい。したがって、これらの諸検査では引き続き日本語リテラシーに関する項目で低い数値を示すろう児が多くなるだろう。問題となるのは、そのような非「障害児」や非「外国人児童」基準の検査結果がどのように利用されるのかにある。肯定的な面としては、各ろう児がもつ日本語リテラシーのうち、弱い部分を把握し指導に活かすことや、被検者となるろう児がもつ認知的特性にあわせた指導法を選択するために活用することが考えられる。しかし、そもそも「健常児」を対象に開発されたテストが、「健常児」と同じような言語発達をする面もあれば、異なる面もあるろう児の知識や能力を正当に評価できるかは疑問である[24]うえに、標準化テストを受けたろう児グループの点数は低いほうに集中し、本来ある個人差さえ見えなくなるという指摘もある[25]。また、「テスト結果から、どの領域の能力に問題があるかはわかるが、具体的にどのような内容をどのような方法で指導すればよいのか導き出されないのが常である」[26]ため、単にろう児の能力値を「健常児」との比較のうえで「低い」とする記録が残るだけになる危険性は捨てきれない。さらに、このことが意味しているのは、検査記録が利用される場面において、ろう児が不利益を受けてしまう可能性である。ろう児の就学に、これら諸検査の結果が反映される際の危険性について我妻は以下のような指摘をしている。

　　　筆者は以前地域の就学指導委員会の委員を務めたことがあった。その
　　際、教育措置の根拠となるデータとして標準化されたテストや検査の結

果も使われる。委員が目にするのは結果の数値であり、その数値を信じる以外ない。もし数値が子どもの能力を正当に示すものでなければ、誤った教育措置を進めることになりかねない。また、標準化されたテストや検査は学校全体で定期的に実施する場合がある。その結果はファイルに記録されるが、その後はいつ誰が何の目的で見るかわからない。[27]

　いったん数値化された記録は、どのように解釈されるかわからない。それぞれの文脈でそれぞれの立場や利害に即して解釈されることが一般的であろう。就学進学や就職のようなケースでは、データを見て決定を下す側に力があることは明白であり、「健常児」基準の諸検査という不利なテストの結果で社会的処遇が決定される場合には、ろう児は損害を受ける可能性がある。
　諸検査の結果がもちうる問題をもう一つ指摘すれば、低いテスト結果を見たろう学校の教員に、そのろう児に対する誤った印象を与えかねないという懸念がある。例えば、小学 3 年生であるろう児の語彙テスト結果が「健聴児」の小学 1 年生レベルとして現れたような場合、「こんな単語しか知らないのか」「こんな単語も知らないのか」と教員はそのろう児の知的なレベルまで低いという印象をもってしまう可能性が指摘されている[28]。このような危険性は実際に起こりえるもので、ロメイン（1997）は、心理テスト（知能テスト）の誤用によって知的障害者のクラスにマイノリティの子どもたちが目立って在籍している海外の状況について記述し[29]、ミルロイ（1988）も言語テストが同様の危険性をはらんでいることを指摘している[30]。また、ロメインもミルロイも、アメリカやイギリスで用いられる諸検査の基盤をなしているのが、多数派である中産階級のことばや知識であることを指摘しており、言語テストには「ことば」のうちどの変種を採用するのか、どの層の「知」を組み込むのかという問題も関わることがわかる。そして、「知能はおおむね個々の言語や変種に特有な文化的経験をとおして習得されたり、伝えられたりするので、どのような文化やコンテクストも背景としてもたないテストを考案することは不可能である」[31]と主張している。
　これらの指摘からすれば、結局のところ、検査やテストには、実際に存在する人々のどの層に「基準」が置かれたものなのかという設定の問題があり、

第 8 章　ろう児のリテラシー論の特徴と課題　*197*

基準として設定された層以外のグループの「評価」は低くでるのが常なのである。そして、諸検査の基準とされるのは、たいていの場合主流派や多数派を形成する層であり、少数派が基準となった検査を主流派や多数派が受けさせられ、その結果「低い」「劣る」と評価されるケースは考えにくい。このように見れば、ある特定の層の「ことば」や「知」から成り立つ検査とは主流派や多数派に有利に働く傾向が強いものであり、それを少数派にもあてがおうとする姿勢からは主流派や多数派による単一のリテラシーの押し付けという構図が生まれてしまうことになる。そして、この構図の受け入れは、既存の社会システムないで上手く生きるための術としてリテラシーを捉える「機能的リテラシー」観を強め、反対に複数形のリテラシーを認め、現実世界を変革していく「批判的リテラシー」観からは遠ざかる結果となる。

　ろう児のリテラシー研究では、言語検査や知能検査が活用されながら「機能的リテラシー」の観点から、ろう児の日本語リテラシーの程度が測定されている。諸検査による結果は総じて「低く」出るわけであるが、それは今見てきたように、諸検査の標準が「日本語を第一言語とする健常者」におかれ、「ろう児」にはおかれていないため、ある意味では当然であろう。問題はむしろ、それら諸検査が「日本語を第一言語とする健常者」によって標準化されたテストであるという事実を意識せずに、ろう児の日本語リテラシーを比較検査し、彼女ら彼らの日本語リテラシーを「低い」と評価してしまう思考様式にあるのではないだろうか。「日本語を第一言語とする健常者」をリテラシーの基準とし、その他の層にも同じリテラシーレベルを要求していく考え方は、単一のリテラシーの押し付けとなり抑圧的に作用する。日本語リテラシーをめぐるこの抑圧性がろう児に向けられ、何らかの不利益が実際に生じている時、そこにはリテラシーによる「排除の領域」が生まれていると言えるだろう。

8.5　ろう児のリテラシー研究に見られる日本語擁護の言説

　前節で、各種の諸検査は、日本語を第一言語とする、聞こえて、見えて、知的に「正常」なものが基準に据えられた検査であると述べた。ろう児のリ

テラシー研究は、「日本語を第一言語とする健常者」との比較のうえで良／不良が決定される構図になっている。したがって、端的に言ってろう児の「低い」日本語リテラシーという見解は、日本語を第一言語とする健常者の基準値との比較から見られる特徴でしかないと言える。しかし、ろう教育において、この構図はあまり意識されることなく、リテラシーのもつ「排除」の側面への認識は見られない。また、そのような見方がなされたとしても、排除された状態を脱するためにリテラシーを「機能的」なレベルにまで高めるエンパワメントの手法が基本的にとられることだろう。一方で、「日本語を第一言語とする健常者」基準の日本語やそれによる日本語リテラシーを所与とすることの問題性に気づくことや、そのような文字社会のあり方に変更を加えようというような発想が起きるかどうかは今のところ疑わしい。なぜなら、今ある日本語を所与とする考え方は、音声日本語の獲得にも力点を置く聴覚口話法の立場だけでなく、手話ということばを肯定的にとらえ、ろう教育に活用しようとする教育者においても同様に見られ、ろう教育の一般的な認識となっているからである。一例をあげてみよう。日本語リテラシーを身につけるために、手話の獲得を重要視する立場のろう学校教員である木島照夫氏もまた、求める日本語リテラシーのレベルとして「日本語を第一言語とする健常者」という意味の「聞こえる子ども」を想定している。

> 基本的に知的障害のある子どもたちの問題はちょっと別にして、（中略）私はこの7年ぐらい子どもたちの WISC という知能検査をやってきて、基本的にやっぱり動作性、いわゆる視覚・動作的な認知で、言語を必要としない認知レベルでは基本的にノーマル。したがって IQ でいえば 100 前後ですね、ほとんどの子どもたちがその範囲に入ります。そういう子どもたちは基本的に言葉を獲得する前提になっている能力は生まれつきもっている、と考えています。ですので、その子どもたちは、大雑把にいえば、10 人子どもがいるとするとそのうち 9 人ぐらいは聞こえる子どもと同じくらいの言語獲得レベルを目標にできるというふうに思います。[32]

動作性 IQ が標準的であるかぎり、言語性 IQ も標準にまで到達できるはずという考え方は、鈴木（2006）のような医学領域からの研究でも示されるものである。しかし、これまでに確認したように知能検査の標準化対象が実質的に「日本語を第一言語とする健常者」に置かれていることを考慮すれば、この現象はある意味では妥当なものだとも言える。「目が見える」ろう児にとって、視覚や動作に関する認知の力が「健常者」の「標準」に近いことは、視覚という能力域ではろう児も「健常者」も近似していることから納得がいく。「低い」言語性 IQ の結果は、「日本語を第一言語とする健常者」基準の日本語を身につけるための主要回路の一つである聴覚条件に違いがあることから生じるのであり、動作性 IQ が「標準的」な 10 人のうち 9 人までが「日本語を第一言語とする健常者」と同等の言語性 IQ 値を示すという目標は、高いハードルであると思われる。

8.5.1　日本語＝（母）国語の必要性と有効性の主張

　このように、ろう児のリテラシーへの言及では一般的に、日本語や日本語リテラシーが「日本語を第一言語とする健常者」基準であることに異議は出されない。そこには、聴覚口話派も手話肯定派も違いが見られず、ろう児「基準」のリテラシーを示そうとする研究もなされないのはなぜだろうか。この疑問に対する答えの一つは、ろう教育関係者がもつ日本語そのものに対する言語観、または、日本語リテラシーに対するリテラシー観にあるだろう。そこには、日本社会に住むかぎりろう児も日本語を身につけるべきであるという主張の影響が考えられる。

　　　日本に住んでいる限り、聴覚障害児の母国語は日本語である。「日本語の獲得を保証する」という共通の目的のもとにそれぞれで研究を深めてよりより教育プログラムを開発し、同じ地域に聴覚口話法と手話法の両方があって教育を受ける側がどちらかを自由に選べるようになるといいと願っている。[33]

　聴覚口話法や手話法という教育理念の違いを超えた前提として、日本に住

むろう児は日本語を「母国語」[34]とするのが当然だという態度は、手話言語をろう児・者の「母国語」とする余地を残さないため、日本手話話者からの批判を受けるはずである。しかし、そのような指摘がなされたとしてもなお、日本語の重要性はろう児にとっても「当たり前」のものとして変わらず言及されるだろう。それは、ろう児に日本語リテラシーを獲得させることがろう教育の使命であるという以下のような主張となって現れる。

　　ろうであることが「当たり前」の子どもに、子どもとして保障される
　　べき「当たり前」の生活と、社会で自立して生きていくために必要な
　　「当たり前」の学力を手渡すこと（そのためにはすでに述べたように書記
　　日本語の習得が不可欠である）、これがろう教育の使命であろう。[35]

　日本語こそがろう児の「母国語」であるとする理解や、ろう児に日本語リテラシーを獲得させることがろう教育の使命という考え方の背景には、日本社会で広く使用されていることばである日本語をろう児も「使えなければならない」という基盤認識があるが、この考え方はその一方で手話ということばで成しえることは限られるという認識にもつながりやすい。

　　確かに手話は、聞こえない人たちにとって、効率的で受け入れやすい
　　交信の手段である。しかし、それだけでは、聞こえない人たちがなし得
　　ることは限られている。聞こえない人たちが、社会の中で自分の願い
　　を現実のものとしていくためには、その国で使われている言葉が、読み、
　　書き、聞き、話すという領域で使えなければならない。[36]

　ここからは、日本で使われている「ことば」が日本語だけという「一国家一言語」の近代的言語観が見て取れ、韓国朝鮮語やアイヌ、沖縄のことば、手話などは、論者の意識からもれている。その社会の主流をなす層が使用していることばを重視する言語観やリテラシー観は、実際にろう児の教育を担うろう学校現場にも影響を与える。全国のろう学校長からなる、全国聾学校長会という組織がある。この全国聾学校長会の専門性充実部会は『聾学

校における専門性を高めるための教員研修用テキスト』を編集・発行している。これは、ろう学校教員が活用することを想定して作られたもので、初版は1990年である。現在は第5版（2011）まである。第5版の「言語学習の基礎となる諸条件とことばの指導」という章の冒頭にはこう記されてある。

　　将来、聴覚障害児が社会で自立して生活を営んでいくためには、日本語の習得が極めて重要な課題であると言わざるを得ない。一方、言語としての手話の使用について着目されてきているが、将来的な見通しの中で、コミュニケーション手段の活用の仕方、言語の使用などは、最終的に個々人が、それぞれに自らの判断によって決めていくべきものである。[37]

　日本社会において自立して生きるためには日本語の習得が必要という前提は、まさに言語の「必要性」の差という根拠から日本語を手話言語より上位に位置づけることを正当化する役割を果たす。そして、日本社会での自立した生活に必要な日本語、という認識が通念化されることは、日本語リテラシーに対しても同様に「必要性」を与える。そのため、リテラシーに対する以下のような認識が枕詞のように頻出する。

　　書記リテラシー（literacy：読み書き能力、書記言語能力）については、いまだ聾学校高等部卒業時に小学校3〜4年生レベルといった研究結果が報告されている。書記リテラシーは、効果的に社会に参加するために必要な技能として、成人期の職業選択や社会的生活に影響を及ぼし、聴覚障害者において解決すべき基本的な課題と認識されている。[38]

　「効果的に社会に参加するために必要」と規定される日本語リテラシーの獲得はまた、社会のなかで何らかの情報を得るためにも有効な方法として認識される。つまり、日本社会のなかで自立して生きるうえで、日本語リテラシーは必要なだけではなく「有効」なリテラシーでもあると理解される。

　　文字は、音声や手話と異なり、時間的経過を経ても残るものである。ま

た、時間や空間を超えて、過去の事象や思想、異国の状況等を理解することのできる貴重な手だてである。聴覚障害の子どもにとっては、読むことが特に貴重でかつ有効な方法であることに気付かせたいものである。[39]

　ここまで見たように、日本社会のなかで広く流通している日本語とそのリテラシーは日々の生活上も進学や就労の面でも「有効」であるため、それを学ぶ「必要」があるとする主張は強く、一方で手話ということばのもつ有効性は限られると認識されてもいる。このように現状の日本語や日本語リテラシーの重要性が述べられるのだが、その基準とは常に「日本語を第一言語とする健常者」にある。このことは、日本語リテラシーの基準がろう児が実際に使用する日本語リテラシーの平均に置かれることは決してないことからもわかる。自立して生きるために「有効」であるべき日本語リテラシーとは、一部のろう児にとっては難しいものであり、「有効」なリテラシーとして機能しきれていない現状がある。今ある日本語リテラシーは、非「日本語を第一言語とする健常者」には必ずしも「有効」とはなり得ないにもかかわらず、「必要」だという主張がなされているのである。

8.5.2 「正しく、美しい」日本語像と「国語」の成立

　日本語や日本語リテラシーの「必要性」「有効性」という主張以外にも、今ある日本語の価値の再強化に関係している要因がある。それは、以下のように日本語の伝統や美しさを重んじ、今ある日本語の「正しさ」や「美しさ」を保持することに重きを置く論述となってあらわれる。

　　健聴児は日常会話のなかで未分化な言語表現が訂正され、洗練され、日本人話者が共通に持つ語感へと近づいていく。学校教育では日本語の扱いには常に神経を使いたいところ。私たちは一生かかって美しい日本語の使い手になっていくと考えておくのがいいのではないか。[40]

　　学習者が話しことばの背景に連綿として受け継がれている「正しく、美しい」日本語の感性を磨き、日本語で思考し、日本語を読み、日本語

で表現する力を学校時代にできるだけ高めておくことは聴覚障害児教育
において（だけではなく、普通校の教育においても）最大の関心事であ
る。（中略）教員が日本語としっかり向き合うための点検は、日本人が日
本語に宿った命を殺さないためにも重要なことである。筆者は、言語現
象は心のありかの表現とみている。美しい心から美しい日本語が生まれ
る。（中略）日本語使用に歪みがみられるとするなら、それは使用者のそ
のときの心が歪んでいるということであもある。[41]

　「正しい」「美しい」とされる標準的日本語をろう児にも求める姿勢がろう
教育関係者のなかには見られるようである。そもそもろう教育は、標準的日
本語、言いかえれば「国語」への欲求が強い。ろう教育黎明期は、近代化を
めざす明治期の日本が言文一致を推進した時期と重なっており、この頃の主
要なろう教育界の指導者たちには、国字国語問題とゆかりのあるものたちが
多い。台湾総督府学務部長も努めた伊沢修二は『視話法』からも読み取れる
ように、統一された音を標準音としてもつ「国語」を構想し、国内や台湾
で論を展開した。また、小西信八や石川倉次はもともとかな文字論者であり、
特に小西は、帝国教育会国字改良部のメンバーとして表音主義の立場から言
文一致を主張している[42]。強力な口話主義者である川本宇之介（東京聾唖学
校長）、西川吉之助（滋賀県立聾話学校長）、橋村徳一（名古屋市立盲唖学校長）
らや、国語学者石黒修[43]の弟である石黒晶（石川県立聾学校長のほか、東京、
大阪、石川、青森でろう学校教員を務めた）は、上田萬年、金田一京助、佐久
間鼎、保科孝一ら「国語」の形成に影響を及ぼした国語学者らとともに日本
音声学協会を設立している[44]。「国語」は、日本が近代国家をめざす過程で
すべての人が「国民」となるための規範として作用するものであり、ろう教
育の歴史と「国語」の強い結びつきからすれば、今でも「国語」と同義の日
本語の「正しさ」や「美しさ」という規範を支持する主張がろう教育関係者
に見られることは理解可能だろう[45]。
　「正しく、美しい」日本語とは、「時代や世代や地域の差を超えて『よく通
ずる』日本語ということ」[46]と理解されているようであるが、正統な日本語
が変化せず、時代や世代や地域差を超えて伝統的に保持されてきたという考

えが疑わしいのは、50年程前の書物のかなづかいを見ればすぐにわかる。また、国語の「正しさ」や日本語の「美しさ」とは歴史的に見て、自然に存在してきたものではないことは明らかであり、むしろ、明治期から始まる国字国語論争や言文一致に代表されるように、言語政策という人為的な言語現象の操作のなかで形作られたものである[47]、ということを忘れてしまうのはなぜか。おそらくそれは、ろう教育関係者がおしなべて「識字者」であることが関係しているだろう。だからこそ、ろう教育において手話を否定する立場か肯定する立場かにかかわらず、日本社会のなかで「有効」である日本語リテラシーの「必要性」は語られることになる。

8.6 「識字者」=「強者」の論理

このような思考は、ろう教育にたずさわる聴者教員だけでなく、ろう教員にも同様に当てはまるかも知れない。ろう教員はろう者のなかでの「識字者」でもあり、「日本語を第一言語とする健常者」というレベルに到達している層である。このことから言えるのは、聴者教員、ろう教員を問わず、ろう教育関係者は大抵の場合「識字者」であり、「日本語を第一言語とする健常者」基準のリテラシーを念頭に運営される日本語社会のなかである程度の恩恵を受けている立ち位置にあるという共通点である。ここで、前章で確認した山下（2009）の指摘を思い出すならば、ろう教育関係者が「日本語を第一言語とする健常者」基準のリテラシーを念頭に運営される日本語社会を自明視する背景には、「研究者が『強者』の立場に身を置き、『弱者』や『敗者』の立場に身をおくことがあまりない、という事情もあった」[48]のであろう。ろう教育関係者が「識字者」という、社会のなかの強者に属するがゆえの影響が考えられる。また、ろう当事者であるろう教員も同様に、ろう者のなかの「識字者」という視点からは強者に属すると言えるかもしれない。筆者自身の経験では、ろう教員から「ろう児に日本語のリテラシーを十分に身につけさせないということは、社会の底辺で生きろと言っているようなものだ。」という意見を聞かせてもらったことがある。日本語リテラシーの「不足」が与える社会的損害を肌で知り、相当な努力のうえ獲得した「標準」以上の日

本語リテラシーを資源に教員という社会的地位を得たろう教員たちにとっては経験のうえでも正当化される主張であろうと思う。

8.6.1　書記手話の軽視とリテラシー間の格差

　他方、日本のろう教育関係者のうち手話を肯定することを積極的に求める人たちの間でさえ、ろう教育で重要視される「書記日本語」にではなく「書記手話」に必要性を感じ、ろう児に習得させようとする集団はない[49]。そこには、話しことばとしての「手話リテラシー」の必要性が、日本語リテラシーの獲得を促進するものとして主張されるように、日本語リテラシー（書記日本語）の獲得が優先事項とされるろう教育の土壌の影響がある。「書記手話」も日本語リテラシーの獲得に貢献するという「利益」なしには、ろう教育に取り入れる必要性すら見あたらないということだろう。「書記手話」が開発されたとしても、「書記手話」の学習が日本語リテラシーにつながり、社会的地位の上昇に結びつくような「利益」があると証明されなければ、それを求める運動はろう児・者自身からも起きないと思われる。なぜなら、日本社会のなかの「有効」な資源である日本語リテラシーこそ、ろう児・者の社会参画を援助するという意識が「識字者」一般にはあると考えられるからである[50]。

8.6.2　見えにくい「識字者」の優位性

　日本語リテラシーが社会一般的に期待される程度には発達していないろう児が受ける社会的損害を軽減するために、日本語や日本語リテラシーのより良い教授法を開発し、実践することの熱意や善意は否定されるものではない。しかし、ろう児の社会参画のために、「日本語を第一言語とする健常者」基準のリテラシーによって運営される社会を暗黙のうちに受け入れてしまう姿勢には問題がある。社会一般的に期待される程度の日本語リテラシーの達成がなされないのは、ろう教育の怠慢だとする論理は、現場の教員を突き動かす効果はあるにしても、他方では今ある言語状況や言語階層を固定化し再強化することに寄与してしまう危険性もはらむ。ろう教員、聴者教員を問わず、今の基準にもとづくリテラシーをおおむね獲得している「識字者」であるろう教育関係者は、「日本語を第一言語とする健常者」基準を所与の前提とする傾向があるのだろう。もちろん、以下のように様々な日本語レベル、日本

語リテラシーレベルのろう児が存在することや、彼女ら彼らへの配慮が必要だとする意見も皆無ではない。

> 一方、聴覚障害児は日本語能力の習得に多くの困難をもってはいるが、彼らはそれぞれの発達の時点で獲得した日本語を駆使して、知識を学び、日常生活を有意義に過ごしている。したがって、彼らが健聴児と同一とはいえない日本語を用いていることも理解し、健聴児に対するものとは異なる、特別な配慮を常に心がけなければならない。彼らの日本語の向上のための指導をするのと同時に、彼らが積極的に日本語を使っていけるよう、心理的な支援を含めた環境的な理解を推し進める必要がある。[51]

「健聴児」基準に満たないレベルのろう児の日本語使用にも理解を示し配慮を心がけようという主張である。しかし、ろう児のリテラシー実態を意識したこのような意見においても、ろう児は配慮される側に固定され、同時に「識字者」側には理解を求める段階にとどまっている。したがって、「日本語を第一言語とする健常者」基準の日本語や日本語リテラシーのあり方自体への批判的な思考までには踏み込まれず、「識字者」は社会的「強者」の地位を担保されたままである。山下（2009）の指摘にならえば、ろう児が「日本語を第一言語とする健常者」基準のリテラシーを獲得することをプラスとする、ということは、マジョリティである「識字者」（聴者、ろう者を問わない）にとって、つまり強者にとってのプラス、という評価なのだと言えるだろう。ろう教育関係者も強者に属しており、無意識にも強者の論理の代弁者となっているという構図がないとは言いがたい。

ろう教育関係者の日本語や日本語リテラシーに対する言語観やリテラシー観には、現在の言語状況やリテラシー状況を自然なものとする考えがあるように思われる。また、今ある日本語が歴史的に脈々と受け継がれてきたものであるという認識も垣間見られる。そもそも、ろう教育の始まり自体が明治初期であり、ろう教育は近代による産物でもある。そして、近代が「国語」を生み出し、「国語」によって国民を統一しようとしたこと、ろう教育も「国語」やその書記体のリテラシーをろう児に与えることで、ろう児を「無用」

なものから国民に格上げしようとした経緯からすれば、「国語」や日本語リテラシーを身につけることによってろう児も社会参画できるという一種の希望が、ろう教育関係者とろう児やその保護者のモチベーションともなり、学習効果を高める役割を果たした側面もあるだろう。それらを獲得することによって、日本社会のなかで回避できる損害があるのは事実であり、現場教員の筆者もそのことはよくわかる。しかし、ろう教育は今のところ、すべてのろう児に対し、日本語を第一言語とするモノリンガルと同等の日本語リテラシーを身につけさせることはできてはいない。また、聞こえない・聞こえにくい条件と、知的な制約をあわせもつ重複児たちも含め、今後もすべてのろう児に聴児なみの日本語リテラシーを身につけさせることは実際に可能なのだろうか。

8.7 「機能的リテラシー」観の乗り越えにむけて

　これまでのろう教育は「機能的リテラシー」観を基盤とした研究を推進してきた。日本社会で充足した生活を送ることが可能になる程度、つまり社会のなかで「機能的」に読み書きできるレベルをめざしてきた。しかし、各種の言語検査や知能検査の分析からは「機能的」とされる到達点の実際とは「日本語を第一言語とする健常者」が基準となっている側面があることも見えてきた。そのため、到達することが期待されるリテラシーレベルは、非「日本語を第一言語とする健常者」であるろう児・者の多くにとっては到達困難な程度になってしまっている。それでも、「日本語を第一言語とする健常者」基準である現状の日本語や日本語リテラシーのあり方が疑問視されず、むしろ維持され強化・再強化される背景には、日本社会で自立した生活を送るためには今ある日本語や日本語リテラシーが「有効」であり、その獲得が「必要」とされる主張や認識が強いことがあげられた。このような構図のなか、「日本語を第一言語とする健常者」基準の日本語リテラシーを習得している「識字者」側の優位性や立ち位置についてはあまり考察されることのないまま、結局はろう児の側が実際の世界で日本語や日本語リテラシーによる不利益を受けないよう、自分自身のリテラシー能力の向上をはかるように教

育されてきた。それは一種の自己防衛的な発想なのかもしれない。

8.7.1　言語現象の個人モデルによる同化主義

　しかし、「機能的リテラシー」観にもとづき、ろう児の日本語リテラシーをできる限り高めることで実際に起こりえる不利益から逃れるという発想は、かどや（2012）が指摘したように言語現象を「個人（医療）モデル」から理解するものである。「個人（医療）モデル」から言語現象を捉える視点からは、日本語リテラシーの不足による生きにくさを個人ないの問題とする見方が生まれ、「低い」日本語リテラシーの責任を個人のものとする論理が導かれる可能性がある。そこには、すべての人が日本語リテラシーを習得できるはずという想定があるのかも知れないが、実際には、すでに多言語社会である日本においてすべての人が「日本語を第一言語とする健常者」基準の日本語リテラシーを身につけているわけではない。ろう児・者や障害者、外国籍居住者、非識字者などは、日本語リテラシーを学んだとしても、身体条件の違いや年齢などの要因から「機能的」に生活するために求められるレベルには到達しないケースも少なくない。しかし、「日本語を第一言語とする健常者」基準の日本語リテラシーを獲得していることが基礎条件として設計、運営される日本社会のなかでは、そのような人たちの存在自体が見えなくされている。

　リテラシーの基準を歴史的に眺めれば、その基準自体が時代とともに変わっていることが指摘されている[52]と前章ですでに確認した。すなわち、リテラシーの基準は一定ではなく、人々の読み書き能力が高まれば高まるほど、社会的に要請されるリテラシーの基準も上昇していくのである。そのようにして、すべての人にとって獲得可能ではないレベルにリテラシーの基準が置かれるため、そこからはみ出す人たちが必然的に出現することになる。その社会が要請するリテラシーの基準を超えているものはより生き抜くことが容易であり、リテラシーの基準を超えないものは、教育や教養が不足しているというような不完全な見方を強いられる立場に置かれる。砂野（2012）は、リテラシーのこのような側面を「排除の領域を形成するリテラシー」としたのであるが、ろう児に対する日本語リテラシーもまた、「健常者」基準のリテラシーであり、その基準に達することができないものたちの進路や就職に

第 8 章　ろう児のリテラシー論の特徴と課題　209

負の影響を与え、社会参画を阻害する作用があるゆえに、排除の領域を形成していると言えるだろう。このような「排除」が起こってしまうのはなぜか。要因の一つとして考えられるのはやはり、リテラシーの問題を「個人（医療）モデル」で捉える認識のあり方であろう。つまり、「機能的」レベルにまで日本語リテラシーを高められないのは、個人の責任とする見方であり、日本語リテラシーの「機能的」レベルを「日本語を第一言語とする健常者」基準として疑わない姿勢である。

　「日本語を第一言語とする健常者」基準の日本語リテラシーをもたないことが現実社会のなかで致命的に作用し、進学や就職の壁となり、経済的な打撃を受けることや、社会参画を阻む過酷な現状があることは事実である。そして、それによって被害を受けているろう児・者がいることもまた現実である。だから、彼女ら彼らをエンパワメントし、日本語リテラシーを高めていくという施策がとられ、各所で推進されている。そこでは、これまでろう教育が積み重ねてきた、「機能的リテラシー」観を基盤としたリテラシー研究の知見が活かされ、効果を発揮しているだろう。そして、それによって「識字者」となり社会参画を果たすことができるようになった人たちも存在するのは確かである。しかし、ここには「識字者」という理想像にろう児をできるかぎり近づけようとする同化主義的性格が必然的に付随することになる。ろう教育には、ろう児を聴児に同化させようとし、ろう者の手話を否定し、読話や発声のみを強いる口話法を強制してきたという反省点がある。これは、聞こえない・聞こえにくいことをマイナスと捉える観点によってもいるが、一方では、口話ができないことで、社会から相手にもされないという時代において彼女ら彼らが受ける人権侵害を避けるための方策でもあった。しかし、後の時代から見れば、口話法の強制という対策で人権侵害による被害を避けようとする手法は、聞こえることを上位に位置づけた同化主義であるがゆえに、すべてのろう児が救われるものではないことがはっきりしている。同様に「日本語を第一言語とする健常者」を日本語リテラシーの基準とすることを自明視してしまう限り、そこまで到達しない、同化が達成できないろう児は必然的に出てくるのであり、そこには、「識字者」を上位に位置づける同化主義ゆえの欠点が存在することになる。

8.7.2　言語現象の社会モデルがもつ可能性

　ろう教育が、すべてのろう児の社会参画をめざすのであれば、「識字化」というエンパワメントは根本的な解決とはなりにくく、筆者は、「日本語を第一言語とする健常者」基準に到達可能な一部のろう児集団からは漏れてしまうろう児にとっても生きにくくない社会のあり方をめざしたいと思っている。そのためには、今ある「ことば」に人を合わせていく方向性ではなく、人に「ことば」を合わせていく道を探ることが肝要であり、そこで指針となるのが、前章で検討したように、言語現象を社会モデルでとらえることによって実行可能になる、情報やことばの「ユニバーサルデザイン」理論にあるだろう。ある人が「ことば」や「リテラシー」において社会的な不利益を負っている場合、それは個人の責任ではなく、そのような人への対応に「障害」のある社会側の問題として見る考え方が「言語現象の社会モデル」である。この社会モデルの考えを具現化するのが、情報やことばのユニバーサルデザインであり、たった一つの規範化された日本語リテラシーに絶対的価値を置くことをやめ、点字文、かな文字文、ローマ字文、漢字にルビをふってある文など、実際に使用されている複数のことばの形態も認めていきながら、日本社会の文字規範を変容させる姿勢がより多くのろう児の生きやすさにつながると考えている。

　問題の本質的解決にはやはり、「日本語を第一言語とする健常者」を日本語リテラシーの基準とすることがもつ社会構造的な不備を明らかにしつつ、同時に「言語現象の社会モデル」の視点から、「日本語を第一言語とする健常者」自身が自身の言語規範や文字規範をアンエンパワメントしていく作業が必要ではないだろうか。そうでない限り、エンパワメントによって社会的上昇を果たすことができる能力をもつろう児だけが「日本語を第一言語とする健常者」と同等になれ、その他のものは社会的排除を受け入れるしかなくなり、同時に社会的に主導権を握っている「日本語を第一言語とする健常者」層は当たり前の存在として維持されることになる。エンパワメントによって社会的上昇をめざす手法は、差別現象を扱う研究では「キャッチアップ戦略」

として知られ、この戦略が根本的な問題を解決しないということはすでにわかっている[53]。したがって、ろう教育は、「日本語を第一言語とする健常者」基準の日本語リテラシーが不足することによって現実に起こっている今ある問題を回避するために、ろう児のエンパワメントを進めながらも、長期的には多数派のアンエンパワメントも促すような方向に進んでいく必要があると考えられ、そうすることが「機能的リテラシー」観の乗り越えにつながっていくだろう。

このような構想は決して実現不可能なものではない。布尾（2015）から一例を見てみよう。2008 年に始まった経済連携協定（EPA）にもとづいて、日本は看護師・介護福祉士候補者をインドネシアやフィリピン、ベトナムから受け入れた。当初、資格取得のための国家試験は、候補者も日本人受験者と同じ試験を受けさせることになっており、結果として、難解な日本語で書かれている国家試験の合格者数は低迷した。そこで、厚生労働省開催の検討会での議論や、日本語教育学会のワーキンググループが提言をまとめるなどし、候補者に対する国家試験の日本語が見直されるに至った。内容としては、問題文の日本語をわかりやすくする、すべての漢字にルビをふるなどである。この事例は、インドネシアやフィリピン、ベトナム人候補者の言語状況に配慮し対応したという意味で、人に「ことば」の形を合わせた実例であり、ユニバーサルデザインの一事例として特筆すべきであり、ろう教育を始め、他の隣接領域にとっての前例となる可能性がある。

8.8　まとめ

本章では、ろう教育のリテラシー研究が機能的リテラシー観に偏っていること、その結果、リテラシー研究の動向が「排除の領域」を形成している可能性があることを確認してきた。そこでは、「日本語を第一言語とする健常者」を基準に作成された諸検査の結果、ろう児がもつリテラシーの程度が低くあらわれることの問題性や、ろう教員も含めたろう教育関係者が「識字者」という「強者」の立場にあることによる問題を指摘した。本章は、「日本語を第一言語とする健常者」と同等の日本語リテラシーをろう児に求める傾向

のなかに、単一のリテラシーが内包するイデオロギー的側面を見出し批判した。そのうえで、「言語現象の社会モデル」という考え方によって異なる方向性を探ることを試みたものであり、ろう教育における「批判的リテラシー」研究としての位置づけになるだろう。

　ただし、筆者は現在行われている「機能的リテラシー」観からの研究や実践を不必要だと主張しているのではないことを最後に述べておく。日本語リテラシーの多寡によって、社会的処遇が決定され、社会的な不利益も致命的に受けてしまう現状の日本社会では、目の前の「救済」可能なろう児を放置するわけにはいかない。むしろ、その「救済」を担っているろう教育は、人材育成や人事異動の影響もあり、現実には不十分なものとなっている。ろう教育を充実させるためには、手話という「ことば」が操れる教員の養成を中心に、文部科学省レベルでの対策が急務でもあると考えている。しかし、一方ではこれまで示してきたように、ろう児を「救済」したいという善意が転じて、「日本語を第一言語とする健常者」という基準を肯定してしまうことは、問題の構造的な解決にはつながらないという点こそが主張したい論旨である。現実的には、既存のリテラシー論の問題点を知り、それが抑圧的にならないように常に意識し、日本社会の改善を訴えながらも、社会が変化するまでの現実的な対策としてろう児の日本語リテラシーを高めるエンパワメントを行っていくことが必要となるだろう。

■注
1　南出（1982）、相馬・関根（1986）、澤（2004）、齋藤（2006）、鄭（2009）など多数。
2　ろう教育の分野でも PISA 型リテラシーの観点からろう児のリテラシーを考察しようとする澤（2011）や佐藤（2011）などの研究があることは前章で記述した通りである。この観点からのリテラシー論はどのようなリテラシー観をもっているのだろうか。これについては、樋口（2010）が参考になる。PISA の文章には、実生活のなかで読み書き能力を効果的に生かそうとする Gray のことばが冒頭に引用されているため、PISA 型リテラシーは批判的な立ち位置を取り入れつつも、その基本的枠組みは機能的リテラシーにあると樋口は指摘している。このことから、PISA が提起するリテラシー概念自体が「機能的リテラシー」に分類されるものであり、したがって、ろう教育における PISA 関連の論考もやはり機能的リテラシーの範疇であると言えよう。
3　したがって、前章の「批判的リテラシー」で述べた意味での「批判的」とは意味がこ

となっている。

4 武居（2003a, p.66）

5 鳥越（2008, p.48）

6 本書 6.3 を参照。

7 井脇（2006, p.304）

8 鈴木（2006, p.321）

9 斉藤・他（2006, p.307）

10 ただし、『音声言語医学』（47）には、医学分野の研究者だけでなく、教育系の齋藤論文（2006）と、小田（2006）論文も収録されている。そこで小田は以下のような言語観を示している。

　　　基本的に、手話は日本語のリテラシーを向上させるために開発された手段ではない。日本語のリテラシーを向上させなければ、手話には存在の意味はないというものでもない。そこに存在し続けている手話という言語の多様な機能のなかに、日本語のリテラシーの進展に寄与する機能があり、それを安定して支える指導法や学習環境についての議論が現在深まりつつあるととらえるべきであろう

　　　全体としては「障害の個人（医療）モデル」にもとづく特集であるが、日本語以外の言語として手話を認め尊重していこうとする主張やバイリンガル教育についての解説がある小田論文を収録してもいる。ただし、それでも論文集全体としては日本語を第一言語とする話者のもつリテラシーと同等の能力を獲得することが言外の前提とされている点からは、手話言語の尊重を訴える論考を取り入れつつも、リテラシー観についてはやはり「機能的リテラシー」にもとづく論文集になっている。

11 我妻（2011, p.164）

12 例えば、ネット検索すれば東京都立大塚ろう学校や、東京都立立川ろう学校がJ.COSS を使用していることがわかる。また、第 46 回全日本聾教育研究大会（2015年）の「研究収録」や「研究紀要」からも、佐賀県立ろう学校や、宮城県立都城さくら聴覚支援学校が J.COSS を活用していることがわかる。

13 我妻（2011, p.168）

14 問題提示を音声で行う「聴覚版」以外に、文字で行う「視覚版」があるためろう学校の子どもたちにも使用しやすい。

15 中山・他（2000, p.185）

16 ただし、聴覚障害児用とされてはいるが、各検査は聴児を対象に開発された既存のものであるため、厳密には聴覚障害児用に開発されたとは言いにくい。

17 杉下・他（2012, p.127）

18 田中（1947, p.323）

19 鈴木（1930, p.14）

20 児玉・品川（1963, p.11）

21 山中・他（1990, p.98）

22 Alan S. Kaufman & Nadeen L. Kaufman [日本版 KABC-Ⅱ制作委員会訳編]（2013, p.54）

23 WISC 知能検査でも同様の進展が確認できる。WISC-Ⅳの制作を担った、David Wechsler [日本版 WISC-Ⅳ刊行委員会訳編]（2010, p.27）では、「その年齢段階のすべての代表性が保たれるよう、対象の選択が通常の学級の在籍児だけに偏り、知的障害のある子どもなどが実際上の分布より少なくなったりしないように統制した」とあり、標準化作業の対象者 1,293 名に「障害者」が含まれていることがわかる。

24 脇中（2016, p.31）では、小学校高学年用の読書力診断検査の結果「小学 5 〜 6 年相当」と診断された高等部在籍のろう児に対して中学校用の同検査を実施すると、「中学 1 〜 3 年相当」と出た例が多かったことが述べられている。

25 我妻（2011, pp.164-167）

26 同 , p.167

27 同 , p.167

28 同 , p.180

29 ロメイン（1997, pp.247, 248）

30 ミルロイ（1988, p.251）

31 ロメイン（1997, p.264）

32 上農・前田・木島・早瀬（2015, p.134）

33 我妻（2011, p.188）

34 「母国語」という表現の不適切さについては、田中（1981）を参照。

35 池頭（2001, p.11）

36 馬場（2003, .pp38, 39）

37 全国聾学校長会専門性充実部会（2011, p.9）なお、第 4 版（2006, p.9）でも、この部分はほとんど同じ記述になっている。

38 廣田（2006, p.291）

39 宍戸（2006, p.28）

40 板橋（2006b, p.13）

41 板橋（2006a, pp.362, 363）

42 長（1998, p.57）

43 石黒修は、1948 年に行われた「日本人の読み書き能力調査」に委員として参加し、その報告書である 1951 年発刊の『日本人の読み書き能力』にも編集出版委員として参加している国語学者である。（読み書き能力委員会 1951, p.1）

44 坂井（2015）

45 ただし、かな文字論者であった小西信八や石川倉次は、近代化をはかる日本が文字の改良を試みていた時代に、ろう児と盲児の社会参加を見据えた視点からも日本語文字の改良をめざす立場であったと思われ（長 1998, p.211）、それは、台湾での日本語教育と共振する狙いがあったのは事実であろうが、一部の漢文エリート集団が独占していた読み書き能力というリテラシーを、庶民、そしてろう児や盲児のものとする運動の系譜にも位置づけられるのではないかと考える。

46 板橋（2006a, p.364）

47 イ（1996）、安田（1997）、長（1998）などを参照。

48 山下（2009, p.208）

49 森田（2005, pp.196-204）によれば、18世紀のフランスで、パリろう学校の教員であったベビアン（Rosh-Ambroise Auguste Bebian）が『ミモグラフィー』を著し、「書記手話」の開発を試みたのが最初である。その他、「書記手話」の試みについては岡（2012, p.22-35）に詳しい。それによれば、手話に言語構造があることを証明したことで知られる、ギャローデット大学のストーキー（William Stokoe）の「ストーキー表記法」や、サットン（Valerie Sutton）の「サイン・ライティング」、ハンブルグ大学のプリルウィッツ（S. Prillwitz）が中心となって開発した「ハンブルグ手話表記システム」などがある。日本では、豊橋技術大学の加藤三保子が日本手話版「サイン・ライティング」を研究し、科学研究費助成事業の結果報告書が2013年に出されている。加藤によれば、開発中の日本手話版「サイン・ライティング」をろう児に紹介したところ、「手話文字は存在した方がよい」「手話文字をもっと勉強したい」などの肯定的な反応があったとしている。しかし、日本手話版「サイン・ライティング」はまだ開発段階にあることも影響してか、実際にろう児の教育現場で活用されている事例は管見の限りない。その他、手話情報学研究会による「sIGNDEX」があり、特殊文字ではなく通常のキーボード入力が可能な「書記手話」も考案されているが、これは手話を言語学的に分析するためのツールというねらいが強い。また、ろう学校教員が関係している研究では、奈良県立ろう学校の教員であった浅田洋は、1983年に「手話の記号化についての試み」を、1984年には同校の東靖宏と「手話の記号化についての試みⅡ」を残している。同じように、栃木県立聾学校の教員であった田上隆司と森明子も1984年に「『手話表現の統語関係』を表記する方法の提案」を残しているが、それらの研究も「書記手話」の実用化という目的ではなく、手話の分析用の記号という趣旨での開発であった。

50 「書記手話」の普及について参考になるのは、アフリカ諸語に関するリテラシー研究である。旧宗主国からの独立を果たしたアフリカの国々では、数多くの土着のことばが「言語」として認定され公用語になっている。また、そのうちのいくつかの言語は、書記化され、教育言語としても採用されている。しかし、米田（2012）では、アフリカの人々が書記化された土着の言語の学習を選択せず、旧宗主国の言語を率先して学んでいることを報告している。なぜなら、書記化された自分たちの第一言語では仕事につながらないという現実があり、言語とリテラシーには「有効さ」によるヒエラルキーが存在しているためである。このことは、ことばに文字を与えるだけでは、言語格差を解消することにはならないことを示している。

51 四日市（2009, p.103）

52 菊池（1995, p.82）

53 ふくむら（2010, pp.242-244）

第9章　ろう児の日本語リテラシー実践

9.1　ろう児の日本語リテラシー研究に
エスノグラフィーを適応する意図

　ろう児の日本語リテラシー[1]に関するこれまでの研究は、ろう児がもつ日本語の語彙や文法能力の発達程度を調査し、彼女ら彼らの文理解や産出に関する特徴を同学年の聴児との比較から見いだそうとするものであった。ろう児の日本語リテラシーという主題に対する関心とはおもにろう教育関係者や聴覚障害を対象とする医学関係者によってもたらされたものであり、その背景には圧倒的多数の聴者社会のなかで彼女ら彼らが不利益を受けることがないよう、日本語の読み書きの面からろう児をエンパワメントするという考え方がある。これら研究の根底には、ろう児が今ある社会に適応し機能的に生きていくための読み書き能力の獲得という意図が読み取れ、その意味で今ある社会と現状の読み書きシステムを肯定する機能的リテラシー観が確認できる。しかし、機能的リテラシー観による研究がろう児の日本語の語彙や文法能力の獲得過程に関するいくつかの特徴を明らかにしつつある一方で、これらの研究からはろう児の日本語リテラシー実践の様子が見えてこない。つまり、ろう児の日本語リテラシーを高めることは社会参画に有益であるはずだという前提はろう児の日本語リテラシーを調査する研究者に共有され調査が進められているが、日常生活のなかでろう児が参与している日本語リテラシー場面がどのようなもので、ろう児はどのような日本語リテラシーをどのように駆使しているのかは確認されておらず、実際のところよくわかっていない。

　ろう教育とリテラシー観の歴史的変遷を調査した小田（2002）は、ろう教育が抱えているリテラシー研究の課題について以下のように述べている[2]。

（ろう教育では）書きことばの習得と、読み書きとともにある世界理解
や思考が、聾児の自己確立と社会参加を支える最も安定した力となると
いう思いが保ち続けられていたのだろう。しかしながら本論で俯瞰して
きたようにこのような思いや能力観は、逆に日本語以外の言語の存在や
活用についての議論を極端に少なくしてきた。例えば聾者同士のコミュ
ニケーションの内容や機能について殆ど科学的な議論がなされてこなか
ったし、障害者が障害のある姿で社会参加する可能性について殆ど期待
されてこなかった。また、聾者の教師としての力量を過小評価してきた。
これら聾教育の歴史のなかに存在していたある種の偏りは、近年聾教育
の外側から問題提起がなされることにより、聾教育の内部でも研究や実
践活動が報告され始めてきた。特に言語の問題は社会のあり方と深く関
わりながら、人々の意識の基底の部分で表面的な議論やふるまいを支え
ている。リテラシーの問題はこのような意味で非常に奥の深い問題と言
える。

　言語と社会との関係のなかにろう教育におけるリテラシーの問題を位置づ
けようとする社会言語学的観点からの指摘が、ろう教育を専門とする研究者
からなされることはそう多くはない。リテラシーの問題もまた社会に埋め込
まれているため、社会のあり方とあわせて考える必要があるという認識を筆
者も共有している。小田はさらに、学校の授業を通して作られる言語観や言
語指導観の限界と不足している点について、「聾者の立場からの議論や提言
の少なさ」「全体的な聾者の能力の過小評価」とともに、「聾者の日常的なコ
ミュニケーションや問題解決の実態に対する言及の少なさ」をあげ、ろう者
のコミュニケーション（そこには当然日本語リテラシーの問題も含まれるであろ
う）の実態を掴む必要があるとしている。
　本章では、日常のコミュニケーションや問題解決の実態に迫る必要性を説
く小田の提起も踏まえながら、ろう児が日常場面で行っている日本語リテラ
シー実践について調査し分析する。その際、従来の日本語リテラシー研究の
ような語彙や文法能力の個別要素的な調査ではなく、ろう児の側から見た日

218 第4部　ろう教育における「リテラシー（読み書き）」研究がもつ問題

本語社会の現状とその課題や読み書きに関する意識をエスノグラフィー[3]として記述することにする。とりわけ、現実の生活場面でろう児が「どのような日本語リテラシーを用いているのか」は、ろう児に「どのような日本語リテラシーを用いることが求められているのか」という社会的な要請と切り離せない問題であり、ろう児の日本語リテラシー実践に見られる特徴とともに注目すべき点であると考える。したがって、ろう児自身がどのような日本語リテラシーを使用することが求められていると感じているのかという内面的また心情的な部分にも焦点を合わせながら、機能的リテラシー観のもと認知や発達を主題に実験心理学的に行われてきたこれまでの日本語リテラシー研究とは異なる角度からの知見を見出したい。また、日本社会のマイノリティであるろう児の日本語リテラシー実践例からは、前章までに見てきた「媒体／ことば／識字／情報のユニバーサルデザイン」[4]についての手がかりが得られるのではないかとも考える。

9.2 「リテラシーイベント」という分析ツール

　本章では、ろう児の日本語リテラシー実践をエスノグラフィー的に分析するために「リテラシーイベント」という概念を活用する。Heath, S. B.（1982）は、近代社会の現実生活におけるリテラシー実践の実像を掴むために「リテラシーイベント」（Literacy Event）という枠組みを設定し、実際の社会に生きる人びとの読み書きに関する実践を記述している。Heath は「リテラシーイベントは、書かれたものが参与者の相互作用や解釈の過程の本質的側面に不可欠となっているすべての場面[5]」と定義したうえで、アメリカのトラックトン（Trackton）の住民が行う英語のリテラシー実践を分析し、人びとが単独ではなく複数で寄りあいながら、書かれた物の読みを行う様子などを報告している。Heath が考案した「リテラシーイベント」には、その源流となった概念が存在している。それが、Hymes, Dell H. の考案した「スピーチイベント」（Speech Event）である。「スピーチイベント」とは、「発話のルールや規範によって直接的に制御される活動、または活動の局面」とされ、「パーティという状況のなかで行われる会話」が具体例としてあげられている[6]。

Hymes（1974）の関心は、あるコミュニティの日常に見られる社会的実践としてのコミュニケーションや言語現象を、そのコミュニティが置かれているコンテクストや社会的背景を含めて分析しようとする点にあり、文法面の議論に終始してしまいがちなそれまでの実験室的な言語研究を補完する新たな言語研究モデルの提起でもあった。「スピーチイベント」は、Hymes のそのような社会言語学的な関心による研究の過程で、発話によるコミュニケーション実践を記述する単位として提案されたものである[7]。このように、「リテラシーイベント」とその原型である「スピーチイベント」はどちらも、ある社会のなかで実際に起きているコミュニケーション実践の様相をとらえ分析するための概念であり、ことばを対象としたエスノグラフィー研究に適していると言える。

　本章は、ろう児の日本語リテラシー研究の新たな展開として日常的な日本語リテラシー実践に着目し、エスノグラフィーとして記述を進めることで彼女ら彼らの日本語を読み書きする行為のもつ目的や意味を考察しようとするものである。そのため、参与者の相互行為のなかで読み書きする行為が関与する場面をひとまとまりとして抜き出し分析することを可能にする「リテラシーイベント」概念の適用は、本調査において有効だと考えられる[8]。ただし、Heath（1982）も観察しているように、人びとのリテラシー実践は発話によるコミュニケーション実践ともつながっている。トラックトンの例では、住民が集まるなかで誰かが書かれた物を読みあげながら、文面の内容を発話の形態で再構成し、他の住民も書かれたものの意味を理解するようなリテラシーイベントの形がある。リテラシー実践と発話によるコミュニケーション実践は同じ場面で共起することがあるため、「リテラシーイベント」と「スピーチイベント」は常に分離して観察されるものではない。ろう児の日本語リテラシー実践の分析からも、ろう児のリテラシーイベントがスピーチイベントとつながっているケースが確認できるだろう。

　日本では、角（2012）のように「リテラシーイベント」概念を分析ツールに活用し、非識字者の書いた識字作文をエスノグラフィーとして調査した研究が見られる[9]。しかし、「リテラシーイベント」という枠組みを立て、エスノグラフィーの視点からろう児の日本語リテラシー実践を調査する試みは

220　第 4 部　ろう教育における「リテラシー（読み書き）」研究がもつ問題

管見の限り見当たらない。リテラシーイベント概念を用いることは、ろう児の日本語リテラシー実践の複雑さを捉えエスノグラフィーとして記述する出発点として効果的だと考えられるが、おもに認知心理学や発達心理学的な関心からなされてきたこれまでの日本語リテラシー研究の射程からはやや外れるものでもあっただろう。

9.3　調査の概要

　本章ではおもにインタビューデータをもとに分析と考察を進める。また、ろう学校で筆者が直接見聞した情報をフィールドノーツとして活用する。インタビュイーには、①「ろう児・者」、②「ろう教員」の二つを設定した。①の「ろう児・者」カテゴリーのインタビュイーは、異なる二つのろう学校出身者または在籍者から9名の協力を、②の「ろう教員」カテゴリーについては、異なる三つのろう学校と他種の特別支援学校に勤務[10]する7名の協力を得た。インタビューは、2015年6月から12月にかけて各1回、1時間〜3時間程度行い、必要に応じて後日メールで質問や確認を行った。すべてのインタビュイーに対して手話での半構造化インタビューを実施し、インタビュー終了時に研究資料とすることへの許可を得た。インタビュイーの詳細は表20、表21の通りである。なお、高校段階までのものを「ろう児」、大学在籍者や就労している社会人を「ろう者」と便宜的に分けた。

　ろう児だけでなく、ろう者（ろう教員も含む）をインタビュー対象とした理由の一つには、人数的な制約の問題があった。しかし同時に、ろう児が成長した姿であるろう者の日本語リテラシー実践を把握することがろう児の日本語リテラシーを考えるうえで参考になると考えた。また、ろう者はかつてのろう児でもあり、過去（「ろう児」段階）の日本語リテラシー実践についての語りが得られることも期待し、ろう者もインタビュイーに含めることにした。次に、「ろう児・者」カテゴリーのインタビュイーには地域校の経験があるものを積極的に含めるようにした。筆者の経験からは、手話でコミュニケーションをはかることが基本的には期待できない地域校に通うろう児たちは、友達とのやりとり、教員とのやりとり、または授業中において多くのリ

表 20　インタビューイー：ろう児・者

	性別と インタビュー時の年齢	地域校の在籍経験 （大学含む）	インタビュー時の立場
ろう者 A	男性 23 歳	あり	社会人
ろう者 B	男性 20 歳	あり	大学生
ろう者 C	男性 19 歳	なし	社会人
ろう者 D	男性 18 歳	あり	大学生
ろう児 E	男性 18 歳	あり	ろう学校高等部生
ろう児 F	男性 18 歳	あり	ろう学校高等部生
ろう児 G	女性 17 歳	なし	ろう学校高等部生
ろう児 H	女性 16 歳	あり	ろう学校高等部生
ろう児 I	女性 15 歳	あり	高校生

表 21　インタビューイー：ろう教員

	性別と インタビュー時の年齢	教員経験年数	インタビュー時の 勤務校
ろう教員 J	男性 40 歳代	14 年目	ろう学校
ろう教員 K	女性 40 歳代	12 年目	ろう学校
ろう教員 L	男性 30 歳代	11 年目	他種の特別支援学校
ろう教員 M	男性 30 歳代	9 年目	ろう学校
ろう教員 N	女性 30 歳代	11 年目	ろう学校
ろう教員 O	女性 30 歳代	11 年目	ろう学校
ろう教員 P	女性 20 歳代	2 年目	ろう学校

テラシーイベントに参与している。日本語リテラシー実践を調査する目的からすれば、彼女ら彼らをインタビュイーとして迎えることが有効だと考えられた。

　本章で用いるインタビューデータは ID とデータ末尾に記述し、直後に日付を示す。また、フィールドノーツ資料である場合は FN とする。以上のデータにもとづいて、ろう児・者は日常生活のなかでどのようなリテラシーイベントに参与し、どのような日本語リテラシーをどのような目的に沿って使用しているのかを記述しながら日本語リテラシーへの意識や心情面について分析し、日本語リテラシー実践という視点から捉えるエスノグラフィー研究

の第一歩としたい。なお、データないの（　）は筆者による補足内容である。

9.4　「リテラシーイベント」のもつ効果

「書かれたものが参与者の相互作用や解釈の過程の本質的側面に不可欠となっているすべての場面」とする Heath（1982）の定義からもわかるように、リテラシーイベントは読み書きが関わるほぼすべての場面で観察される。そのため、ろう児・者が経験しているリテラシーイベントも多岐にわたり幅広く、聴者相手のコミュニケーションに関するほぼ全ての場面で見られることになる。そして、ろう児・者の家族メンバーには多くの場合聴者が含まれているため、学校や病院、駅、役所などのような家庭外のコミュニケーション場面だけでなく家庭ないのコミュニケーション場面でもリテラシーイベントが観察されることになる。たとえば、何人かのろう児は聴者の家族メンバーと口話や手話、指文字以外に「筆談」や「ライン」を介してコミュニケーションを図っていると答えている。

　　「母親、兄、姉とは口話で話すのが基本。わからない時は筆談をする。弟とは指文字で話す。」（ID150920 ろう児 E）
　　「母親は幼稚部から送り迎えしてくれていることもあって一緒に過ごす時間が長かった。だから、幼稚部で習っていたキュードが使えたし、自分の発語も理解していた。後からは手話も覚えてくれた。兄とのコミュニケーションは、自分が口で話して兄はキュードで答えるという方法。父とは昔も今もずっと筆談で話している。」（ID150926 ろう教 M）
　　「お母さんとは指文字で話してる。手話は忘れることもあるから。お母さんが忘れて結局は口で話すこともある。最近、聞こえなくなったけど頑張って聞いてる。○○（弟）とはラインで話す。○○は短気で口だけだと喧嘩になる。それが嫌だからラインで話す。ラインだったら喧嘩しなくていいし。」（ID150815 ろう児 G）

たとえ家族メンバーのように顔を合わせる機会が多く、お互いに話し方の

特徴も知っているであろう関係であっても口話だけでのコミュニケーションには限界がある。また、家族メンバーのなかには手話や指文字をそれほど使いこなせないケースもあるため、筆談やラインは日本語のリテラシーをある程度身につけているろう児・者にとっては家族メンバーとの意思疎通のための一手段となっていることがわかる。つまり、日本語の読み書きを介するコミュニケーション場面であるリテラシーイベントを利用することで家庭ないのコミュニケーションを成立させている様子がわかる。同じように、筆談やラインによるリテラシーイベントの活用は、地域校に通うろう児にとっては授業の理解や学校生活で必要な情報を得ることを助ける働きがある。

　　「向こう（聴児の友達）も手話に興味をもっていた。その友達が他の友
　　達にも手話を教えてくれた。授業でも、その友達が横の席にいて、先生
　　が何を言ってるかわからない時は筆談で教えてくれた。」（ID151204 ろう
　　児 F）
　　「先生に質問する時は筆談を使っていた。」（ID150920 ろう児 E）

　また、電車事故の様子について駅員にたずねる場面のように、社会生活のなかで経験する一幕でも筆談が情報を得るための助けになっている。

　　「初対面だと初めは筆談になる。駅員さんに話す時とか。電車が事故で
　　止まって、放送で何か言ってるんだろうけど、僕はわからないから駅員
　　さんに聞きに行く。すると、駅員さんも『そうですか。すいません。』っ
　　て教えてくれる。でも、最近は鉄道会社も研修をしてるみたいで、簡単
　　な手話を使ってくれる人もいる。手話でやってみて、わからなくなった
　　ら『その手話わからないので』って言って、筆談にうつる。」（ID150807
　　ろう教 J）

　情報を得ること以外に、自身がもっている情報を相手に正確に「伝える」ための手段としても筆談が選ばれるケースがある。

「高校では口話より筆談をするほうが多いです。筆談のほうが自分の言いたいことが正確に伝わるので。」（ID150702 ろう児 I）
　「公的なものは、例えば市役所とか携帯の事なんかはきちんと伝える必要があるので筆談を使う。」（ID150814 ろう教 O）

　このように、ろう児・者はその日常生活のなかで様々なリテラシーイベントを経験している。日本語リテラシーがある程度身についている場合には、彼女ら彼らにとってのリテラシーイベントとは、家庭の内外を問わず支配的である音や声による情報を文字化し、確実な情報のやり取りが期待できる場として存在している。言いかえれば、ろう児・者にとってのリテラシーイベントとは、自身が参与者として組み込まれる場面のコミュニケーションを可視化するための装置として作用していると言えるだろう。

9.5　「リテラシーイベント」にまつわる困難

9.5.1 リテラシーイベントを作り出す難しさ・媒介による効率の差・スピーチイベントとの重なり

　ろう児・者にとってのリテラシーイベントとは、音声中心の情報やコミュニケーションを可視化する効果がある。ただしこのことは、聴者がほとんどを占める社会のなかのマイノリティとして存在するろう児・者にとって、現状の日本社会から情報を得ることがいかに困難なのかを物語っているとも言える。この点について、ろう学校を卒業し、地域の高校に進学したろう児 I（ID150702）はこう述べている。

　「高校では、情報の大事さを痛いほど感じます。多分、私は学校での情報の 20％とか 10％とかしかわかっていないと思います。」
　「音もろう学校とは全然違う。とにかくほとんどは音で情報が流れていて、自分の周りで会話が進んでいる。そのせいか高校に入った頃は耳鳴りがひどかったです。今でも耳鳴りはしてます。でも、宿題のことや何かの締め切りの話が始まった時に気づけないと困るから補聴器は外せない。」

ろう児 I は、学校生活で常に気を張って情報を得ようとしているにもかかわらず、音の情報に対応しきれずに提出物や宿題の締め切りをすぎてしまったことが何度かあるとのことだった。そして、一日が終わる頃には目が疲れきってしまうそうだ。

　このような音と声が中心の情報体制のなかで、可視化したコミュニケーションを期待できるリテラシーイベントの存在は彼女ら彼らにとって貴重であろう。インタビューからは、情報を得るため積極的にリテラシーイベントを作り出そうとする様子がうかがわれた。しかし、リテラシーイベントを作り出すうえでの壁もあるようだ。

　　　「仕事をしている時は口話が多いです。製品部署だから、コストの問題もあって製品をスムーズに作っていくので作業中に筆談はしてくれないですね。」(ID150815 ろう者 C)
　　　「企業の時に筆談をお願いしたら無理だという人もいた。『じゃあ、どうしましょうか?』と聞いたら、だいたい二つの返事があって、一つはどんな方法なら通じるか一緒に相談してくれる。もう一つは、それならもう他の人に仕事を頼むってなる。」(ID150807 ろう教 J)
　　　「ある時、体育の先生と話すことがあって体育の先生の部屋に行った。自分のもってるメモで筆談しようとしたけど、先生は筆談をしてくれなかった。将来のために口で話すように言われた。結局話の内容はわからないまま帰った。」(ID150920 ろう児 E)

　また、リテラシーイベントで使用される「チャット」「筆談」「ライン」という媒介の間に生じるコミュニケーション効率の差も問題化する場合がある。

　　　「チャットでの話は大丈夫なんだけど、飲みに行こうなんていう話もチャットでするんだけど、何時にどこで待ち合わせという感じで。で、実際に飲みに行くと話が続かない。何を言ってるのかわからないし、『筆談でお願い』っていうんだけど。筆談になると急に書けなくなる。やっぱ

り話しことばを書くのは難しいみたい。」（ID150807 ろう教 J）

　口話だとケンカになってしまう弟との会話ではラインを使い、コミュニケーションを可視化することで対処しているろう児 G（ID150815）も「筆談は遅くてめんどくさい」と話しており、テンポの良い意思疎通が求められる場合には「筆談」媒介によるリテラシーイベントには限界があるのかもしれない。しかし、「筆談」によるリテラシーイベントは、携帯のもち込みが禁止、または使用が禁止されることも多い学校場面では特に主流である。そのため、友人とのコミュニケーションを「遅く」してしまう筆談を用いざるをえず、友人との関係に何かしこりのようなものを作る遠因になっていることが読み取れる。

　　「ラインは筆談と違って、スピードが早いです。1 分間に 20 とか 30 とかの会話ができます。でもその分、学校ではどうしても差を感じてしまうっていうか。ラインでは私も友達も条件が同じだから会話が楽だけど、学校では条件が同じじゃないから。これはかなり大きなことなんです。これは今の時代のことだから、昔のろうの先輩とかでも経験がないだろうなって思うので。」（ID150702 ろう児 I）

　すべての参加者が読み書きでコミュニケーションする条件になり、会話スピードも早いラインによるリテラシーイベントは、ある程度の日本語リテラシーをもっているろう児には都合がいい。しかし、ラインではスムーズに会話できる反面、筆談の遅さや声で話す友だちとのコミュニケーション条件の違いが、学校場面のろう児に疎外感を与えるケースもある。おそらく聴児である友だち集団も何らかのやりにくさや違和を感じているのであろう。ろう児 I は、「ラインでは普通に話すけど、学校では（友達が）なかなか話しかけてくれない。」とインタビューで述べている。

　また、「嫌」なリテラシーイベントも存在しており、全てのリテラシーイベントがろう児・者に情報の保障を与えるとは限らないことがわかる。

「一番嫌だったのは、国語の回し読みのとき。座席の順番に当てられる
　んだけど、声が小さい人や話し方がよくわからない人だと、どこまで読
　んだのかわからなくなる。順番が近くなってきて2、3人前の人の読んで
　いるのを聞いて場所がわかる時もある。」(ID150620 ろう者 B)
　　「(教科書の音読の時に) 自分の発音をまわりはわからないから、聞
　き流している人がほとんど。音読は嫌だなという気持ちがあった。」
　(ID151204 ろう児 F)
　　「教科書の音読では、まわりもわかっていたから何も言わないし、間違
　えても気にしていませんでした。でも、中学生の時は、私の発音で笑う
　男の子がいたけど、それも気にしませんでした。」(ID150820 ろう教 N)

　「嫌」な例は、リテラシーイベントに声という要素が入ってくる場合に起
こる。言いかえれば、リテラシーイベントに重なる形でスピーチイベントが
起こっている時である。まわりの聴児が教科書を音読する時にはその声が聞
きにくく、ろう児が音読する場合には発音をからかわれるかもしれないとい
う懸念がある。ろう教員 N は、自分の発音を笑われても「気にしない」たく
ましさをもっていたが、多感な中学生時期にあってはからかわれることに心
理的負荷を感じるろう児も少なくないだろう。

9.5.2　ろう児・者が難しいと感じる日本語の領域

　ここまでは、ろう児・者が、聴児・者とのコミュニケーションをリテラシ
ーイベントに引き込むことの難しさや、リテラシーイベントで使用する「筆
談」や「ライン」「チャット」という媒介のコミュニケーション効率の違い
によって生まれる壁、リテラシーイベントに声や音読というスピーチイベン
トが重なることで感じる不快感について記述した。しかし、リテラシーイ
ベントにまつわる困難を作り出す要因は他にもある。それは、日本語リテラシ
ーやその基盤となる日本語そのものに起因する壁である。この点にはやはり、
聞こえない・聞こえにくいという身体条件が関わっていることがインタビュ
ーから確認できる。

「『一本（いっぽん）』『二本（にほん）』『三本（さんぼん）』とか、『千（せん）』『二千（にせん）』『三千（さんぜん）』とかも普通にはわからない。日本語の難しいところ。これは母親に教えてもらった。」（ID150620　ろう者B）

「友達の場合は敬語が要らないけど、先生と筆談する時は敬語を使う必要があるから難しい。自分が書いた文で『先生に対する聞き方が違う』とか言われたこともある。」（ID150920　ろう児E）

「ろう学校にいる時は、友達と比べて勉強は得意なほうだったけど、大学では聞こえる人との筆談で困った。そこまで敬語を使う意識はなかったからか硬い文がわからなくて。」（ID150926　ろう教M）

　聴児・者は数詞や類別詞を繰り返し聞くことで身につけている場合が多いだろう。「一本（いっぽん）」の次はなぜ「二本（にほん）」なのか、「三千（さんぜん）」の次はなぜ「四千（よんせん）」になるのか、子どもたちに向けて理論的に説明できたとしても、子どもたちが理屈からこれらを記憶することは容易ではない[11]。同様に、「尊敬語」「謙譲語」「丁寧語」のセットで教えられることが多い「敬語」の使用も難度が高いことで知られており、ここに「やりもらい文」と言われる授受構文が組み合わさるとさらに複雑さが増す。たとえば、偏差値という指標で言えば平均以上とされる、偏差値50を超えているろう児（中学生段階）や、非常に優秀と理解されるであろう偏差値70を超えるようなろう児（中学生段階）でもそれぞれ「おそわっていただいて（おしえていただいて）」（FN140218）や、「楽しめていただいて（楽しんでいただいて）」（FN141126）と表現する例が見られる。ろう児・者のなかには「敬語」をあえて使わないのではなく、複雑な「敬語」体系の習得や他の構文との調整や併用が難しいため使いこなせないものもおり、現状の日本語とそのリテラシーはろう児・者にとってそれほど使い勝手の良いものではない可能性が推察される。インタビューでは日本語の難しさについて「言い回し」「漢字の読み」「助詞（てにをは）」の例が多くあげられた。

9.5.2.1　言い回し（慣用句など）の難しさ

　ろう児へのインタビュー中にも「となりの青い芝（となりの芝生は青い）」や「人のわがふり見てわがふり直せ（人のふり見てわがふり直せ）」といった言い回しの使い方が見られた。日本語で観察される言い回し（慣用句やことわざ、敬語も含む）には使用頻度の高くないものもあり、耳からのインプットが聴児・者同様には期待しにくいろう児・者にとっては接触する機会が少なく、馴染みの薄い表現もある。

> 「慣用句が難しい。」（ID150820 ろう者 D）
> 「日本語の言い回しは難しい。あんまり使わないから。」（ID150926 ろう教 M）
> 「二重否定も難しい。『食べられないことはない。』という文も大学の時にわかった。遠回しな婉曲的な言い方はわかりにくい。『食べられないことはない。』も積極的には食べたくないというニュアンスがあるけど、そういうことばの背景を読むのは難しい。」（ID150818 ろう教 L）

　また、職場では言い回しの引き出しが「足りない」場合は、適切な書類を作成できないと判断され、修正をうながされる。

> 「職場の上司に『〜しました。』『〜しました。』ばかり続く文章を出すと、二回も『〜しました。』は要らないと言われて。『〜しました。』の次は、『〜をおこない』と表現するとか、言い方を変えるように教えられた。『〜しました。』ばかりだと、『こんな文章はもう要らない』って言われるから、同義語を調べながら書くようになった。」（ID150815 ろう者 C）

9.5.2.2　漢字の読みの難しさ

　ろう児・者の日本語言語活動に困難を与えている可能性の一つが漢字の読みである。漢字は日本語表記のいたるところに現れるため、言い回しの難しさと絡み合いながら問題の場として生起することもある。大学生のろう者 B（ID150620）は以下のように述べている。

「『後手に回る（ごてにまわる）』とかも、聞こえない人は、初めは読めないと思う。『うしろて』とか『こうて』とか。」

　また、地名や人名、固有名詞、形式的なことばはルビが振られていない限り初見のろう児・者にとってはわからないものである。

　　「私が中1の頃にテレビに字幕が付き始めたんですけど、漢字には読み方がついてなくて、私は『赤穂浪士（あこうろうし）』を『せきほろうし』って読んだんです。そしたら、母に違うと教えられました。」（ID150820 ろう教 N）
　　「友達の名前が覚えられないのが一番苦労しています。はじめの皆の自己紹介も口で言うだけだし、他の友達は、周りの話しているのを聞きながら友達の名前を覚えることができるだろうけど私は覚えられない。（部活動で着る）道着には名前がついてるけど、人によっては難しい漢字で読めない。」（ID150702 ろう児 I）
　　「教科書や参考書にのっている漢字はいいんですが、新しいことばはわかりにくいです。ニュースで『イスラム国』が出たときは『くに』なのか『ぐに』なのか『こく』なのかわからない。後は、相撲取りの名前とかもわかりませんね。」（ID150820 ろう教 K）
　　「『何卒（なにとぞ）』も『なにそつ』と思っていたし、もっと簡単な漢字でも間違うことは多い。」（ID150818 ろう教 L）

　このなかでも、人名の難しさは地域の高校に通うろう児にとって悩ましい問題だ。高校の場合、小学校や中学校のように名札をつけることがない。そのため、声で提示される友達の名前は文字化される機会が少なく、ろう児 I は同級生の名前を覚えることさえ苦労している。そのうえ、名前が文字化されていても漢字の読みがわからないケースは、ろう児にとって負担となるのかもしれない。
　その他にも、耳からのインプットが十分に確保できる聴児・者にとっては

「普通」と感じられるであろう日常的な漢字の読みも、読み違えたまま記憶していることがある[12]。

> 「『舞台（ぶたい）』ってあるでしょ。それを『ぶだい』とずっと思っていた。あれ、通じないなっていう時にパソコンで打ってみて違うことに気がついた。」（ID150820 ろう教 O）
>
> 「『岩塩（がんえん）』を普通に訓読みして『いわしお』と読んでいた。それはたまたま母親に教えられてきづいた。やっぱり、聞こえないとそのへんがわからない。ずっと知らないままのことがある。」（ID150620 ろう者 B）
>
> 「例えば『五目ごはん（ごもくごはん）』を『ごめごはん』と思ってたり。病院に行った時に、『小児科（しょうにか）』を『こじか』と読んで、父にそれは『しょうにか』と読むんだよと教えてもらったりしました。今でも、『手当』の漢字を『てとう』と読んでいて、〇〇先生と話している時に、それは『てあて』やでと教えてもらいました。音読みと訓読みがあって、それが特殊になるとわからなくなるような気がします。今は一年を教えていて大丈夫なんですけど、漢字を教えるときはそのへんを気をつけていこうと思っています。」（ID150810 ろう教 P）

インタビューでは、漢字の読みは確かに難しいものの一度覚えてしまえば大丈夫という話もいくつか確認された。ただし、漢字の読みを覚えていないことが「恥ずかしい」経験につながるケースもある。教科書の音読というリテラシーイベントがその一例である。

> 「今（大学）も、テキストを読むときに（漢字の）読み方を間違えないかびくびくすることがある。間違えても誰も何も言わないけど、こんなことも知らないのと思われそう。」（ID150620 ろう者 B）

漢字の読みの難しさが音読場面にむすびつくと心理的負荷を感じるろう児もいる。筆者の同僚ろう教員は、「作曲家」のように実際の発音では「さく

きょくか」ではなく「さっきょくか」と読むような漢字の読みがろう児には
わかりづらいと言っていた（FN141126）が、音読場面ではこのような読みの
恣意性が一つの壁になっていると思われる[13]。インタビューでは教科書の音
読を免除されているものも複数いたが、おそらくは地域校に通う学齢期のろ
う児が感じているかもしれない繊細な心理的状況を考え、その時々の教科担
当者や担任が配慮したのだと思われる。

9.5.2.3　助詞（て・に・を・は）の難しさ

> 「助詞が一番難しい。」（ID150815 ろう者 C）
> 「今でもたまに『てにをは』を迷う時もあるんですけど、その時は今
> よりも間違えていたのでそこらへんを教えてもらいました。通級に通
> っていた時も○○先生に『てにをは』を教えてもらったりしました。」
> （ID150810 ろう教 P）
> 「宿題でいつからいつまでに、誰に提出とか。助詞が少しでも違うと意
> 味の方向が変わる。『どこで』とか『どこに』とか。これではダメだと思
> ってから、助詞の勉強を集中的にした。」（ID150625 ろう者 A）

「てにをは」つまり助詞が難しいということは、ろう教育においては一種
の定説であり、国語の授業だけでなく自立活動の時間などでも継続的な指導
が行われる課題である。上記のように当事者であるろう児・者へのインタビ
ューでもやはり助詞の難しさは述べられた。

9.5.3　聞こえない・聞こえにくいという身体性をもつ人と現状の日本語
聞くことで日本語をインプットすることが通例である聴児・者は、耳から
「言い回し」や「漢字の読み」「助詞」を身につけていくが、ろう児・者の場
合は程度の差こそあれ、目から身につけていく比率が高まる。ろう児・者の
なかにはそれらを高いレベルで習得し使いこなしているものも存在し、その
能力を活かして社会的に活躍している。しかし、他方では日本語の「言い回
し」や「漢字の読み」「助詞」に壁を感じたままのろう児・者も存在しており、

その数は少ないとは言い切れない。音声日本語のインプットの点では、身体的制約からろう児・者の不利は明らかであり、「言い回し」「漢字の読み」「助詞」という要素は、日本語とそのリテラシー習得にとって一つの壁となっていることは間違いない。逆に捉えれば、今ある日本語は聞こえる身体条件をもつ人がより習得しやすい形で存在している一面があるとも言えるだろう。日本語が聞こえる人にとって、より習得しやすい形で存在しているならば、ろう児・者の日本語リテラシーを高めようとする努力が、常に聴児・者レベルの日本語リテラシーを保障するとは限らず、「言い回し」や「漢字の読み」「助詞」を代表的な例とした日本語の難しさを個人的な努力では乗り越えられないろう児・者も存在し続ける。それにもかかわらず、日本語の難しさが、ろう児・者に対する情報保障の障壁となるケースや何らかの社会的資源を得ることの妨げになっているケースでは、そこに「ことば」による「排除」が生じていることになる。今回の調査からは、日本語や日本語リテラシーの一部がろう児・者にとって習得しにくい領域となっていることがわかった。ろう児・者は、音や声が情報の主流な媒体となっている聴者中心の場にリテラシーイベントを作り出すことによって情報を可視化し対処している。しかし、日本語そのものの難しさという問題は、作り出したリテラシーイベントによって可視化された日本語をろう児・者が十分に理解できないという二次的な障壁を生み出すことになる。

9.5.4　日本語・日本語リテラシーを身につけていくペース

　また、インタビューから、ろう児・者のなかには聴児と異なる進度やタイミングで日本語リテラシーを身につけていくものがいることもわかる。

　　　「今は意識せず使えるから説明はできないけど、（高校で）助詞の勉強
　　　を意識してするようになってからその時は自分なりの法則みたいなのが
　　　できて、助詞もスラスラとわかるようになった。」（ID150625 ろう者 A）

　ともにろう教員であるＯとＬも、この点について以下のように話している。

「小3までは『てにをは』が苦手で間違えていた。でも、その時の先生がそれでは駄目だと教えてくれて、何となくルールがわかってくるようになった。それでも完全にわかったのではなく過ごしていた。今思えば完全に日本語をわかっているのではない状態で学年が進んでいたのかもしれない。」（ID150814 ろう教 O）

「中学校に入ると英語があって初めは嫌だった。けど、3ヵ月くらいすると英語を勉強することで日本語の整理もできるようになってきた。この話は他のろうの先生に言っても同感されないから、私だけの例かもしれない。でも、at とか to とか、on のような英語を理解していくなかで、日本語の助詞の整理もできていくところがあった。英語の受け身文があるでしょ。Be 動詞に過去分詞形を続けて、その次に by がくる。それを勉強しながら、日本語のやりもらい文も頭のなかで整理できていった。」（ID150814 ろう教 O）

「『てにをは』は小2までめちゃくちゃに使っていた。小3の時に急にわかるようになった。ただ、わかると言ってもすべてが一気にわかるんじゃなくて、段階的にわかっていく感じ。特別に助詞だけを勉強したわけでもない。」（ID150818 ろう教 L）

「高校の時に書かされた小論文を見ると『名詞』の間違いが多い。最後に『さ』をつければ名詞になるでしょ。何にでも『さ』をつけてた。何にでも『に』をつけて副詞にしている時もあった。高校までは英語じゃないけど、並んでる単語を読んで、日本語を単語単語で理解していた。大学になってやっと文としてスッと入るようになった。」（ID150818 ろう教 L）

　どの話からも、聴児とは異なるペースで日本語リテラシーを身につけていく様子がわかる。つまり、ろう児が日本語リテラシーを習得するペースはまったく聴児と同じというわけではなく、聴児と比べてやや時間がかかる領域もあることがわかる。したがって、学校教育においてろう児は聴児と同じカリキュラムで学んでいるが、聴児の日本語リテラシー発達を念頭に組まれている通常の教科書は必ずしもろう児に適した構成にはなっていない可能性が

考えられる。ろう教育では、ろう児が聴児用の教科書を聴児と同じ就学年数で身につけることが基本的に要求されているのだが、この要求がそう簡単なものではないことに気づいているろう教員もいる。

　　「『聞こえない人が、聞こえる人と同じ年数では日本語を身につけられない』って思ったことはあります。同じ条件では不利だから、もっと勉強できる期間が長くあってもいいように思いましたね。」(ID150820 ろう教 N)

　現在の教育システムでは、ろう児・者は聴児レベルの日本語リテラシーを到達点として求められているだけでなく、日本語リテラシーを習得する順序とペースも聴児基準に適応することが要求される。ろう教員 O や L のケースでは、いくつかのきっかけをもとに最終的に日本語とそのリテラシーを高めていくことに成功したが、すべてのろう児が同じ成功を収めるわけではない。内容もペースも聴児基準という構図のなかで、ろう児が期待される程度の日本語や日本語リテラシーを獲得することは、まわりが想像するよりも難しいことなのかもしれない。

9.6 「リテラシーイベント」にまつわるストラテジー

　ここからは、ろう児・者がリテラシーイベントに関連して用いている「ストラテジー（戦略）」について記述したい。彼女ら彼らにとってリテラシーイベントとは、音と声による情報やコミュニケーションの可視化を可能にするツールとして機能していると見ることができるわけだが、自らの働きかけなくリテラシーイベントが起きることは多くない。そのため、「リテラシーイベントを起こすためのストラテジー」をもっており、次に、作り出したリテラシーイベントで自身の日本語リテラシーに不足が生じる場合には、「日本語リテラシーを補うストラテジー」を用いている。

9.6.1 「リテラシーイベントを起こすためのストラテジー」
　筆談はろう児・者にとって重要なリテラシーイベントである。なかでも、

ラインやチャットのような機器を介したリテラシーイベントは学校という場では認められにくいため、特にろう児にとって筆談は典型例なリテラシーイベントになる[14]。ろう児・者は声や音が中心の情報網のなかで、筆談によるリテラシーイベントを作り出すためにどのようなストラテジーを用いているのだろうか。最もわかりやすい方法は、筆談をして欲しいと直接相手に伝えることである。

> 「先生とは口話で話して、わからん時は筆談。『筆談お願いします』と自
> 分から言う。」(ID151204 ろう児 F)

しかし、実際にはコミュニケーションは口話から始まり、話がわからなくなった時点でろう児・者の側から筆談を始めることでリテラシーイベントを起こす状況も多いようだ。以下のインタビューでは、コミュニケーションの途中で筆談によるリテラシーイベントが作りだされる様子と、そこで必要になる準備について述べられている。

> 「大学では口話と筆談を使ってる。口話が先で、口話じゃ通じない時に
> 筆談にする。A4 の紙をいつももってるのでそれに書く。」(ID150820 ろう
> 者 D)
> 「筆談用のメモを作っていつももっています。クラブの時には、お茶置
> き場にメモを置くようにしていて、練習の途中にわからないことがあった
> ら『ちょっと待ってください』って言ってメモを取りに行く感じです。前
> は、道着のなかにペンを入れていたけど、受け身の時に痛かったのでやめ
> ました。ペンもメモと一緒に置いています。」(ID150702 ろう児 I)
> 「高校では体育の時にメモとペンをポケットに入れていた。先生が話
> している時は何もせず、先生が見ていない時に友達に書いてもらう。」
> (ID150920 ろう児 E)

筆談によるリテラシーイベントを起こすには、書くための道具が必要である。ろう児はメモやノート、ペンや鉛筆を常にもち運ぶことでリテラシーイ

ベントを起こす準備をしており、一つのストラテジーとなっていることがわかる。しかし、このストラテジーをおこたるとうまく情報を得られずに困ることになってしまう。

> 「体育の場所に突然の変更があって、先生も僕に伝えられていない時は
> わからなかった。他の人に聞いても、メモを忘れていたらわからない。」
> （ID150920 ろう児 E）

　ろう児 E は高校生活全般において特に筆談に頼っていたようで、彼のインタビュー（ID150920）からは、筆談によるリテラシーイベントを作り出すための細かなストラテジーや、作り出したリテラシーイベントを上手く機能させるためのストラテジーについて知ることができた。まずは、座学の授業場面では先生と筆談することが必要になるため座席の位置を工夫している。

> 「授業中の先生と筆談しやすいように席はずっと一番前だった。」

　また、先生と筆談でやり取りするためのタイミングも図っている。

> 「先生と話すのに休憩時間の 10 分だけでは短い。筆談の内容がスムーズにわか
> らないこともあるから、時間がかかる。先生に話しに行くのは昼休憩か放課後と
> 決めていた。長い時間筆談できる場面を考えておく必要がある。」

　先生の居場所を聞くような短時間で終わる用事の場合は、口話ですますことも多いようだが、そこでもメモを活用し口話によるスピーチイベントに重ねてリテラシーイベントを作り出す。その際に、メモに先に要件を書いておくことも重要なストラテジーである。さらに、先生との物理的な距離も想定して文字の大きさを事前に調整している。

> 「先生の居場所を聞く時は、その先生の名前をメモに書いておいて、そ
> れを見せながら口では『いますか？』と聞く。先生の部屋の扉から、先

生たちが少し遠くに座っているから、遠くからでも見えるように字は大きく書いたりしていた。」

似たようなストラテジーは他のろう児やろう教員も用いている。

　「簡単な報告くらいは口話でしていた。詳しい話や詳しい説明がほしい時はメモに最初から質問や思ったことを書いてから先生のとこに行く。先生は簡単な返事は口話で、詳しいことは筆談。」（ID151204 ろう児 F）
　「筆談はほとんどしない。でも、教頭に伝えることがある場合は先にメモを書いておいて、それを使いながら話すようにしている。他に、相手の話を聞く時にもメモを書くようにしていて、話の後にメモしたことをもう一度聞いて確認する。」（ID150818 ろう教 L）

　ろう教員 L はメモを確認用にも使っており、作り出した筆談によるリテラシーイベントは、その場でのコミュニケーションを助けるだけでなく、その後に残る情報として活用されてもいることがわかる。筆談した紙は記録紙としての役割もあり、これを上手く使っているろう児・者もいる。

　「筆談はやっぱり紙に書くから記録に残る。今は書いた後消せるやつとかあるけど、高校の時は紙で筆談するのが普通だった。ただ筆談するだけじゃなくて、筆談の次のことも考えていた。だからいつも筆談が終わったあと、『これもらっていい？』って聞いてもらってた。時々、前に話したことを忘れたり違うことを言う人もいるから、その時に『お前あの時こう言ってたで』というような使い方もある。」（ID150625 ろう者 A）

　ろう者 A のように、一つのリテラシーイベントを次のリテラシーイベントに活かしているものもいる。記録した紙を再提示するという方法もリテラシーイベントを作り出す一つのストラテジーであり、彼女ら彼らが聴者社会のなかで試行錯誤しながらも巧みに、そしてたくましく生活している様子がわかる。しかし、記録用としてもっておきたい筆談用紙を手に入れられないケ

ースもある。また、リテラシーイベントを作り出す過程で恥ずかしい思いをすることもある。以下はともにろう児E（ID150920）の話である。

　　「自分のメモに質問を書いても、別の紙に返事を書いてくる先生がいて、無表情だし怒ってるのかなと思った。メモは残しておいて、後で確認するために使うから、返事も同じ紙に書いてほしい。」
　　「一番嫌だったのは、先生に何かすぐに伝える必要がある時に、筆談の時間を確保するために先生のとこに走って行ってた。その時にまわりがこっちを見る。その視線が痛かった。」

　リテラシーイベントを作り出すことは聴者社会で生活する助けとなっているが、それを作り出すためには何らかの努力が必要とされ、それがリテラシーイベントにともなう「恥」の経験につながる場合もあることがわかる。ほかにも、ろう児Eは筆談というスタイルゆえの課題を感じている。

　　「筆談はお互いが下を見てする。だから硬いというか、口で話すのとは違う。普通、話している時はお互い顔を見ているけど、書いている時に下を向いてると嬉しいのか、悲しいのか、怒ってるのか顔の表情が見えない。」

　確かに、声での会話では相手の顔を見ながら、声の抑揚やトーンも含めて相手の感情を読み取ることがある。それは、手話での会話にしても同じであるが、筆談というスタイルではその点が欠けてしまう。日本語リテラシーが「低い」ろう児ほど、相手の感情の読み取りに会話での周辺情報を必要としているかもしれない。
　インタビューからは筆談を断られるケースについてもいくつか話があったが、ろう児・者によってはリテラシーイベントを作り出す行為は勇気が必要なことであり、状況によっては躊躇するケースもある。ろう児H（ID151209）の話からは、繊細な人間関係のなかを生きているろう児・者にとってリテラシーイベントを作り出すことが生易しいことではないという事実とともに、

彼女ら彼らが日常的に感じているであろうストレスを想像せずにはいられない。

　　「口話ではわからない時に、筆談してほしい気持ちがあったけど、言えなかった。迷惑と思われそうだから。今思えばあの時書いてもらえばよかったなという思いがある。いつも一緒にいた友達と三人でしゃべるとき、私以外の二人がしゃべっていて私には何を話しているのかわからかった時に、『な〜』と言われる。何を言ってるのかわからなかったけど、私も『な〜』って言ってた。何の話してたのか聞きたかった。」

9.6.2　「日本語リテラシーを補うストラテジー」
9.6.2.1　情報資源と人のネットワークの活用
　今回のインタビュイーのなかには日本語や日本語リテラシー（特に、「言い回し」「漢字の読み」「助詞」）に難しさを感じているものが少なからずいた。おそらく、同じように感じているろう児・者は日本社会のなかで他にも存在しているだろう。そのようなろう児・者の場合、作り出したリテラシーイベントにおいて自身の日本語リテラシーに「不足」が生じる場合には、それを補うストラテジーを用いている。

　　「『湖畔（こはん）』も、もしかしたら『こぱん』かなとか。（音読の）順番が当たる前に電子辞書で調べる。多分あっていると思っても、『もしかしたら』とも思う。」（ID150620 ろう者 B）
　　「文章を打ちながら、スマホのインターネットで同義語を調べる。」（ID150815 ろう者 C）
　　「知ってる漢字でも、多分あっているけど一度調べるということはよくあります。例えば『咄嗟（とっさ）』と思いつつも『せっさ』だったかな、と少し心配になって辞書で調べるというような。辞書が手元にないと心配になりますね。」（ID150820 ろう教 K）

　このように、辞書やネット検索などのストラテジーで日本語リテラシー

の「不足」を補うことや、日本語リテラシーに対する「不安」を拭うことをしている。また、ろう児・者の日本語リテラシー実践では、人のネットワーク[15]を活用しながら日本語リテラシーの「不足」や「不安」の解消が試みられてもいる。たとえば、先生のような目上とされる相手にメールを送る場合や、複数の人が見るであろう文章を作る場合などにろう児は日本語表記に悩み人のネットワークを使って日本語を修正するストラテジーを使用している。

　　「クラブで先生にメールする時に、あってるか迷う時はお母さんに見てもらう。」（FN150624）
　　「メールで自分の日本語があっているか自信がない時は母に見せていた。もちろん内容によるけど。」（ID150625 ろう者 A）
　　「ラインのタイムラインに投稿する時とか、メールとか送る前にお母さんにいちいち確認してもらってて、そろそろ自分で考えなあかんなと思った。でも、お母さんに文を直してもらったら、変な誤解されないで済むから、ちゃんと伝わるから。」（ID151209 ろう児 H）

　日本語リテラシーに関する「不足」や「不安」を解決するネットワークとして多く活用されるのは家族メンバーであるが、学校場面や仕事場面では友人や同僚が大事なネットワークになっている。

　　「読めない漢字はいっぱいあるから友達に聞く。教えてくれる時もあれば、『わからん』と言われる時もある。」[16]（ID150820 ろう者 D）
　　「文があってるか自信がない時は、同期に、恥ずかしいけど、文章があってるか聞きます。『忙しいから後で』と言われることもあるけど協力してくれる。上司にも、『日本語に自信がないので一度確認をお願いします』といって書類を提出するようにしている。『ちゃんと見直して出してるか』と上司には言われることがあるけど、あらかじめ言っておくことが大事。」（ID150815 ろう者 C）
　　「学校で日本語を間違うと困るので、保護者にメールを送る前には他の

先生に見てもらうようにしています。今までに間違いのある日本語のメールを送ったことはないですが、間違えると教師としての資質を疑われるかもしれないし、連絡内容を誤解されるかもしれないので。」（ID150820 ろう教 K）

　「友達に『間違ってたら教えて』と言うようにした。わからん時はとにかく教えてもらう。色んな同級生がいたけど、なかには親切に教えてくれる人もいた。自分のわからない文を読み取ろうとしてくれる友達もいて、ありがたかった。」（ID150625 ろう者 A）

　友人をネットワークとするストラテジーのなかには、リテラシーイベントのなかであえてスピーチイベントを起こし、問題解決をはかる方法も見られた。

　「自分の書いたものが、友達に伝わらないことはよくあった。もう一回、詳しく書くこともあった。でも、ほとんどの場合は、その友達ではない別の友達に読んでもらって理解できたら、その内容を友達に伝えてもらっていた。自分がもう一度書き直すよりその方が早いから、通じない時は別の人に読んでもらうようにしていた。」（ID150920 ろう児 E）

　他にも、最近では障害のある学生を対象としたサポートセンターを設置している大学が増えており、そこがネットワークとして機能している例もあり、障害学生を受け入れる大学の体制作りが進んでいることがうかがわれる。

　「今は、大学の支援センターに助けてもらってる。そこは恋愛相談とかもあって、いろいろ相談してくれる。難しい資料でわからないものも、もっていって聞いたら教えてくれる。」（ID150820 ろう者 D）

9.6.2.2　ネットワークを活用するろう児・者の姿が示す、ろう教育のマスターナラティヴとは異なる生き方

　次に、ろう児・者がネットワークに頼るのではなく、ろう児・者自身がネ

ットワークとして機能し、他のろう者や聴者を助けているケースを見てみる。一例として、デフファミリーに育ったろう教員O（ID150814）が家族にとっての日本語ネットワークになっていたケースをあげることができる。

　　「小３か４の時くらいから、FAXの文章を直すのは当たり前のようにしていた。」

　家族メンバーのなかで最も日本語リテラシーが「高い」ものが、その家族のネットワークとしての役割を務めており、ろう児・者は常にネットワークに頼る立場に固定されるわけではない。他にも、第一言語がコリア語である祖母と暮らしていたろう児は、学校から配布される資料を十分に理解できない祖母のネットワークとなり、弁当の準備が必要な行事の予定などを知らせていた（FN120524）という例もある。他にも、ろう児・者が日本語のネットワークになっているとまでは言えないものの、聴児・者の日本語の間違いを修正した経験談は複数のインタビュイーから語られている。ろう教育では、ろう児の日本語リテラシーは個人差があるものの相対的には「低い」という共通認識があるため、日本社会のなかでの言語生活では、ろう児・者は「支援を必要とする」存在としてイメージされやすいが、実際の日本語リテラシー実践のなかでのろう児・者は、常に「助けられる」存在であり続けるわけではなく、自身がネットワークとなり他者をサポートする役割を果たすケースもある点は重要で強調されなくてはならないだろう。
　また、ろう児・者が日本語リテラシーの「不足」を補うためにネットワークを使用する際には、ただ補ってもらうだけではなく「交換」のような形で相手にも何らかの利益を与えているケースがある。これは、自分以外はすべて聴者が占める職場で働いているろう者C（ID150815）の話から確認できる。

　　「その同期（の同僚）は手話に興味をもってくれて、僕が指文字や手話を教えています。二人の時は手話で話します。この同期には日本語も聞きやすい。」
　　「朝に一日の仕事内容を確認しますが、その時に同期（の同僚）と相

談して、文章のある仕事は同期に取ってもらうんです、悪いけど。でも、他の仕事は自分がする。例えば、製作や業務改善の案作りとかは僕が取ります。同期の苦手な仕事を僕が取るようにしてます。」

　このように、ろう者Ｃはただ助けてもらうだけではなく自分も相手にとって利益を与える存在になっており、何らかの恩恵を「交換」している関係性が読み取れる。Fingeret（1983）は、ネットワークのなかで読み書きを代行してもらうアメリカの非識字者が、ある場面では識字者に何かを与える立場でもあることを示しており、非識字であることが一方的に弱者の立場を固定するものではなく、その関係は相互利益的でもあることを明らかにしている。インタビュイーのろう児・者たちは、Fingeretのいう「非識字者」と同じではないが、ろう者Ｃの話からはろう児・者の日本語リテラシー実践と非識字者のそれには共通する部分もあることが示唆される。ろう教育では、日本語リテラシーを聴者並みに高めることがろう児の社会生活を充足させるという機能的リテラシー観にもとづいて教育活動が行われるのが一般的である。そのため、人のネットワークというストラテジーを駆使することで自身の日本語リテラシーの「不足」を補いながら、社会のなかで活躍するろう者Ｃのような存在は、言わばろう教育の推奨する路線とは異なる生き方であり、これまで注目されることはなかった。

　識字学級や夜間中学に通う非識字者を対象とした研究[17]からは、「奪われた文字を奪い返す」ことで、「自律的な主体」を取り戻していくというマスターナラティヴが「解放」の名のもとに過度に強調された結果、非識字者イメージの一面化や、マスターナラティヴが学習者に内在化するといった負の側面が指摘されている。ろう教育にも、「自立した社会生活を送るための日本語リテラシー」というマスターナラティヴが存在しているかも知れない。ろう教員の戸田康之氏は、ろう者である自身の父親は日本語がそれほどできるわけではないが、仕事や子育てをまっとうしていることを述べ、「日本語ができない場合は、社会に出てからやっていけないよ。働くことができないよ。」「日本語ができないと幸せな社会生活ができないよ」などのろう教育で語られる言説を否定している[18]。今回の調査や戸田氏の指摘からは、ろう教

第9章　ろう児の日本語リテラシー実戦　*245*

育のマスターナラティヴとは異なる生き方や日本語リテラシー実践を行っているろう児・者の存在が確認でき、ろう児・者の言語生活や日本語リテラシー実践が想像されるより多様であり、日本語リテラシーの「不足」が「不幸」と同義ではないことを示していると言えよう。

しかし、だからと言ってネットワークを活用する彼女ら彼らの言語生活が永続的にうまくいくわけではない。在日韓国・朝鮮人一世の非識字女性を対象とした猿橋（2005）の研究では、相互利益的関係にもとづくネットワークは結婚・育児・加齢などによるライフステージの変化によって書き換えが必要になるが、その書き換えが困難なケースも多いことが明らかにされている。ネットワークは動的で可変的なものであるため、ネットワークを必要とするろう児・者の場合にも同様にネットワークの書き換えが必要になるケースもあるだろう。ろう者Cの場合は、相互利益的な関係を築いた同僚の異動ということが、ネットワークの書き換え場面として予想される。ネットワークを構築することで日本語リテラシーの「不足」に対処することは可能かもしれない。しかし、それは長い目で見れば一時的な対応策であり、限定的な解決にしかならないという課題も抱えている。

9.7　日本語リテラシーに対する心理的負荷

リテラシーイベントというツールを通して、ろう児・者の日本語リテラシー実践についていくつかの具体的様相を記述してきた。聴者社会のマイノリティであるろう児・者は、日常の言語生活のなかでリテラシーイベントを作り出しながら情報の可視化を試みている。また、作り出したリテラシーイベントないで日本語リテラシーが「不足」する場合には何らかのストラテジーを駆使しながら対処する主体的な存在であることがわかってきた。しかし、今回のインタビューから、彼女ら彼らのなかには日本語リテラシーに対する心理的負荷を感じているものがいることも同時に見えてきた。

　　「文がおかしかったらどうしようとか、どんな聞き方をしたらいいのか
　　考えてた。日本語へんと思われたくなかったから、短い日本語で質問と

かしていた。」（ID151209 ろう児 H）

　「バカにされたくないという気持ちがある。『意味わからん』と言われ
るのが嫌だから。」（ID151209 ろう児 H）

　「トラブルに対応した時には上司に報告書をあげないといけない。その
時に文章が必要になるけど、文章の壁があって大学出身の人とは差があ
るなと感じました。」（ID150815 ろう者 C）

　「聞こえる人でも読み書きが不得意な人がいると知るまでは、聞こえる
人はみんな日本語ができると思ってた。それまでは、自分の日本語の力
に劣等感があったと思う。」（ID150807 ろう教 J）

　「作った文を送る前に必ず読み返す。変な文を書く時があるという自覚
があるから。」（ID150818 ろう教 L）

　自身の日本語や日本語リテラシーに対して何らかの「劣等感」を感じてい
るろう児・者は存在している。そこには「聞こえる人は日本語を間違うこと
がない」「読み書きが不得意な聞こえる人はいない」という事実ではないが、
ろう児が現実として想定する日本語社会像の影響があるのかも知れない。そ
れでも、なかには何かのきっかけで日本語リテラシーに対する心理的負荷を
はねのけるろう児・者もいる。

　　「はじめは、筆談に対して正直抵抗があった。苦手というのも自分で
　わかってたし、時間もかかるしっていうのもあった。でも、伝えようと
　する姿勢っていうのか、それが大事とわかってから抵抗がなくなった。」
　（ID150625 ろう者 A）

　しかし一方では、日本語リテラシーの「不足」による苦い経験が何度か繰
り返されるうちに、筆談によるリテラシーイベントを介するコミュニケーシ
ョンへの拒否感を示すようになるケースも見られる。

　　「筆談はもう嫌。嫌な思い出が多い。通じなくて何度もやり取りを繰り
　返すから、手話で話すみたいなテンポで話せない。」（ID150920 ろう児 E）

9.7.1 「正しい」日本語、「きれい」なことばという言語観の存在

　なぜ、ろう児・者のなかには日本語リテラシーに対してある種のプレッシャーを感じるものがいるのだろう。インタビューでは、彼女ら彼らのなかで「正しい」日本語や「きれい」なことばというイメージが語られることがあり、そのような日本語像が規範的に作用し相対的に自身の日本語リテラシーが不十分であるという意識をもたらしているのではないかと思われる。

　　「職場の聞こえる先生や保護者へのメールは気をつかう。正しい日本語を使わないといけないと思うから。間違っていることを指摘してくれるのは自分のためを思ってのことだと思うけど、『間違えてる』と言われたくはない。」（ID150926 ろう教 M）
　　「大学に入るまで正しい日本語を知らなかった。『〜です』とかをつけずに筆談をしていた。大学で初めて聞こえる世界に入って、聞こえる人の文章は硬いなとショックを受けた。メールの文も硬いなと思った。その時は、聞こえる人が皆こういう硬い文を書くと知らなかった。」（ID150926 ろう教 M）
　　「日本語の力は高い方がいいと思う。ことばがきれいだから。ことばがきれいだと、ちゃんとしているという良い印象を与えられるから、そのあとも関わりやすい。」（ID151209 ろう児 H）

　「正しい」日本語や「高い」日本語の力が可能にする「きれい」なことばという言語観は、自然に形成されるものではない。ろう教員 M とろう児 H はインタビューの他の箇所で、ろう学校から地域の高校または大学に入り聴児・者とかかわるなかで「通じない」経験をもち自分の日本語と日本語リテラシーへの不安を感じたと話している。つまり、リテラシーイベントないで「通じない」状況が生まれた時に、その責任が日本語リテラシーの「低い」自分にある、聴児・者の使用する主流（＝「普通」）の日本語を使えない自分にある、とする理解の仕方が、反転して自身の日本語リテラシーに対する低評価となり「劣等感」につながっていった可能性が考えられる。おそらくそのような経験を通して、まわりの聴児・者が使う日本語を「正しい」日本語

や「きれい」なことばと認識するようになったのであろう。

　また、より大きな視野から見れば、この「劣等感」は日本社会が「正しい」日本語や「きれい」なことばを使うことを要求する社会であるために作られる側面があるだろう。インタビューでは、進学や就職・職場での信頼に日本語または日本語リテラシーの多寡が影響するという認識や想定が見られた。

> 「日本語ができないと就職に不利になります。公務員試験を受けるにも日本語で試験を受けなければいけないし。実際にはよく働くことができるような人なのに、日本語だけで不利になるのはもったいないなと思います。」（ID150820 ろう教 K）
> 「もし自分がろう学校育ちだったら、今と同じ日本語の読み書きができなかったかもしれない。変な話だけど、ろう学校の世界で生きていくといい仕事に就けない。大きな会社の子会社とかに障害者枠で入るから給料も上がりにくい。でも、聞こえる学校の世界で生きていくとろうの友達が減ってくるっていうのもある。どっちが良かったのかなと今でも答えがでない。」（ID150807 ろう教 J）
> 「この仕事（教員）をしているので、日本語の力が信頼に影響すると思うことがありますね。」（ID150820 ろう教 K）
> 「この仕事（教員）だから特にかもしれないですけど、日本語ができないと不信感につながると思うんですよ。連絡帳とかで変な日本語を書くと保護者に『こんな書き方をするんだ』って思われるでしょうし、それって問題じゃないですか。」（ID150810 ろう教 P）
> 「教員だから特に日本語をしっかりできなくちゃいけないですけど、会社でも大切な書類を書くことが難しいと信頼されなくなるでしょうし。」（ID150810 ろう教 P）

9.7.2　日本語の質が人への評価に影響する社会

　日本語と日本語リテラシーの習得を前提とし、それが進学や就職に決定的に影響するように設計されている日本のような社会システム下では、ある人が使っている「ことば」がその人の能力や価値の一端を示していると理解さ

れるようになる。「ことば」が人の能力や価値をはかるための指標とされる
社会では、当該社会の構成員の心のなかに、その指標が示す優劣を内面化さ
せる可能性があることは否定できない。使う「ことば」の質でもって、人の
能力や価値を決める心理が生まれるのである。したがって、ろう児が使う
「間違った」日本語や日本語リテラシーを理解できなかった聴児のなかには、
そのことでろう児を中傷するケースも生まれる。

　　「（地域の高校で）『お前の日本語はわからん』とはじめは馬鹿にされる
　　こともありましたよ。ろう学校の時は、自分より日本語が変な人も多い
　　から『いいか』と思っていた。」（ID150625 ろう者 A）

　また、ろう教員 O（ID150814）も「ことば」が人の評価にむすびついてい
ると感じた経験について以下のように語っている。ある時、家族メンバーが
車の事故に巻き込まれた。実際には「あてられた」という状況に対して、相
手（聴者）は「あたった」と主張した。そのやり取りのなかで、当時は小学2、
3年生であったろう教員 O は「日本語ができないと、日本語ができる側に有
利なように物事が動くんじゃないか」という「なんだか言いくるめられそう
な、あちらの言い分が通りそうな、嫌な予感」を感じ取り、「『聞こえない→
日本語もかけていない→知能が低い』というふうに解釈されたことを、暗に
感じ」たそうである [19]。日本語の読み書きの質が、知能の評価にさえもつな
がる危険性が読み取れる。また、前述したろう教員の戸田氏も「日本語を身
につけることは大切ですが、日本語の獲得状況で子どもの存在を評価するの
ではなく、その子どもが何を話しているのかを、その子が使う手話を通して
しっかり見て欲しい [20]」と述べ、日本語という「ことば」の力でろう児を価
値づける聴者教員の傾向に釘をさしている。
　金（2008）は、例えばアメリカのような移民によって社会が構成されるよ
うな環境では、英語の非識字者の存在がある程度社会的に認知されているた
め、心理的ダメージは日本より少ないのではないかと、在米コリアンコミュ
ニティの英語非識字者の様子との比較から述べている。社会のあり方によっ
て、人の評価に対する特定の「ことば」が占める割合は変わるのであろう。

250 第 4 部　ろう教育における「リテラシー（読み書き）」研究がもつ問題

日本では、日本に住む人はみな日本語を話し読み書きしているとする通念が
いまだ完全に払拭されたとは言えず、在日韓国朝鮮人、ブラジルなどからの
ニューカマー、そしてろう者や不就学ろう者[21]などの存在が社会的に認知
されにくく、日本語が第一言語話者並に運用できないものは能力が欠如した
ものとして認識される傾向がある。マクロな視野から、日本のろう児・者が
日本語や日本語リテラシーに対して感じる心理的負担の要因について考えれ
ば、日本社会全体に見られるこのような言語意識や「ことば」への態度が影
響していると言えるだろう。

9.7.3　ろう児・者自身に見られる日本語の質で人の価値をはかる心理

　「ことば」の印象で人の能力や価値を決める心理は聴児・者にだけ見られ
るのではなく、ろう児・者にも内面化している場合がある。

> 　「どうしても、皆ことばのレベルで人をはかってしまうところがあるよ
> うな気がします。私の場合も、教育実習の依頼のために実習生（ろう者）
> が送ってくる文を見て、それだけで『あまりできないだろうな。』とか思
> ってしまうことがあります。でも、実際に来ると熱心でとても頑張って
> くれる。けれど、実習ノートに書く日本語は厳しかったりするんですね。
> 私も一緒に残って日本語を修正してあげたりしながら実習ノートを完成
> させることもありました。」（ID150820 ろう教 K）

　また、「ことば」で人の能力や価値を決める心理は、ろう児・者自身に対
しても向けられ、自分の価値を低める。

> 　「自分は難しいことばを使わないで簡単なことばを使うことが多いから、
> 小学生みたいやなと思う。高校生らしいことばとかあるのかなあって。」
> （ID151209 ろう児 H）

　先に述べたように、日本語のなかには聞くことで習得が促進される領域が
あり、耳からのインプットが十分に確保されないろう児・者にとって「言い

回し」や「漢字の読み」「助詞」などは、簡単に身につけられるものではない。そのため、ろう児・者のなかには、聴児・者基準の日本語や日本語リテラシーを獲得できない層が生まれる。にもかかわらず、自身には不利に作用するかもしれない聴児・者基準の日本語や日本語リテラシーの価値を「正しい」日本語や「きれい」なことばとして内面化したうえで、進学や就労への影響力から日本語と日本語リテラシーによって運営される社会システムに自発的に参加せざるをえないという図式は、「正統言語」によって支配されている「言語市場」に正統言語を運用する能力のない、または限られているものも正統言語の規範を受け入れたうえで参加する他ない、というブルデュー（1993）の論と重なる。

　さらに、日本語や日本語リテラシーの差をもって「優劣」を決めてしまうような言語観を生み出す現状の言語環境は、場合によってはろう児・者間にも「ことば」による階層化意識を作りだす。

　　「気持ちのどこかで読み書きが苦手なのはろう学校育ちだから仕方ない、地域の学校育ちのろうはかしこいからな、という気持ちがあった。」（ID150926 ろう教 M）
　　「ろう学生懇談会（聞こえない・聞こえにくい高校生・大学生・専門学生の団体）にいる地域の学校育ちのろうに『日本語がおかしい』とか、『敬語を使え』とか怒られたことがある。」（ID150926 ろう教 M）
　　「あんまり簡単な文にすると、馬鹿にするなってなるし、日本語が苦手な人（ろう児）もやっぱりプライドをもっているので。友達（ろう児）の間では、日本語ができると優越感みたいなものがあるんです。小学部の高学年くらいから、そういうことがわかるようになってから起こるような感じですけど、日本語ができる人は偉そうにすることがあります。」（ID150702 ろう児 I）

　日本語リテラシーが高いほうが「かしこい」という意識はろう児・者に内面化し、日本語リテラシーの度合いによる区別意識が生まれる。これは限られたケースなのかもしれないが、ろう児・者集団のなかで日本語リテラシー

がより「低い」ものが何らかの恥の感覚を負う場合があることは確からしい。反対に、日本語リテラシーがより「高い」ろう児が「優越感みたいなもの」を感じる理由の一つは、「高い」日本語リテラシーをもっているほうが聴者の世界に入りやすいことにあるようだ。

> 「日本語の文章が得意な人が偉そうになるのは、聞こえる人の世界に入りやすいからっていう理由なんですけど、自分がサボって日本語が苦手とかじゃなくて、頑張っても日本語が苦手な人をバカにするのはどうかなと思います。」(ID150702 ろう児 I)

9.8　別様な（日本語）リテラシーの存在

9.8.1　日本語の「間違い」への寛容さ

　ろう児・者のなかには、自分の日本語リテラシーに「不足」を感じ、聴児・者とのリテラシーイベントで何らかの心理的負担をおうものがいる。そこには、「正しい」日本語や「きれい」なことばという意識が規範的に作用している様子が読み取れること、日本語リテラシーの多寡が人の「優劣」と結びつく感覚がろう児・者にも内面化するケースがあることを記述した。しかし一方で、ろう児・者間でのメールやラインというリテラシーイベントでは、「正しい」日本語という意識がかなりの程度にまで薄まり、心理的負担が軽減されるケースも確認された。

> 「ろうの友達は許される範囲が大きい。文章がわかりにくくても許してくれるから、ろうはあんまり気にせずメールを送る。それでもわかってくれる。」(ID150815 ろう者 C)
> 「相手も耳が聞こえないから、日本語の力が同じくらいと思うから気が楽。聞こえる人は小さいころから声が聞こえているし、理解が早いし、語彙力が高いと思っている。高校の経験でそう思うようになった。私が使ったことのないことばをみんな使っているから、『そんなことば使ってるんだ』って、自分の力を知った感じ。」(ID151209 ろう児 H)

「ろうの友達同士なら日本語の間違いを細かく指摘されたりしない。」
（ID150926 ろう教 M）

　ろう児・者間のリテラシーイベントでは心理的負担を感じることは少ない。もちろん、インタビューでは、メールやラインの文面に間違いを見つけ違和感をもつことや、勘違いが起こり迷惑する様子、間違えていることを伝える行動なども見られたが、ろう児・者間でのリテラシーイベントは「間違い」に対して比較的寛容であり、日本語の「間違い」をおかすことへのプレッシャーは軽減されている。

　　「ろうの人とメールしてて助詞とか『です・ます』がおかしかったりする時があるけど、このグループは同期のグループだから、間違えてても『間違えてる』って言えます。でも年上だとやっぱり言えないですよ。基本的には変な日本語でメールが来ても『そんなもんかなー』って感じに思ってました。」（ID150810 ろう教 P）
　　「送られてきたメールやラインの日本語が間違っていても、それを言うことはない。」（ID150620 ろう者 B）
　　「グループラインは同じ画面で、複数のメッセージを同時に読むことができ複数で会話ができるが、友人が話題からずれて発言したときや、勘違いをしてグループラインでのやり取りの雰囲気が微妙になったとき、グループライン上で指摘したりすると、自分の意図しない雰囲気に変わってしまったりする恐れがある。それを避けるために、一対一のラインメッセージのやり取りをすることで、本人の言いたいことを汲み取ることができる。ろう者の場合は、日本語の間違いやことばの読み違いはよくあることなので一対一の場合だと相手のペースにあわせてことばを選んで伝えることで、本人のプライドを傷つけないようにするねらいもある。」（ろう教 L）[22]

　ろう児・者間のメールやラインでは、「ろう者の場合は、日本語の間違いやことばの読み違いはよくあること」、「変な日本語」も「そんなもんかな」

と許容される土壌がある。そこでは、ろう教員Lが「相手のペースにあわせてことばを選」んでいるように、相手のリテラシーにあわせた文章の調整が頻繁に行われるという特徴がある。

9.8.2　わかりやすさを意識した日本語の調整行動

　　「○○とか、○○とか、○○のグループにメールするときは難しいことばで、『これは通じないだろうな』って思ったら変える。でも、○○や○○のグループには違う文章の感じで送ります。ろうの人でも対応はそれぞれ変えています。」(ID150815 ろう者C)
　　「ろうの友達にメールする時は人によって文章の程度を変えています。でも、無意識にです。」(ID150702 ろう児I)
　　「日本語が苦手な友達が受け手だと思うと、ラインでもメールでもわかりやすく言いかえて伝える。『この日本語はわからないだろうな』と、よく知ってる人なら何となくわかる。」(ID150920 ろう児B)

　相手がすでに知っているろう児・者であれば相手の日本語リテラシーについてもある程度把握できている。ろう児・者間のやり取りでは、使用する「ことば」を相手に伝わりやすいよう調整することが当たり前のように行われているようだ。また、初めてやり取りをするろう児・者に対しては以下のような対応で相手の日本語リテラシーを推し量っている。

　　「初めてメールするろうの人だと、まずわかりやすい文章で送ります。で、その返事を見たら大体わかるので。」(ID150702 ろう児I)
　　「相手が初めて連絡するろうの人の場合、難しい漢字は使わないようにとか、まずは簡単な文を送る。でも、簡単すぎると失礼になるし、大人としてのメールにする。それで、相手の返信を見て相手の日本語の力に合わせたことばにする。『こんな言い方はしないな』という文が返ってくることもあって、そんなことで相手の力がだいたいわかる。」(ID150818 ろう教L)

第9章　ろう児の日本語リテラシー実戦　255

「初めてメールする場合には基本文だけを送るようにしている。『私は〜
と申します。よろしくお願いします。』のように。その返事を見て判断する。
それでどれくらい日本語が通じるか大体わかる。」(ID150814 ろう教 O)

　このように、ろう児・者間でのリテラシーイベントでは相手にあわせた
「ことば」の調整を行うことでコミュニケーションを成り立たせていること
がわかる。言いかえれば、相手にあわせてカスタマイズした「ことば」を使
用してコミュニケーションが図られている。ろう児の日本語の力や学力には、
個人差があることが知られているが、その個人差ゆえにメールやラインでの
やり取りを成り立たせるための調整が聴児・者よりも必要になるのであろう。
また、実際の生活では日本語リテラシーの面で個人差のあるろう児・者集団
が相互にやり取りを行っており、ある場面では日本語リテラシーを「調整さ
れる」ものが、ある場面では「調整する」側にまわることもある。

「仕事をするまでは、○○とのメールで内容が難しくてわからない時も
あった。でも、他のグループには、この日本語はわからないからと、違
う言い方をする時もある。通じないから。」(ID150815 ろう者 C)

　以上見てきたように、ろう児・者間のリテラシーイベントでは日本語の
「間違い」に比較的寛容であり、それぞれが相手にとってわかりやすいよう
に日本語を調整しながら日本語リテラシー実践を行っている様子が確認でき
る。一方で、ここで示したようなリテラシーのあり方は一般的な聴者の日本
語リテラシー実践とは異なっているため、9.7.1 でろう教員 M が述べたよう
に大学に入って初めて聴者の日用の文章を読む経験をし衝撃を受けるという、
社会学的・人類学的にもユニークな事実が起こりうるのだろう。

9.9　ろう児・者の事例から考える 「ことばのユニバーサルデザイン」

　最後に、本章の目的の一つである「ことばのユニバーサルデザイン」につ

ながる論点として、ろう児・者に見られる「ことば」の調整の具体例について記述したい。この点は、ろう当事者が行う「ことばのユニバーサルデザイン」実践として、日本語をわかりやすく多元化する際の参考になるだろう。これまでに見られた調整は、おもに「簡単なことば」を使うことや「難しい漢字やことば」を避けることにあった。その他に、ろう児・者間で行われることばの調整にはどのようなものがあるのだろう。まずは、慣れていないと思われる「言い回し」をさける、文自体を短くする、必要最低限の内容にとどめるという調整があげられる。

> 「『道を踏み外す』みたいなことばは、ろう学校の友達ならわかるかなと言う前に考える。」(ID150620 ろう者 B)
> 「簡単にする。ストレートな言い方にするというか、最低限必要な内容にして送る。メールをしていて、曖昧なやり取りが続くと自分も意味がはっきりと取れなくなってくる。その時は短い簡潔な文で内容を確認する。」(ID150818 ろう教 L)

次に、主語を明確にすることで誰の話なのかがはっきりわかるようにすること、同じように日時を明確に示すことがあげられる。

> 「ラインで、○○ろう学校の時の同期のグループがあるんですけど、ずっとろう学校育ちの人もいれば一般校育ちの人もいて。誰かが話してたことに主語がなくてわからない時に、他の子が『主語つけてー』って言ったりすることがありますね。」(ID150810 ろう教 P)
> 「やっぱり文を変えたりする。あんまり得意じゃない人には主語を明確にして、日にちとか時間をはっきりわかるように書く。」(ID150814 ろう教 O)

筆者も受けもっていたろう児から、「10時10分前に集合」は「10時7、8分に集合」の意味だと思っていたと聞いたことがある。そのようなケース[23]があるため、「9時50分に集合」のように時間をはっきり表すことは、わか

りやすさを生むポイントになる。他には、写真のように日本語以外の視覚情報を盛り込む調整もなされている。

　　「相手が日本語を苦手だと、内容をコンパクトにして伝えたり、写真を
　　つけたりする。」（ID150625 ろう者 A）

　インタビューでは「調整する」側からの話が多く、「調整される」側が必要としている調整事例はあまり得られなかった。しかし、一つだけ確認できたのは、何らかのマークや記号を頼りにして読み取りを行っているケースである。

　　「文だけだとわかりにくいとこもある。文の後に（笑）があると『お
　　もしろい話』だなとわかるけど、ないと面白いのかどうかわからない。」
　　（ID150920 ろう児 E）

　ろう児・者に関する「ことばのユニバーサルデザイン」へのヒントとしては、「『言い回し』や難解な表現・難解な漢字をさけ、簡単なことばを選ぶこと」「文自体を短く簡潔にすること」「必要最低限の内容にとどめること」「主語や日時を明確にすること」といった、日本語そのものをわかりやすくする方法と、写真やマーク・記号などを取り入れるという視覚情報を用いて文全体の表す意図をわかりやすくする方法が考えられる。また、日本語リテラシーを介さないという調整を行うことでコミュニケーションを成立させる手段もある。

　　「まったく読み書きができないろうとはテレビ電話を使うこともあっ
　　た。」（ID150926 ろう教 M）
　　「僕も（他のろう教員と）メールでやり取りするけど、結局何が言いた
　　いのかわからない。ずーっと長い文章があって色々書いてるんだけど何
　　を言いたいのかわからない。そんな時は、『明日会った時に話そう』とい
　　うふうにして、次の日に会って手話で話すと『なーんだ、そういうこと

か』ってなる。」（ID150807 ろう教 J）

　「メールでは難しそうだったら、『会って話しましょう』という風にして、会って手話で話せば通じる。」（ID150814 ろう教 O）

　メールなどのリテラシーイベントのなかでは、日本語リテラシー自体の調整に頼らざるをえない。しかし、日本語リテラシーの範囲で行われる調整ではコミュニケーションが成立しない場合には、「ことば」の形を日本語から手話に変えるという調整がありえる。これも媒体の多元化を志向する「ことばのユニバーサルデザイン」実践として有効であり、テレビ電話のような媒体がより高精度になり普及すれば、日本語リテラシーをそれほど頼りにしていないろう児・者にとってはさらに有益な方法となるだろう。

9.10　ま と め

　本章では、ろう児のリテラシー実践を分析する出発点としてリテラシーイベント概念を採用した。そして、ろう児・ろう者・ろう教員を対象にしたインタビューと筆者のフィールドノーツから得たデータをエスノグラフィー的に記述分析し、日本語を読み書きする行為の目的や直面している困難について考察した。また、そのなかで彼女ら彼らが置かれている言語環境の把握を進めてきた。

　ろう児・者が音声日本語環境に置かれた場合、周囲のやり取りまたは自身に向けて発信される情報を正確に理解するのは難しい。音声日本語環境に置かれているろう児・者は見てわかる視覚的なコミュニケーションによる情報を必要とするが、その一手段である手話環境はほとんど整備されておらず地域の高等学校のような場ではろう児が友達や教員とのコミュニケーションに苦労している。そのため、彼女ら彼らのコミュニケーションは必然的に日本語の読み書きを介する場面が増えるようになり、そこにリテラシーイベントが生じる。

　リテラシーイベントがろう児・者にもたらす効果は音や声による情報を可視化する点にあり、それによってより確実な情報のやり取りが可能になる。

手話環境がないなかではリテラシーイベントを作り出すことでしかまとまった情報を得ることができないため、彼女ら彼らは積極的にリテラシーイベントを作り出しながら自らを情報保障する努力を行っている。ただし、日常のなかで自然発生的に起こるリテラシーイベントを待つだけでは満足に情報を得ることができない。したがって、ろう児・者はリテラシーイベントを作り出すためのストラテジーを駆使しながら日々の生活を送っている。例えば、学校場面でのおもなリテラシーイベントである筆談を可能にするため、メモとペンを常にもち歩くことや、教室ないで筆談がしやすい座席を確保するといった工夫などをこらしている。

　しかし、作り出したリテラシーイベントにおいてもコミュニケーションに機能不全が生じる場合もある。これは、日本語や日本語リテラシーそのものにろう児・者にとって習得が難しい領域（「言い回し」「漢字の読み」「助詞」など）が含まれているために起こるコミュニケーション上の二次的な障壁であり、リテラシーイベントないのコミュニケーション効率を低下させる要因となっている。それでも、彼女ら彼らはより「高い」日本語リテラシーをもつ人からの助けを得ることで自身の日本語リテラシーの「不足」についても対応していることがインタビューから明らかになった。これは非識字者のリテラシー実践の研究で確認されている、人のネットワークを活用し読み書きを代行してもらうストラテジーと類似した現象であることを指摘した。

　一方で、ろう児・者は日本語リテラシーの面で常に「助けられる」側に固定されるわけではなく、別の場面では相手を「助ける」側に回る相互利益的な関係でもある。また、ろう児・者自身が他者の日本語リテラシーの「不足」を補うネットワークとして機能しているケースも見られた。ろう児・者の日常に見られる日本語リテラシー実践からは、ろう児・者が聴者中心の日本語社会で苦労しながらも、いくつかのストラテジーを駆使しつつ主体的に生きている様子が認められ、それはろう児は聴児並みの日本語を習得できないと充足した生活を送ることができないとするろう教育のマスターナラティヴに再考を促すものであった。

　また、今回の調査では聴児・者基準の日本語リテラシーに対する心理的負荷を感じているろう児・者がいることが明らかになった。そこには、聴児・

者は「正しい」日本語や「きれい」なことばを使っていると信じるある種の
ネイティヴ神話の存在と、自分は「正しい」日本語や「きれい」なことばを
使えていないという「劣等感」が確認されると同時に、日本語という「こと
ば」の質で人の能力や価値をはかる思考や心理がろう児・者にも内面化して
いる様子が読み取れた。

　ろう児・者同士のメールやラインというリテラシーイベントについて着目
すると、日本語リテラシーに対する心理的負荷がかなりの程度薄まっている
ことも他方では確認された。そこでは日本語の「間違い」に対する寛容な言
語態度と相手の日本語能力に合わせてわかりやすく調整された日本語を使用
する様子が見られ、別様な文字規範による日本語リテラシー実践が行われて
いることがわかった。なかでも、「『言い回し』や難解な表現・難解な漢字を
さけ、簡単なことばを選ぶ」「文自体を短く簡潔にする」「必要最低限の内容
にとどめる」「主語や日時を明確にする」「マークや記号を用いる」など、ろ
う児・者同士が実際に行っている「ことば」の調整は「ことばのユニバーサ
ルデザイン」の一事例として本研究にとって示唆的であった。

9.11　今後に向けて──アンエンパワメントという考え方の導入

　聴者が多数を占め、なおかつ手話による情報保障はいまだ不十分な日本社
会のなかでは、「高い」日本語リテラシーがろう児・者の助けとなる現実場
面は多いだろう。また、ろう教員 O（ID150814）のように、「日本語は認知と
関係していると私は思っていて、自分の気持ちの微妙な所までを表せる日本
語を身につけてほしい」と考え、心理学的な観点からの「発達」を期待して
いるろう当事者も多いだろう。だからこそ、ろう教育関係者は機能的リテラ
シー観にもとづいて、可能な限り彼女ら彼らの日本語リテラシーをエンパワ
メントし、聴児・者レベルに近づけようと試みる。この考え方は、ろう教育
の黎明期から今に至るまで一貫して見られ、教員たちは日本語や日本語リテ
ラシーを「社会で自立して生きていくため」「社会を支える一構成員となる
ため」に必須なものとして語ってきた。これは、ろう児が社会の底辺に落ち
込まないための予防策でもあり、救われてきたろう児も多い。しかし、ろう

教育で語られてきた社会とは実質的に「聴者社会」のことであり、聴児・者と同等の日本語リテラシーという基準を正当化し自明のものとして振る舞うことは一方で、その根底に流れる、聴児・者や聴児・者世界を「中心」とする心理や感覚までをも、彼女ら彼らに知らぬ間に植えつける側面があることは心にとどめておく必要がある。

　筆者の考えでは、エンパワメントの方策だけでは「聴児・者基準」という構図自体に変化は生まれないため、社会参画が可能になるろう児の数は増えてもろう児集団全体にとっての解決にはならない。したがって、ろう児・者の日本語リテラシーをエンパワメントすると同時に、マジョリティ側の聴児・者が「聴児・者基準」の日本語リテラシー観をアンエンパワメント（自発的制御）することが必要である。ろう教育関係者は、理念や教育方法に主義主張の違いはあっても、ろう児が将来的に充足した生活を送ることを願っている点では全員が一致しているのではないだろうか。そうであるならば、ろう児の社会参画を推進するための一手段として、マジョリティのもつ「聴児・者基準」の日本語リテラシー観をアンエンパワメントしていく実践を進めることもろう教育関係者が関与できる役割の一つであると思う。

■注
1　8.2.1 でも述べたように、ろう教育の分野では「日本語リテラシー」を意味する際、単に「リテラシー」と表記してきた。しかし、筆者はこの表記の仕方が、ろう教育における日本語の優位性を無意識に強化することにつながると考えている。そのため、本章では「日本語リテラシー」と表記していくことにする。ただし、引用箇所やその関連の箇所に関わっては単に「リテラシー」と表記する。
2　小田（2002, p.9）（ ）ないの補足は筆者による。
3　ろう児の読み書きを介するコミュニケーションをエスノグラフィーとして研究する着想は角（2012）から得た。
4　ましこ（2002、2012）、古賀（2006）、打浪[古賀]（2011）、かどや（2009、2012）、あべ（2010、2011）ら参照
5　Heath（1982, p.93）
6　Hymes（1972, p.56）
7　同, pp.53-65　Hymes は「スピーチイベント」の他に、「Speech Act」「Speech Community」「Speech Situation」などの概念についても述べており、'SPEAKING' と名付けた八つの要素（Settings［状況］、Participants［参与者］、Ends［目的］、

262　第4部　ろう教育における「リテラシー（読み書き）」研究がもつ問題

Act Sequence［連鎖行為］、Keys［基調］、Instrumentalities［手段］、Norms［規範］、Genre［ジャンル］）を具体的な分析指標として説明している。

8 また、本稿では中心的なテーマではないため扱わないが、ろう児のコミュニケーション実践では、発話を「手話」に置き換えることができ、「手話」によるスピーチイベントという研究テーマも成り立つだろう。

9 角（2012）では、「よみかきイベント」と表記している。

10 ろう教員はすべてろう学校で勤務しているわけではない。当該の自治体によって異なるが、他種の特別支援学校で勤務するろう教員は少なからず存在し、なかには盲児や弱視児をおもな対象とする視覚（特別）支援学校で勤務するろう教員もいる。教員個人が多様な経験を積むという文脈では意義があるとも思われるが、ろう学校では手話ができる教員が求められていること、またろう教員が担うろう児のロールモデルという役割を考えれば、数少ないろう教員をろう学校以外で勤務させるデメリットも大きいと筆者は考えている。

11 この点、また漢字の読みの問題に関連して以下本章で扱っているいくつかの事例は、同じ漢字表記がもつ複数の読みが聞こえない・聞こえにくい身体性をもつ人たちにとって言語活動の妨げになっていることを示しており、日本語の表記システムがもつ問題点の一つとして捉えられる。しかし、一方では「一本（いっぽん）」「二本（にほん）」「三本（さんぼん）」のような読みは音素の相補的分布や音便についての日本語学的な素養があれば合理的に説明可能な場合もあるが、それができる教員は少なく、そのためろう児が漢字表記の読みに苦労するという側面も指摘される。その意味で、この論点は恣意的な読みをもつ漢字表記がろう児に与える困難さへの視点の欠如と、日本語の言語体系への無理解が混合された問題であると言え、教員養成時点からカリキュラムに社会言語学と日本語学の基礎的な知識を取り入れ構造的な解決をめざす必要があるだろう。

12 本章では、ろう児・者の聞こえない・聞こえにくい身体性と漢字の読みがもつ恣意性の問題を関連させて分析している。しかし、漢字の読みの問題はろう児・者だけにとどまるものではなく聴者を含む日本語社会全体にも及んでいる。例えば、以下本章で出る「小児科（しょうにか）」のような慣用読みは恣意的であり、聴者のなかにも音として知っているが漢字表記と一致していない層もいるはずであり、パソコン入力などで問題が起きている。したがって、ろう児・者の問題も漢字の慣用読みがもたらす障害の延長線上に位置していると言える。

13 フィールドワークでは、ろう児にはわかりづかい例として他にも「進学校（しんがくこう／しんがっこう）」が挙げられた。しかし、「進学校」は「進学」と「校」の合成語であり「しんがっこう」という促音化された読みと、「しんがくこう」という促音化していない原形の両方が使われるため「作曲（さっきょく）」の問題とは異なっている。これは注11で述べたように、現場の教員に日本語学的な知識が不足しているため起きる事例と言えるだろう。

14 ラインやチャットは学校ないでのリテラシーイベントを媒介するおもな手段とはなりにくい現状がある。しかし、学校外の場面ではラインやチャットが使用される頻度は

高まることが推測でき、そこでのコミュニケーションが日本語の学習機会となっている可能性はある。ろう児Fのインタビューからは「バリ」ということばの存在を聴児とのラインのやり取りから知ったという事例が確認されたが、今回の調査ではこの点についてそれほど多くの言及を得ることはできなかった。

15 「ネットワーク」という考え方は、Fingeret（1983）と金（2008）を参照した。金（2008）は、夜間中学に通う在日コリアン一世の女性たちが、「文字に付随する周辺情報の記号化」と「人的ネットワークの強化」という、読み書きを代行する「識字戦略」をもっていることを明らかにしている。Fingeret（1983）については、後に本文で触れることにする。

16 聴者の友達に漢字の読みを尋ねても「わからん」と返される場面からは、本当は知っているけれども単に面倒だから適当にあしらうというケース以外に、聴者であっても読めない漢字が少なからずあるということが再確認でき、恣意性の高い読みという課題をもつ漢字の弊害はろう児・者にとどまらないことが再認識される。一方で、インタビューでは複数のろう児・者が、聴者は日本語を間違うことはないと思っていたと語っており、実態とは異なるある種のネイティブ神話のようなものが見られた。

17 猿橋（2005）、山根（2009）

18 新井・他（2015, p.21）

19 この部分は、インタビュー後にろう教員Oから送ってもらったメールの内容から引用している。

20 新井・他（2015, p.21）

21 鳥越（1994, 1999b）は沖縄をフィールドに不就学のろう者の暮らしを調査している。不就学ろう者は日本語でも手話でもない独自の身振りを用いて生活している。そして、その身振りをコミュニケーションツールとして周囲の聴者と共有することで社会的ネットワークを形成し地域社会に参加している。

22 この部分は、インタビュー後にろう教員Lから送ってもらったメールの内容から引用している。

23 日本手話話者のなかには、このような時間概念の理解を「ろう文化」の特徴の一つとする見方もある。

264 第4部 ろう教育における「リテラシー（読み書き）」研究がもつ問題

第 5 部

結　論

第10章　本研究のまとめ

10.1　本研究の結果

　本研究は、ろう教育という領域にかかわる「ことば」の問題のいくつかを
おもに社会言語学の視点から読み解こうとする試みであった。そのおもな目
的は、まず、ろう教育を取り巻く「ことば」の諸問題を記述することにあり、
これまで注目されることのなかった角度からろう児が抱えている不利益構造
のいくつかを新たな問題点として提起することがそれに続く。以下に、本論
である第3章から第9章で考察した点についてまとめていく。

　第3章では、現在も残るろう児の低学力問題についてろう学校の聴者教員
とろう児の関係性に着目しながら検討した。ろう学校に赴任する教員は手話
研修や「ろう児・者」についての研修を受けてきたわけではない。そのため、
赴任する聴者教員は手話ということばをほとんど知らない状態で授業が始ま
る。一方で、ろう教育では手話ということばの使用が当たり前になっている
ため、学校現場では聴者教員の手話能力という課題が顕在化している。その
ことがもたらす一つの影響は、授業場面において聴者教員がコミュニケーシ
ョン弱者になってしまうことにあると明らかにした。手話ということばの使
用において習熟しているのはろう児のほうであり、聴者教員はろう児に手話
を教えてもらいながら授業を進めるスタイルを取らざるをえない。この状況
が聴者教員の「友達化」という立ち位置を生み、場合によっては必要な注意
を与えることができない「指導をためらう」ケースに結びついている。この
手話の習熟度という問題と、「友達化」することによって授業で必要な注意
を与えられない立場が授業の成立を妨げる場合があり、学力向上をはばんで
いると考察した。

　また、聴者教員に見られる意識の問題もある。手話や「ろう」について知

らないまま赴任する聴者教員の多くは「弱者としての障害者」というイメージをもっている可能性があり、赴任後に実際に接するろう児とのギャップが生まれる。おもに手話能力に起因して授業が成立しないような困難な場面で、聴者教員はある種のストラテジーを駆使して自分の存在価値を保持しようとしている。それがろう児像の二元化戦略である。つまり、中学生段階のろう児なら、普段は「中学生」として扱うのだが、問題が生じた際には「障害児・者」の枠組みで捉え直すとことで問題の原因を自身ではなく「障害」に求めるというストラテジーである。これもまた、聴者教員の内省を阻害する要因と考えられ、ろう児の低学力につながる一要素であると分析した。

　第4章では、今や学校教育の中核ともなっていることばである英語について取りあげた。英語ということばは、日本の学歴社会のなかに深く組み込まれ、入試という選別機会でほぼ不可避に必要とされ、英語に関する資格の保持は進学のみでなく就職でも評価される。ろう児の社会的上昇にとっても英語は外すことのできないことばとなっているが、ここには英語リスニングという壁が存在しており、ろう教育とことばの関係に見られる不利益構造の一つとなっている。かつては、ろう児も聴児・者同様のリスニング試験を受けていたが、その不公平さは明らかで今では何らかの特別措置が行われている。しかし、公立高等学校入試では措置内容が全国的に不統一であり、座席位置の配慮や補聴機器の装用を認めるという程度にとどまっている自治体もある。また、大学入試センターの特別措置では審査の結果、リスニングが免除されることがあるが、「免除」を希望しても却下される可能性もあり、リスニング音量の調整や、イヤホンの装着などの措置を受けたうえで英語を「聞く」試験に臨まざるをえないろう児・者がいると想定される。

　英語の資格試験である「英検」も同様にリスニング試験を課しているが、ろう教育関係者やろう当事者からの要望を聞き入れ、リスニング部分をテロップ表示するという視覚支援を実現した数少ない事例である。リスニング特別措置は本来、「聞く」試験によって不利益を受けるろう児を救済する措置であるため、「聞く」回路ではなく「見る」回路で受信できるよう情報の形を変換した措置は画期的だと言える。しかし、英検のテロップ措置もまたすべてのろう児・者に適応されるわけではなく、「聴力レベル」という基準で

振り分けられるため「聞く」試験を受けざるをえないろう児・者はいまだ存在している。また、「聴力レベル」という数値は聞こえにくさの概要を示してはいるが詳細は示しておらず、数値上はより聞きにくいはずのろう児・者が実際にはより聞こえているという逆転現象が生じる。このように、英検のリスニング特別措置はろう児・者全体としての不利益を十分に取り除くことができていないだけでなく、「聴力レベル」という基準は資格取得の難易度に差を生み出しており、ろう児間に不利益の階層性を作り出してもいることを示した。また、英検の特別措置内容には口話主義が色濃かった当時のろう教育関係者がもつ意向が反映されており、ろう教育のもつ教育理念やその理念を下支えする障害観が特別措置の形成過程に影響を及ぼしていることも確認した。

第5章では、言語としての手話という補助線を引いたうえで、ろう教育の歴史のなかで口話法が台頭する時期になされた言説を読み解き、日本語ということばと手話ということばの間に置かれた価値の差や、その価値の差を正当化する論理について分析した。口話主義者が口話法を推進した背景には、ろう児の社会参加には日本語という日本社会で使用されることばが必要であり、それを可能にする手段こそが口話法であるという理念があった。それは同時に、社会一般に通じるわけではない手話ということばを否定する思考へとつながった。そのため、口話法では聴児のことばの習得過程をなぞるようにろう児のことばの学習も進めらることとなり、聴児と同様にことばを「話す」ことに力点が置かれるものとなった。

言語としての手話という補助線を引いた現代的な視点からこの言語現象について考える場合、同化主義的なことばの統制という姿が見えてくる。しかし、この同化主義的な考えが、実際には明治期以降の言語学の影響を受けた「近代的言語観」とつながっているということが問題の核心である。上田万年や保科孝一らに代表される日本の国語学は、西洋の言語学を取り入れ音声中心主義の方向性を打ち出しながら、すべての日本国民が話すべき統一された「国語」の創出を進めた。この流れのなかに表音式仮名づかいの普及や漢字廃止などの言文一致運動があり、その先に植民地での強制的な日本語普及があった。そして、一つの国家は一つの言語で運営されるのがあるべき姿だ

という「一国家一言語」の近代的言語観が「国語」の論理を正当化した。この「国語」の論理を口話主義者も取り込むことで、ろう児も日本国民であり「国語」を話すことで「国民」となるという考え方が示され、「話す」能力を重視する口話主義の台頭を後押しする土壌ができあがっていった。さらに、この近代的言語観の後ろ盾をもつ口話主義はインテグレーションという潮流につながり、現在でもその影響力は色あせていないことを確認した。

　第6章では第5章に引き続き言語としての手話という補助線を引いたうえで、おもにバイリンガルろう教育を取りあげながら「言語権」概念について検討した。日本では1990年代以降になって注目されるようになったバイリンガルろう教育は、日本手話を第一言語として習得することを重視し、獲得した日本手話の力を利用しながら第二言語として日本語のリテラシーを身につけていくことが基本的にめざされる。このような考え方は、手話が日本語と同じように独自の言語として認知されることが前提となるため、口話の補助としての手話という位置づけからは導き出せないものであった。また、日本手話が独自の言語であるならば、彼女ら彼らは日本手話で教育を受ける権利があるという主張も成り立つ。しかし、バイリンガルろう教育を学校単位で推進する機関は今のところ私立「明晴学園」のみであり、バイリンガルろう教育という選択肢が広がっているとは言えない。この点にかかわってたびたび指摘されるのは、日本語と日本手話の間にある言語的特徴の差であり、バイリンガルろう教育が日本語のリテラシーを高めることにどの程度役立つのかという疑問が背景にある。しかし、バイリンガルろう教育がめざす第二言語としての日本語リテラシーのレベルが結局のところ日本語を第一言語とする聴者の基準に置かれていることが問題であることを指摘し、その構図が続く限りバイリンガルろう教育は日本語リテラシーを高めるための教育方法として「失敗」とされる可能性が高いと分析した。

　続いて、バイリンガルろう教育の普及を支える根拠として主張される「言語権」について考察した。「言語権」は、ヨーロッパの少数言語話者集団の言語的権利を保障し人権を守ろうとする動きのなかで生まれたものであるが、ろう児・者を日本手話という言語を使用する言語的マイノリティとして規定することで「言語権」概念をろう教育にも適応できると考えられた。この

「言語権」概念は、その直接的享受者であるろう児への効果がこれまで語られてきたが、それだけでなくろう教育の担い手である聴者教員の側にも好ましい効果が期待できることを述べた。つまり、人の権利の一つである「言語権」は社会権をも射程に含んでいるため、日本手話による教育を保障するためには日本手話による教育が可能となる体制を構築する必要がある。日本手話による教育体制を保障するための重要な柱は教員の育成にあることは明らかで、その過程で聴者教員の日本手話技能を保障する取り組みがなされることになる。「言語権」を実現させるうえで想定されるこのような展開は、結果的に聴者教員がもつ手話技能向上へのニーズも満たすことになると同時に、日本手話技能の向上に対する責任主体が聴者教員個人ではなく、教育委員会や文部科学省といった行政機関にあると明記できる点でも効果が期待できると考察した。

　第7章では、社会言語学の視点からこれまでのリテラシー概念の要約を試みた。最初に、リテラシーという用語の示す意味範囲は時代や集団によって異なり単一のリテラシーという考えが当てはまらないことを確認した。次に、「機能的リテラシー」という考え方について、ユネスコ（UNESCO：国際教育科学文化機関）が推進するリテラシー関連の事業に見られたリテラシー観をもとにまとめた。機能的リテラシーは当初、社会のなかで機能的に生きていくための最低限のリテラシーとして自立や社会参加のために構想されていた。しかし、その後見られた展開では、国家の発展や経済開発に資する人間を作りあげるための基礎条件として機能的リテラシーは用いられるようになった。結果的に機能的リテラシーには既存の「知」を押し付ける抑圧的な側面が強く現れるようになり、非識字状態にある人たちを現状の社会体制に同化していく装置となっていったため、この抑圧性を乗り越えるためのリテラシーである「批判的リテラシー」という考えが提起されるようになった。批判的リテラシーは、支配的な社会体制によって抑圧されている人たちに、文字を学ぶことを通して現実世界をも読み取ることを促し、そこにある支配—被支配の構図を認識する力を与える。そして、批判的リテラシーを身につけていくことで自分が所属する社会を変革していくことが期待される。

　また、リテラシーには本来的に「排除」の側面があることを確認するため、

砂野（2012）のリテラシー論についても概説した。産業化以前の社会では支配階層と被支配階層を分断する分離線としてリテラシーが機能していた。この分離線は現在でも見られ、その議論は障害学的社会言語学でのリテラシー論に引き継がれている。そこでは、リテラシーの媒体＝すみ字という図式が点字使用者やディスレクシア（読字障害）の人たちを疎外すること、漢字かなまじり文を当然と考え、ひらがな文やカタカナ文を幼稚とする見方は知的障害のある人たちにとって重荷となることなどが明らかにされている。このような「障害者」の存在を度外視した「健常者」中心の文字表記体系やリテラシー観は、「障害」のある人たちを「健常者」のリテラシーにあわせる同化主義的な性質をもつ。障害学的社会言語学の研究では、言語現象に「社会モデル」の発想をもち込むことによってこの同化主義の乗り越えが模索されている。具体的には、「健常者」とは異なる様々な身体条件をもつ人たちのニーズにあうことばを準備する実践である「ことば／情報のユニバーサルデザイン」が理論化され、リテラシーによる排除を低減させようとする試みが進められていることを記述した。

　第8章では、ろう児のリテラシーについてこれまでに行われている調査を分析した。ろう児のリテラシー研究は、ろう教育分野と医学分野にわかれている。ろう教育分野では、ろう児の日本語リテラシーがどの程度発達しているのかを明らかにしようとする問題意識や、ろう児の語彙習得や文法理解の過程や方略の特徴を聴児との比較から明らかにしようとする特徴が見られる。医学分野では、補聴機器の効果とリテラシーとの関係を究明しようとする傾向が強い。その着目点には若干の違いがあるものの、どちらの研究群も日本社会で充足した生活を送るための必須条件として日本語リテラシーを捉える点では同じであり、ろう児のリテラシー研究は今のところ機能的リテラシー観を土台として行われていることがわかった。また、手話とリテラシーの関係に着目した研究も少数であるが存在しており、手話のリテラシーが日本語のリテラシーを促進する可能性について言及されている。この手話リテラシーという考え方は、特にバイリンガルろう教育に貢献しうるものであるが、手話リテラシーの重要性もまた、最終的には日本語リテラシーに結びつくことが期待される文脈で語られており、機能的リテラシー観を土台にしている

ことに変わりはない。したがって、日本語リテラシーにしても手話リテラシーにしても、それを獲得することでろう児・者が自身の所属する現実世界を読み取り、変革を起こそうという批判的リテラシーの観点や、今の日本語リテラシーのあり方に、ろう児・者を排除する側面もあるという視点は現在のところ見られず、今後の課題であると分析した。

　次に、ろう児のリテラシーを計測する目的でしばしば使われる言語検査や知能検査に焦点をあて、それらが「障害者」を意図的に除いた「日本語を第一言語とする健常者」を基準に標準化されたものであること示した。「低い」ろう児の日本語リテラシーという解釈は、言語検査や知能検査の結果から言及される側面があるが、そこにすべりこんでいる「日本語を第一言語とする健常者」という、ろう児にとって不利な基準のあり方に問題があることを指摘した。また、日本社会において有意義な生活をおくるためには日本語ということばが必須であるという共通認識や、日本語の「正しさ」ということばへの規範的な意識が、「日本語を第一言語とする健常者」基準の日本語リテラシーというろう児にとって不利な構図を見えにくくしていること、聴者・ろう者にかかわらず、ろう教育関係者がみな「識字者」であるため、リテラシーを獲得することが当然だとする強者の論理が共有されていることについても言及した。

　第9章では、ろう児のリテラシーが社会生活のなかでどのように発揮されているのか、その実際の様相を知るという問題意識から、ろう児・者の日常で見られるリテラシー実践を記述し、機能的リテラシー観からこぼれ落ちる側面を把握しようと試みた。書かれたものが参与者の相互行為に影響を与える場面を「リテラシーイベント」という概念で捉え、ろう児・ろう者・ろう教員を対象としたインタビュー調査とフィールドノーツから、彼女ら彼らのリテラシー実践を分析した。今回の調査では、筆談やライン、メールというリテラシーイベントについて多く言及され、リテラシーイベントが音や声による情報を可視化する役割を果たしていることが読み取れた。また、リテラシーイベントを作り出すために、ろう児・者は「メモとペンを常に準備しておく」「筆談しやすいタイミングや時間をはかる」というような何らかのストラテジーを用いていることもわかった。

しかし、日本語のうち「言い回し」や「漢字の読み」「助詞」などが、ろう児・者にとっての壁となっており、それらの知識の「不足」や「誤用」が聴者との意思疎通を疎外する場合がある。この困難に対し、家族メンバーや友達、同僚に日本語リテラシーを補ってもらうという、人のネットワークを活用して対処するストラテジーも確認された。日常生活のなかで、自身の日本語リテラシーを補うような何らかのストラテジーを駆使しながら生きるろう児・者の姿は、日本語リテラシーを習得しなければ有意義に生きていけないというろう教育のマスターナラティヴからは外れるものであり、ろう児・者のリテラシー実践が想像されるより多様であることがわかった。しかし、結婚や子育て、同僚の転勤などライフステージが変化する度に、そのようなネットワークを書き換える必要が生じる可能性や、その書き換えが常に上手くいくとは限らないという問題があり、今の日本社会のなかで日本語リテラシーが「不足」することのリスクがネットワークの活用というストラテジーだけで解消されるわけではないことも事実である。また、自身の日本語リテラシーへの不安や聴者の日本語リテラシーを「正しい」とするような心理がろう児・者に内面化されているケースも確認された一方で、ろう児・者間でのリテラシーイベントでは日本語リテラシーに対する心理的負荷が低減されやすいこともわかった。そして、ろう児・者間のリテラシーイベントで見られた「ことばの調整」を「ことばのユニバーサルデザイン」の一事例として記述した。

　本研究では、ろう教育を取り巻く「ことば」の諸問題を記述しながら、これまで注目されにくかった視点からろう児が抱えている不利益構造のいくつかを新たな問題点として提起することをめざし、①「現在のろう教育現場で起きている『ことば』の問題」、②「ろう教育の変遷のなかで見られる『ことば』の問題」、③「ろう教育における『リテラシー（読み書き）』研究がもつ問題」にわけて分析を進めた。ろう教育という場は、「手話」「日本語（国語）」「英語」など複数のことばが用いられる領域である。本研究の各章で扱ったことばの種類や時代は様々であるが、ことばに対して示される態度、または、その態度を導くようなことばの使用者の意識に一貫して焦点をあて、分析の対象としてきた。このような視点からろう教育と「ことば」の関係、

ろう児と「ことば」の関係を考察するなかで得られた示唆を各ことばごとに
まとめる。

　まず、手話という「ことば」についてである。このことばは昔も今も好ま
しくない扱いを受けている。かつて、ろう教育が口話主義に染まるなかで手
話は軽視され続けてきた。第5章で示したように、そこには「一国家一言語」
による近代的言語観に裏打ちされて作りあげられた「国語」ということばの
存在があり、ろう児も「国語」を話すことで「国民」として社会参加するこ
とができるという考えが背景にあった。手話ということばを受け入れる土壌
をもたなかった当時の日本社会そのものが、ろう児にとっての大きな不利益
構造であったと言えよう。しかし、現在でもろう教育において手話というこ
とばが重要視されているとは言い切れない。確かに、法的には手話が言語と
して明記されるようになり、バイリンガルろう教育という理念や言語権とい
う概念が新たに提起されるようになったが、それでもなお、日本語の獲得に
手話が結びつくのかといった、日本語ということば優位の考え方が支配的で
ある（第6章）。また、ろう学校に赴任する聴者教員への手話研修や「ろう」
について学ぶための機会はいまだに保障されておらず、ろう学校の教室では
「コミュニケーション弱者」となっている聴者教員が存在している（第3章）。
このような手話ということばによる教育環境の未整備もまた、ろう児の不利
益となっている。

　英語という「ことば」に関してろう児が受ける不利益は、聞こえない・聞
こえにくい身体条件と深く関わっている。英語は日本社会のなかで進学や資
格取得、職業選択を左右することばとなっており、社会的地位や処遇を決め
る選別機会においてその能力がはかられている。しかし、その試験では、英
語を「聞く」能力を測定するためにリスニングが課されることが多く、「聞
く」ことに困難のあるろう児にとって英語リスニング試験は不利益となって
いる。近年ではろう児・者に対する特別措置が用意され、テロップによる視
覚情報への置き換えやリスニング免除という対応が見られるようになってき
た。しかし、特別措置基準の分析からは、リスニング試験を望まないにもか
かわらず「座席を音源の近くにする」「イヤホンから直接英語を聞く」など
の配慮しか得られず、結局はリスニングを受けなければならないケースも想

定され、いまだすべてのろう児が、英語リスニングに関する不利益構造から解放されたわけではない（第4章）。

　日本語という「ことば」のうち、それを読み書きする能力である「リテラシー」の育成はろう教育にとって重要な柱であり、ろう児のリテラシーについては膨大な研究がなされている。しかし、ろう児に対して使用される言語検査や知能検査は「障害者」や「外国人」を除いた「健常者」によって標準化されたものであり、ろう児の日本語リテラシーは常に「日本語を第一言語とする健常者」との比較で「低い」と評価されてしまう危険性がある（第8章）。そして、ろう児・者のリテラシー実践に関する調査からは、聴児・者の使う日本語が「正しい」日本語だという感覚や、日本語や日本語リテラシーの質で相手の能力や価値をはかる心理の内面化という問題が確認され、その結果ろう児・者のなかには自分の日本語リテラシーに対する心理的負荷を感じているものが存在している。リテラシーの問題には進学や就職場面で起こる社会的処遇に関連する不利益と、ろう児・者の心理面に与えるダメージという二つの負の側面がある（第9章）。

　本研究の結果を大きな視野から捉えれば、原理的には平等であるはずの各「ことば」が、実際の社会においては平等に扱われることなく各「ことば」の価値に格差が生じるという、これまでの社会言語学が示してきた知見の一端を再確認するものであろう。複数のことばが存在している日本社会のなかで、各ことばの間に「ことば自体の優劣」がもち込まれる場合には、何らかの同化現象や抑圧現象が起こる。また、「ことば自体の優劣」は「ことばの使用者間の優劣」という意識にもつながり、その社会の主流なことばの使用者ではないマイノリティ集団は、構造的な不利益や心理的負荷を内面化しやすい。この構図は、本研究が直接的に扱ったろう教育と「ことば」の関係にあっては、手話の軽視やろう児に対する日本語への過剰な価値づけという現象や、口話主義の広まり、聴児基準の日本語リテラシーの自明性、日本語リテラシー優位の感覚をろう児・者自身が内面化する現象、今も昔もろう教育関係者に通念化されている「ことば」＝「日本語（国語）」という言語観と多言語社会への不寛容さなどとして実態化されているが、オールドカマーやニューカマー、アイヌや沖縄の人たち、あるいは非識字者といった他の言語

的マイノリティ、または盲人や弱視者、知的障害者などの「障害」マイノリティにも同様の構図によることばの不利益が生じていると考えられる。社会言語学の視点からろう児・者とことばの問題を研究することは、他の言語的マイノリティや「障害」マイノリティのことばの問題を考えることと根っこの部分でつながっていると考えられ、つきつめれば、人の権利の一つであり、誰もが「ことば」や「情報」から疎外または排除されない社会の形を求めていくための理念である「情報保障」論にもつながるものであるだろう。

10.2 本研究で残された課題

　本研究では「障害の社会モデル」にもとづいて、「ろう」を社会的マイノリティとして定義した。そのため、聞こえない・聞こえにくい身体条件をもつ人全般という幅広い層を研究対象として設定した。これは、本研究のおもなフィールドが公立のろう学校にあり、そこでは多種多様な言語的背景やコミュニケーションモードをもつ子どもたちが存在しているという要因によるものである。社会的マイノリティという定義でくくられた彼女ら彼らの総体と「ことば」との関係性を分析し考察した結果、本研究では 10.1 で示したようないくつかの示唆を得ることができたが、他方では独自の言語である日本手話を用いる日本手話話者の直面する「ことば」の問題には深く踏み込むことができなかった。この点は、「ろう」を「障害の社会モデル」から定義した本研究の限界であり、日本手話話者に個別の問題は「障害の文化モデル」の視点から調査する必要があるだろう。今後の課題の一つである。

　次に、本研究は「ろう教育」と「ことば」の関係を考察する試みであったが、ろう教育の対象として実際にはろう児しか取りあげることができず、知的障害などをあわせもつ重複児については分析することができなかった。重複児の多くは、日本語ということばの習熟度に関してろう児よりも「低い」。加えて、手話ということばにもそれほど習熟していないケースもある。また、英語ということばについては学ぶ機会自体がそれほど多くない。そのような重複児とことばとの関係を調査することは、本研究で確認してきた知見とはまた違った示唆を与えてくれるだろう。なかでも、日本語リテラシーの習得

276　第 5 部　結論

が前提となって設計されている日本社会のなかで重複児たちが受けていると予想される不利益は注目される。「日本語を第一言語とする健常者」との比較で、かなり限られた日本語リテラシーをもつと考えられる重複児は、日常生活のなかでどのような困難に直面しているのだろうか。また、重複児のリテラシー実践で行われているストラテジーにはどのようなものがあるのだろうか。

　筆者は、手話での意思疎通は相当程度できるが文字でのコミュニケーションはほとんどできない重複児と共有した時間のなかで、彼が「急行」「普通」など電車の種類を示す標識の意味をその色から識別していることを学んだ。また、自分が降りたい駅名は文字の形から記憶し、「急行」や「普通」がその駅で停車するかどうかはプラットフォームの壁に掲示されている停車駅が図示された案内板から理解していることも知った。これは、金（2008）が示した、看板の文字が読めなくてもその周辺部の絵柄などを記しとして記憶する「文字に付随する周辺情報の記号化」という非識字者が用いるストラテジーと共通したものであろう。近年では、外国人に対する情報保障の一環として、特定の言語に依存せずにメッセージを読み取ることができるピクトグラムの普及が注目されている。バックハウス（2009）は、ピクトグラムが多言語表示と並んで外国人が公的表示を理解するのに役立つと述べているが、文字ではなく色や形という情報を頼りにリテラシー実践を行っているであろう重複児にとってもピクトグラムは有効であり、その普及は「ことばのユニバーサルデザイン」実践の一つと言える。文字情報から疎外されているという意味では、重複児はろう児よりも非識字者や外国人と問題の場を共有していると考えられるが、重複児の日本語リテラシーをはじめとした、彼女ら彼らの「ことば」の問題についてはまだまだわかっていないことが多い。この点は今後の社会言語学が扱わなければいけないテーマであると考えられ、筆者自身の今後の研究課題としたい。

文 献

相澤宏充（2009a）「どのように文を理解するのか」四日市章（編）『リテラシーと聴覚障害』コレール社：186-193

相澤宏充（2009b）「第2言語習得」四日市章（編）『リテラシーと聴覚障害』コレール社：55-60

愛知県立名古屋聾学校（2000）「本校の英語教育」『聴覚障害』55(11)：13-16

赤堀仁美・岡典栄・松岡和美（2012）「文法が示す自然言語としての日本手話」佐々木倫子（編）『ろう者から見た「多文化共生」──もうひとつの言語マイノリティ』ココ出版：118-140

我妻敏博（2000）「聴覚障害児の文理解能力に関する研究の動向」『特殊教育学研究』38(1)：85-90

我妻敏博（2008）「聾学校における手話使用の調査」国立特別支援教育総合研究所課題研究報告書『聾学校におけるコミュニケーション手段に関する研究──手話を用いた指導法と教材の検討を中心に』：139-147

我妻敏博（2011）『改訂版 聴覚障害児の言語指導──実践のための基礎知識』田研出版

浅田洋（1983）「手話の記号化についての試み」『日本手話学術研究会論文集』6：29-38

東靖宏・浅田洋（1983）「手話の記号化についての試みⅡ」『日本手話学術研究会論文集』7：18-36

あべ やすし（2006）「漢字という障害」ましこ ひでのり（編）『ことば／権力／差別──言語権からみた情報弱者の解放』三元社：131-163

あべ やすし（2010a）「均質な文字社会という神話──識字率から読書権へ」かどや ひでのり・あべ やすし（編）『識字の社会言語学』生活書院：83-113

あべ やすし（2010b）「てがき文字へのまなざし──文字とからだの多様性をめぐって」かどや ひでのり・あべ やすし（編）『識字の社会言語学』生活書院：114-158

あべ やすし（2010c）「識字のユニバーサルデザイン」かどや ひでのり・あべ やすし（編）『識字の社会言語学』生活書院：284-342

あべ やすし（2011）「日本語表記の再検討──情報アクセス権／ユニバーサルデザインの視点から」「社会言語学」刊行会（編）『社会言語学』別冊Ⅰ：97-116

あべ やすし（2012）「『識字』という社会制度──識字問題の障害学」「社会言語学」刊行会（編）『社会言語学』ⅩⅡ：21-33

阿部敬信（2001）「ろう学校における子どもたちの手話獲得」『聴覚障害』604：13-19

新井考昭（[1996]2000）「『言語学エリート主義』を問う」現代思想編集部（編）『ろう文化』青土社：64-68

新井考昭・清水由紀恵・佐藤純子・岩井真理子・及川有理・大谷津和之（2015）「当事

者の視点で、ろう・難聴教育を語る——ろう教員の本音トーク～：ろう教職員トークセッション」第 26 回ろう教員を考える全国討論集会 in 東京 実行委員会（編）『第 26 回ろう教員を考える全国討論集会 in 東京の記録』：19-40

アルベルティニ・ジョン・A ＆ シュレー・サラ [茂木成友訳]（2015）「書くこと——特徴、指導、アセスメント」マーシャーク・マーク ＆ スペンサー・パトリシア・エリザベス（編）[四日市章・鄭仁豪・澤隆史監訳]『オックスフォード・ハンドブック デフ・スタディーズ ろう者の研究・言語・教育』明石書店：224-247

イ・ヨンスク（1996）『「国語」という思想——近代日本の言語認識』岩波書店

イ・ヨンスク（2009）『「ことば」という幻影——近代日本の言語イデオロギー』明石書店

井狩幸男（2014）「手話者のバイリンガリズム」山本雅代（編）『バイリンガリズム入門』大修館書店：161-171

池頭一浩（2001）「手話がもたらしたもの——ろう児にとっての『当たり前』とは何か」ろう教育科学会（編）『ろう教育科学』42（2）：6-12

井坂行男（2011）「日本語獲得（習得）支援の実際を踏まえて」『聴覚障害』720：4-11

伊澤修二（1901）『視話法』大日本図書株式会社

石川准（2002）「ディスアビリティの削減、インペアメントの変換」石川准・倉本智明（編）『障害学の主張』明石書店：17-46

石田多恵子・猪野真純・仲野敦子・有本友季子・黒谷まゆみ・森史子・工藤典代・笠井紀夫・福島邦博（2012）「千葉県こども病院における『感覚器障害戦略研究——聴覚分野』言語検査データの検討——聴覚障害児の就学先別言語発達評価」日本小児耳鼻咽喉科学会（編）『小児耳鼻咽喉科』33（1）：29-36

板橋安人（2006a）『聴覚障害児の「発音・発話」学習』聾教育研究会

板橋安人（2006b）「聴覚障害児の『発音・発語』学習で何を教えるのか」『聴覚障害』660：10-22, 48

市田泰弘（2001）「ろう教育は手話を言語として認知できるか」金澤貴之（編）『聾教育の脱構築』明石書店：113-141

市橋詮司（2008）「聾学校における授業と手話活用」国立特別支援教育総合研究所課題研究報告書『聾学校におけるコミュニケーション手段に関する研究——手話を用いた指導法と教材の検討を中心に』：83-110

伊藤実徒子（2010）「オーストリアの場合——PISA 以後の学力向上政策」松下佳代（編）『〈新しい能力〉は教育を変えるか——学力・リテラシー・コンピテンシー』ミネルヴァ書房：203-226

井上智義（1990）「障害児の言語指導と外国語教育の接点——伝達能力を育てる言語教育とは」ろう教育科学会（編）『ろう教育科学』32（1）：47-59

井上智義（1994）「ろう者にとってのバイリンガリズム」ろう教育科学会（編）『ろう教育科学』36（3）：119-131

イリイチ・イヴァン [東洋・小澤周三訳]（1977）『脱学校の社会』東京創元社

イリイチ・イヴァン [玉野井芳郎・栗原彬訳]（2006 [1982, 1990]）『シャドウ・ワーク』

岩波現代文庫

井脇貴子（2006）「人工内耳装用児の聴取能および言語発達の経過について」『音声言語医学』47：298-305

上野益雄（2001）『聾教育問題史——歴史に学ぶ』日本図書センター

上農正剛（2001）「聴覚障害児教育における言語観と学力問題」『聴覚障害』600：4-13

上農正剛（2003）『たったひとりのクレオール——聴覚障害児教育における言語論と障害認識』ポット出版

上農正剛・前田芳弘・木島照夫・早瀬憲太郎（2015）「『書記日本語獲得』パネルディスカッション」第26回ろう教員を考える全国討論集会in東京 実行委員会（編）『第26回ろう教員を考える全国討論集会in東京の記録』：131-143

臼井裕之・木村護郎「はじめに」（1999）言語権研究会（編）『ことばへの権利——言語権とはなにか』三元社：7-20

打浪[古賀]文子（2011）「知的障害者への情報のユニバーサルデザイン化に向けた諸課題の整理」「社会言語学」刊行会（編）『社会言語学』別冊Ⅰ：5-20

内山一雄（1986）「識字運動の現状と課題」部落解放研究所（編）『部落解放研究』51：88-107

内山一雄（1991）「被差別部落の識字運動——その歴史と課題」日本社会教育学会（編）『国際識字10年と日本の識字問題』東洋館出版社：49-62

宇野儀子・中山佳子・小川高生（1999）「日本語版文法理解テスト作成の試み」『日本女子大学紀要人間社会学部』10：237-250

梅村佳代（2014）「近世農民の自署花押と識字に関する一考察——中世末期〜近世初期、近江国『葛川明王院史料』を中心として」大戸安弘・八鍬友広（編）『識字と学びの社会史——日本におけるリテラシーの諸相』思文閣出版：177-208

海老原睦治（2011）「小学部における日本語習得の取り組み」『聴覚障害』720：12-19

大黒俊二（2015）「書評 大戸安弘・八鍬友広（編）2014『識字と学びの社会史——日本におけるリテラシーの諸相』思文閣出版」「社会言語学」刊行会（編）『社会言語学』XV：195-203

大阪市立聾学校 現職教育部 前田浩・中瀬浩一（1992）「聾学校の今日的役割を考える」大阪市立聾学校『研究紀要』24：102-134

大阪市立聾学校 現職教育部（1993）「聴覚障害者の就労をめぐって——聾学校に期待するもの」大阪市立聾学校『研究紀要』25：103-126

大島光代・都築繁幸（2013）「聴覚障害児の音韻獲得と構文力に関する一考察」『教科開発学論集』1：207-216

太田智加子・松藤みどり（2012）「聴覚／視覚障害を持つ学生に対するTOEIC対策」『筑波技術大学テクノレポート』Vol.19（2）：12-16

大沼直紀（1997）『教師と親のための補聴器活用ガイド』コレール社

岡義一（2001）「日本語教育と手話の狭間で」『聴覚障害』598：21-24

岡典栄（2012）『日本手話——書きことばをもたない少数言語の近代』一橋大学審査博士学位論文

岡典栄（2013）「ろう児への日本語教育と『やさしい日本語』」庵功雄・イ ヨンスク・森篤嗣（編）『「やさしい日本語」は何を目指すか——多文化共生社会を実現するために』ココ出版：299-319

岡本稲丸（1997）『近代盲聾教育の成立と発展——古河太四郎の生涯から』日本放送出版協会

岡本夏木（1985）『言葉と発達』岩波書店

長志珠絵（1998）『近代日本と言語ナショナリズム』吉川弘文館

オストハイダ・テーヤ（2011）「言語意識とアコモデーション——『外国人』と『車いす使用者』の視座からみた『過剰適応』」山下仁・渡辺学・高田博行（編）『言語意識と社会——ドイツの視点・日本の視点』三元社：9-36

小田候朗（2002）「聴覚障害教育におけるリテラシー観の変遷に関する研究——新たなリテラシー観の構築に向けて」『国立特殊教育総合研究所研究紀要』29：1-10

小田候郎（2006）「聴覚障害教育におけるリテラシーと手話活用」『音声言語医学』47：294-297

小田候朗（2010）「コミュニケーション手段の活用と授業——手話の活用を中心として」国立特別支援教育総合研究所専門研究B『聾学校における授業とその評価に関する研究——手話活用を含めた指導法の改善と言語力・学力の向上を目指して』：25-34

小田候朗（2012）「聴覚障害教育と手話使用」ろう教育科学会（編）『聴覚障害教育の歴史と展望』風間書房：217-229

越智康詞・紅林伸幸（2010）「教師へのまなざし、教職への問い——教育社会学は変動期の教師をどのように描いてきたのか」『教育社会学研究』86：113-136

小野純平・松原達哉・藤田和弘・前川久男・石隈利紀（1994）「日本語版K-ABCの構成概念的妥当性に関する検討」『筑波大学リハビリテーション研究』3(1)：11-16

鏡隆佐衛門（1967）「口話法による学習の不確定性とfeedback困難性に対処する方策について」ろう教育科学会（編）『ろう教育科学』9(3)：102-107

加藤晃生（2010）「日本の公立ろう学校教員の労働負荷から見た日本手話受容の問題」『応用社会学研究』52：53-64

加藤三保子（2013）「手話の文字化の研究——日本における手話文字教材の開発をめざして」科学研究費助成事業（科学研究費補助金）研究成果報告書　様式C-19

かどや ひでのり（2006）「言語権からコミュニケーション権へ」『人権21・調査と研究』183：78-83

かどや ひでのり（2009）「識字運動の構造——同化主義・能力主義の再検討によるコミュニケーションのユニバーサルデザイン」「社会言語学」刊行会（編）『社会言語学』IX：17-42

かどや ひでのり（2010a）「はじめに——『識字の社会言語学』の課題」かどや ひでのり・あべ やすし（編）『識字の社会言語学』生活書院：13-24

かどや ひでのり（2010b）「日本の識字運動再考」かどや ひでのり・あべ やすし（編）『識字の社会言語学』生活書院：25-82

かどや ひでのり（2012）「識字／情報のユニバーサルデザインという構想——識字・言

語権・障害学」「ことばと社会」編集委員会（編）『ことばと社会』14：141-159

金澤貴之（1999）「聾教育における『障害』の構築」石川准・長瀬修（編）『障害学への招待‐社会、文化、ディスアビリティ』明石書店：185-218

金澤貴之（2001）「聾教育のパラダイム転換」金澤貴之（編）『聾教育の脱構築』明石書店：11-41

金澤貴之（2006）「聾教育という空間」ましこ ひでのり（編）『ことば／権力／差別——言語権からみた情報弱者の解放』三元社：217-229

金澤貴之（2013）『手話の社会学——教育現場への手話導入における当事者性をめぐって』生活書院

カミンズ・ジム（2003）「声の否定——カナダの学校教育におけるろう児の言語の抑圧」全国ろう児をもつ親の会（編）『ぼくたちの言葉を奪わないで！——ろう児の人権宣言』明石書店：127-146

カミンズ・ジム（2008）「手話力と学力との関係に関する研究」『バイリンガルでろう児は育つ』生活書院：79-118

カミンズ・ジム（2011）「理論と実践との対話‐ろう児・難聴児の教育」『言語マイノリティを支える教育』慶応義塾大学出版会：153-195

榧陽子（2012）「ろう教育のこれから」佐々木倫子（編）『ろう者から見た「多文化共生」——もうひとつの言語マイノリティ』ココ出版：170-209

かりまた しげひさ（2005）「琉球語の地位」真田信治・庄司博史（編）『事典 日本の多言語社会』：257-260

川島聡（2011）「差別禁止法における障害の定義——なぜ社会モデルに基づくべきか」松井彰彦・川島聡・長瀬修（編）『障害を問い直す』東洋経済新報社：289-320

川本宇之介（1940）『聾教育學精説』信樂會

菊池久一（1995）『〈識字〉の構造——思考を抑圧する文字文化』勁草書房

金美善（2008）「移民女性と識字問題について——夜間中学に学ぶ在日コリアン一世の識字戦略」「ことばと社会」編集委員会（編）『ことばと社会』11：69-92

木村護郎クリストフ（2004）「なぜ二言語教育なのか——言語権の観点から」全国ろう児をもつ親の会（編）『ろう教育と言語権——ろう児の人権救済申立の全容』：79-90

木村護郎クリストフ（2006）「『共生』への視点としての言語権——多言語的公共圏に向けて」植田晃次・山下仁（編）『「共生」の内実——批判的社会言語学からの問いかけ』三元社：11-27

木村護郎クリストフ（2010）「日本における『言語権』の受容と展開」社会言語科学会（編）『社会言語科学』13（1）：4-18

木村晴美・市田泰弘（1995）「ろう文化宣言」『現代思想』23（3）青土社：354-362

木村晴美（2011）『日本手話と日本語対応手話（手指日本語）——間にある「深い谷」』生活書院

クァク・ジョンナン（2014）「ろう児のためのフリースクール『龍の子学園』開校前史」『立命館大学大学院先端総合学術研究科 Core Ethics』Vol.10：61-72

クァク・ジョンナン（2017）『日本手話とろう教育——日本語能力主義をこえて』生活書院

ゲルナー・アーネスト［加藤節監訳］（2000）『民族とナショナリズム』岩波書店

古石篤子（2004）「ろう児の母語と言語的人権」全国ろう児をもつ親の会（編）『ろう教育と言語権——ろう児の人権救済申立の全容』明石書店：47-78

古石篤子（2012）「言語教育政策のこれから」佐々木倫子（編）『ろう者から見た「多文化共生」——もうひとつの言語マイノリティ』ココ出版：252-283

公益財団法人テクノエイド協会（2012）『聴覚障害児の日本語言語発達のために——ALADJIN のすすめ』

古賀文子（2006）「『ことばのユニバーサルデザイン』序説——知的障害児・者をとりまく言語的諸問題の様相から」「社会言語学」刊行会（編）『社会言語学』Ⅵ：1-17

国立特殊教育総合研究所（1983）『手話法等の評価と適応に関する研究』

国立特殊教育総合研究所（1986）『聾児・聾精神薄弱児等の言語習得と多様なコミュニケーションの応用に関する研究』

児島明（2002）「差異をめぐる教師のストラテジーと学校文化——ニューカマー受け入れ校の事例から」『異文化間教育』16：106-120

小嶋勇（2004）「言語権について——国際人権と日本国憲法」全国ろう児をもつ親の会（編）『ろう教育と言語権——ろう児の人権救済申立の全容』明石書店：91-152

小柳正司（2010）『リテラシーの地平——読み書き能力の教育哲学』大学教育出版

近藤史野・濵田豊彦（2010）「聴覚障害児の指文字の成立とその模倣に関する一研究」『東京学芸大学紀要 総合教育科学系』61（1）：409-415

斉藤くるみ（2007）『少数言語としての手話』東京大学出版会

齋藤佐和（2006）「コミュニケーション方法とリテラシー形成（特別発言）」『音声言語医学』47：332-335

斉藤宏・工藤多賀・堀内美智子・小寺一興（2006）「補聴器装用児における乳幼児期の言語訓練の成果と問題点」『音声言語医学』47：306-313

坂井美惠子（2012）「聴覚障害教育の黎明期」ろう教育科学会（編）『聴覚障害教育の歴史と展望』風間書房：25-56

坂井美惠子（2015）「蔵書目録『いしぐろ文庫』に関する考察」ろう教育科学会（編）『ろう教育科学』57（3）：95-117

佐久間鼎（1942）「聾唖の心理」『日本語のために』厚生閣：300-317

佐々木倫子（2014）「マイノリティと多様なリテラシー」佐々木倫子（編）『マイノリティの社会参加——障害者と多様なリテラシー』くろしお出版：197-218

佐藤敦子（2009）「どのように単語を使うのか」四日市章（編）『リテラシーと聴覚障害』コレール社：179-186

佐藤文昭（2011）「聴覚障害児の生活に生かした読解力の向上を目指した取組について——PISA 型読解力の育成の視点から」『聴覚障害』721：4-11

佐藤学（2009）「リテラシー教育の言語政策——歴史的制約への挑戦」田中慎也・木村哲也・宮崎里司（編）『移民時代の言語教育——言語政策のフロンティア』ココ出

版：2-21

佐野愛子・増谷梓・阿部ゆかり（2018）「ろう児の日本語作文指導における日本手話の活用」『母語・継承語・バイリンガル教育（MNB）研究』14：47-68

猿橋順子（2005）「非識字者へのステレオタイプと『声の文化』——社会的ネットワークから見た識字活動への示唆」『青山国際コミュニケーション研究』9：25-50

澤隆史（2004）「聞こえの障害と言語の発達——聴覚障害児の読み書き能力を巡る諸点と研究課題」『聴覚言語障害』33（3）：127-134

澤隆史（2009）「聴覚障害児の言語の理解と産出に関する言語学的研究」『特殊教育学研究』47（4）：255-264

澤隆史（2011）「『実用的』な日本語力の獲得に向けて」『聴覚障害』720：2-3

澤隆史（2012）「聴覚障害児における受動文の産出——作文における受動文の使用とその特徴」『東京学芸大学紀要 総合教育科学系Ⅱ』63：89-96

宍戸和成（2006）「聴覚障害児のリテラシー向上にかかわる指導について」独立行政法人国立特殊教育総合研究所『聴覚・言語障害児のリテラシーの向上を目指して——コミュニケーションを重視した指導と教材』：22-37

七條優子・鈴木初美・高田史子（2009）「本校高等部における英語指導の実際」『聴覚障害』64（6）：18-25

信濃教育会（1958）『伊沢修二選集』

澁谷智子（2005）「聞こえる人々の意識変容——手話学習者の語りから」『障害学研究』1：189-212

菅原廣一（1987）「聴覚障害教育における言語メディアの諸問題」『音声言語医学』29：273-279

杉下周平・古西隆之・田口智子・藤吉昭江・大森佳奈・笠井紀夫・福島邦博（2012）「聴児における ALADJIN 参考値——言語ドメインがコミュニケーションと学習に与える影響」公益財団法人テクノエイド協会（編）『聴覚障害児の日本語言語発達のために——ALADJIN のすすめ』：126-134

杉野昭博（2007）『障害学——理論形成と射程』東京大学出版会

鈴木恵子（2006）「聴覚障害児の長期経過——診断から成人まで」『音声言語医学』47：314-322

鈴木治太郎（1930）『智能測定法』東洋圖書株式合資會社

スタッキー・J. E.［菊池久一訳］（1995）『読み書き能力のイデオロギーをあばく——多様な価値の共存のために』勁草書房

砂野幸稔（2012）「近代のアポリアとしてのリテラシー」「ことばと社会」編集委員会（編）『ことばと社会』14:4-42

角知行（2010）「識字率の神話——『日本人の読み書き能力調査』（1948）の再検証」かどや ひでのり・あべ やすし（編）『識字の社会言語学』生活書院：159-199

角知行（2012）『識字神話をよみとく——「識字率99％」の国・日本というイデオロギー』明石書店

全国聴覚障害教職員協議会（2014）「全聴教シンポジウム岡山大会 パネルディスカッシ

ョン」『全聴教』67：2-33

相馬壽明・関根弘子（1986）「聴覚障害児童・生徒の語彙に関する研究——感情語を用いて」『特殊教育学研究』24（2）：27-34

田浦秀幸（2014）「読み・書き・語る能力の発達」山本雅代（編）『バイリンガリズム入門』大修館書店：67-77

高山弘房（1982）『口話教育の父——西川吉之助伝』湘南出版社

滝沢広忠（2008）「アセスメントについて」村瀬嘉代子・河﨑佳子（編）『聴覚障害者の心理臨床 2』日本評論社：201-218

武居渡（2003a）「手話とリテラシー——ろう児の指導法をめぐって」『教育學研究』70（4）：66-76

武居渡（2003b）「ろう児の第二言語習得」『言語』32（8）大修館書店：49-57

武田修（2012）「聴覚障害教育の歴史」ろう教育科学会（編）『聴覚障害教育の歴史と展望』風間書房：57-91

田中克彦（1981）『ことばと国家』岩波書店

田中寛一（1947）『田中・びねー式智能檢査法』世界社

田中多賀子（2013）「日本の聴覚障害教育における人工内耳の受けとめ方の変遷」『生存学』6：50-72

田中多賀子（2014）「日本における人工内耳（治療）の導入が聴覚障害教育に与えた影響——1970 年代から 1990 年代までの日本の状況」『立命館大学大学院先端総合学術研究科 Core Ethics』Vol. 10：131-142

田上隆司・森明子（1984）「『手話表現の統語関係』を表記する方法の提案」『日本手話学術研究会論文集』7：12-17

長南浩人（2001）「日本手話・中間型手話・日本語対応手話の構造の違いについて」ろう教育科学会（編）『ろう教育科学』43（3）：165-174

長南浩人（2004）「聾学校高等部生徒の手話表現に関する研究——10 年前の生徒との比較を通して」『聴覚言語障害』33（1）：13-20

長南浩人（2005）「聴覚障害児の音韻意識に関する研究動向」『特殊教育学研究』43（4）：299-308

長南浩人（2006）『聴覚障害者の日本語指導における手話の使用に関する研究』風間書房

対馬隆司（2000）「英語の授業におけるこれまでの実践」『聴覚障害』596：21-24

対馬隆司（2009）「大宮ろう学校における英語指導の現在について」『聴覚障害』64（6）：4-10

鄭仁豪（2007）「障害科学の対象 第 1 節 障害別によるアプローチ 2. 聴覚障害」中村満紀男・四日市章（編）『障害科学とは何か』明石書店：128-135

鄭仁豪（2009）「どのように文章を理解するか」四日市章（編）『リテラシーと聴覚障害』コレール社：193-200

寺沢拓敬（2015）『「日本人と英語」の社会学——なぜ英語教育論は誤解だらけなのか』研究社

鳥越隆史（1994）「離島の聾者の生活史——不就学者を中心に」『国立身体障害者リハビリテーションセンター研究紀要』14：45-51

鳥越隆士（1999a）「ろう教育における手話の導入」『兵庫教育大学研究紀要』19：163-171

鳥越隆史（1999b）「不就学ろうあ老人への援助」村瀬嘉代子（編）『聴覚障害者の心理臨床』日本評論社：47-70

鳥越隆士（2003）「聴覚障害児童に対する国語指導のための手話教材ビデオ制作の試み」『兵庫教育大学研究紀要』23：97-107

鳥越隆士 & グニラ・クリスターリン（2003）『バイリンガルろう教育の実践——スウェーデンからの報告』財団法人全日本ろうあ連盟出版局

鳥越隆士（2008）「聴覚障害児のリテラシーの発達と支援——手話活用の視点から」『兵庫教育大学研究紀要』33：39-51

鳥越隆士（2009）「スウェーデンにおけるバイリンガル聾教育の展開と変成——聾学校、難聴学校の教師へのインタビューから」『兵庫教育大学研究紀要』35：47-57

仲潔（2008）「言語観教育序論——ことばのユニバーサルデザインへの架け橋」「社会言語学」刊行会（編）『社会言語学』Ⅷ：1-21

中井好男（2011）「現場の日本語教師の葛藤と原因帰属——『やる気のない』中国人就学生への教師の対応」『異文化間教育』34：106-119

永井聖二・古賀正義（編）（2000）『《教師》という仕事＝ワーク』学文社

中川裕（2005）「アイヌ・アイヌ語」真田信治・庄司博史（編）『事典 日本の多言語社会』：162-165

長瀬修（1999）「障害学に向けて」石川准・長瀬修（編）『障害学への招待——社会、文化、ディスアビリティ』明石書店：11-39

中西喜久司（2001）『聴覚障害と英語教育（上巻）』三友社出版株式会社

中野聡子（2001）「インテグレーションのリアリティ」金澤貴之（編）『聾教育の脱構築』明石書店：321-340

中山佳子・宇野儀子・小川高生（2000）「日本語版文法理解テスト第二版を用いた言語発達段階の評価」『日本女子大学 人間社会研究科紀要』6:183-197

西川吉之助（1925）「発音法に依つて我濱子を教育せし理由」日本聾口話普及會『口話式聾教育』第一輯：46-49

日本の聴覚障害教育構想プロジェクト委員会（2005）『日本の聴覚障害教育構想プロジェクト最終報告書』全日本ろうあ連盟／ろう教育の明日を考える連絡協議会

布尾勝一郎（2015）「EPA看護師・介護福祉士候補者への『配慮』の諸相——日本語の作り直しを視野に」義永美央子・山下仁（編）『ことばの「やさしさ」とは何か——批判的社会言語学からのアプローチ』：45-71

野呂一（2000）「我が国の口話法の歴史——口話法の『第一の波』と伊澤修二」日本聾史学会『日本聾史学会個人研究論文集』：54-57

橋村德一（1925a）「聾教育の目的」日本聾口話普及會『口話式聾教育』第一輯：14-17

橋村德一（1925b）「田代熊本聾盲唖學校長に答ふ」日本聾口話普及會『口話式聾教育』

第三輯：28-31

ハーバーマス・ユルゲン [細谷貞雄・山田正行訳]（1994）『公共性の構造転換――市民社会の一カテゴリーについての探求（第 2 版）』未来社

馬場顕（2001）「聴覚口話法」『聴覚障害』600：14-19

馬場顕（2003）「もうひとつの見方――『臨床心理学の立場から』の提案について」『聴覚障害』626：35-39

馬場顕（2009）「重度聴覚障害児と読み（3）――言語観の違が読みの指導に及ぼすもの：読みの教材について」『聴覚障害』704：31-37,48

早川就（2000）「第 3 言語としての英語教育」『聴覚障害』596：25-28

早川就（2005）「聾学校における英語教育の意義と目標設定の在り方について――日本語と英語のリテラシーの実態比較から」『聴覚障害』647：4-12

樋口とみ子（2010）「リテラシー概念の展開――機能的リテラシーと批判的リテラシー」松下佳代（編）『〈新しい能力〉は教育を変えるか――学力・リテラシー・コンピテンシー』ミネルヴァ書房：80-106

久冨善之（2012）「学校・教師と親の〈教育と責任〉をめぐる関係構成」『教育社会学研究』90：43-63

廣田栄子（2006）「コミュニケーションベースの言語指導とリテラシー――司会のことば」『音声言語医学』47：291-293

ふくむら しょうへい（2010）「識字は個人の責任か？――識字運動でかたられてきたこと、かたられてこなかったこと」『識字の社会言語学』生活書院：233-256

フーコー・ミシェル [田村俶訳]（1977）『監獄の誕生――監視と処罰』新潮社

藤本裕人（2010）「聾学校における授業の形態」国立特別支援教育総合研究所専門研究 B『聾学校における授業とその評価に関する研究――手話活用を含めた指導法の改善と言語力・学力の向上を目指して』：35-43

ブルデュー・ピエール [稲賀繁美訳]（1993）『話すということ――言語的交換のエコノミー』藤原書店

ペート・バックハウス（2009）「日本の言語景観の行政的背景――東京を事例として」庄司博史 & ペート・バックハウス & F. クルマス（編）『日本の言語景観』三元社：145-170

本多創史（2002）「境界線としての『国語』――ろう教育と植民地＝台湾の教育」『一橋論叢』127（3）：310-323

本多創史（2003）「生誕する『聾者』――新たなその身体と精神の創出過程」見田宗介、内田隆三、市野川容孝（編）『〈身体〉は何を語るのか』新世社：35-53

前田久美子・奥泉香・大木正枝・高橋高美・舛森とも子・赤池淑美（2003）「読み解き能力で看護現場を変える 1　研修に〈メディア・リテラシー〉を取り入れてみる――患者への説明は、白紙に書き込むのとは違う」『看護管理』13（7）：544-549

前田久美子・奥泉香・大木正枝・高橋高美・舛森とも子・赤池淑美（2003）「読み解き能力で看護現場を変える 2　メディア・リテラシーで、患者の不安や期待に対応する――SARS 伝播地域に渡航歴のある患者の事例を通して」『看護管理』13（8）：

646-653

前田久美子・奥泉香・大木正枝・高橋高美・舛森とも子・赤池淑美（2003）「読み解き能力で看護現場を変える 3　インターネット社会の医療情報を考える——患者はどのように医療情報を入手しているか『看護管理』13（9）：728-735

前田久美子・奥泉香・大木正枝・高橋高美・舛森とも子（2003）「読み解き能力で看護現場を変える 4　院内掲示物で医療現場に必要な発信力を考える」『看護管理』13（10）：820-827

前田久美子・奥泉香・大木正枝・高橋高美・舛森とも子・東條小夜子・橘田久子（2003）「読み解き能力で看護現場を変える 5　取り扱い説明書を読み解き、書き換えて使う」『看護管理』13（11）：908-915

ましこ　ひでのり（1993）「差別装置としてのかきことば——漢字フェティシズム批判序説」『解放社会学研究』No.7：137-176

ましこ　ひでのり（2002）「現代日本語における差別装置としてのかきことば——漢字表記を中心に」「社会言語学」刊行会（編）『社会言語学』Ⅱ：57-73

ましこ　ひでのり（2006）「言語権の社会学的意義」ましこ　ひでのり（編）『ことば／権力／差別——言語権からみた情報弱者の解放』三元社：65-72

ましこ　ひでのり（2010）『知の政治経済学——あたらしい知識社会学のための序説』三元社

ましこ　ひでのり（2012）「日本語漢字とリテラシー」「ことばと社会」編集委員会（編）『ことばと社会』14：114-140

松岡和美（2015）『日本手話で学ぶ手話言語学の基礎』くろしお出版

松塚俊三・八鍬友広（2010）「識字と読書——その課題と方法」松塚俊三・八鍬友広（編）『識字と読書——リテラシーの比較社会史』昭和堂：1-16

松藤みどり（1993）「聴覚障害生徒の英語教授法に関する–研究——読話による聴解問題の理解をめぐって」『聴覚言語障害』21（3）：105-112

松藤みどり・奈良初美（1995）「英語リスニング試験に関する一考察」『筑波技術短期大学テクノレポート』No.2：73-78

松藤みどり（1996）「英検聴覚障害者特別措置を獲得するまで」『筑波技術短期大学テクノレポート』No.3：201-206

松藤みどり（1999）「英語聴解問題における聴覚障害者に対する措置その 1　公立高等学校入学試験の場合」『筑波技術短期大学テクノレポート』No.6：125-129

松藤みどり（2001）「英語聴解問題における聴覚障害者に対する措置その 2　実用英語技能検定の場合」『筑波技術短期大学テクノレポート』No.8：87-91

松藤みどり（2005）「英検受験と特別措置」平成 17 年度筑波技術短期大学公開講座『現代聴覚障害教育研修講座』：53-58

松藤みどり（2007）「聴覚障害者の外国語学習」平成 19 年度筑波技術大学公開講座『第17 回現代聴覚障害教育研修講座』：48-51

松宮隆（1967）「過程的言語観における口話の意義」ろう教育科学会（編）『ろう教育科学』9（3）：108-114

南出好史（1982）「聾学校生徒の理解語彙の評価に関する研究」『特殊教育学研究』20
　　（3）：9-16

宮町悦信・繁益陽介・坂井肇・大杉豊（2016）「国内における手話評価法の動向」『筑波
　　技術大学テクノレポート』Vol.24（1）：1-9

ミルロイ・ジェームズ & レズリー・ミルロイ [青木克憲訳]（1988）『ことばの権力──
　　規範主義と標準語についての研究』南雲堂

メイヤー・コニー & アカマツ・C・テイン［相澤宏充訳］（2015）「バイリンガリズム
　　とリテラシー」マーシャーク・マーク & スペンサー・パトリシア・エリザベス
　　（編）［四日市章・鄭仁豪・澤隆史監訳］『オックスフォード・ハンドブック デフ・
　　スタディーズ ろう者の研究・言語・教育』明石書店：248-267

森田伸子（2005）『文字の経験──読むことと書くことの思想史』勁草書房

文部科学省（2008）『中学校学習指導要領解説外国語編』

安田敏朗（1997）『帝国日本の言語編制』世織書房

安田敏朗（2007）『国語審議会──迷走の 60 年』講談社

山下仁（2009）「日本の読み書き能力の神話──その隠蔽機能の解明と問題解決のため
　　の研究について」「社会言語学」刊行会（編）『社会言語学』Ⅸ：195-211

山田哲也・長谷川裕（2010）「教員文化とその変容」『教育社会学研究』86：39-58

山中克夫・松原達哉・藤田和弘（1990）「K‐ABC の日本の幼児への適用に関する一
　　考察」『心身障害学研究』15（2）：97-107

山根実紀（2009）「在日朝鮮人女性にとっての夜間中学──ライフストーリーからのア
　　プローチ」『龍谷大学経済学論集』49（1）：197-218

山本雅代（1991）『バイリンガル（2 言語使用者）』大修館書店

山本雅代（2014）「バイリンガリズム・バイリンガルとは」山本雅代（編）『バイリンガ
　　リズム入門』大修館書店：3-17

山本真弓・臼井裕之・木村護郎クリストフ（2004）『言語的近代を超えて──〈多言語
　　状況〉を生きるために』明石書店

義永美央子（2015）「日本語教育と『やさしさ』──日本人による日本語の学び直し」
　　義永美央子・山下仁（編）『ことばの「やさしさ」とは何か──批判的社会言語学
　　からのアプローチ』：19-44

四日市章（2009）「聴覚障害と読み書き」四日市章（編）『リテラシーと聴覚障害』コレ
　　ール社：89-102

米田信子（2012）「アフリカにおける識字を考える」「ことばと社会」編集委員会（編）
　　『ことばと社会』14：43-66

読み書き能力調査委員会（1951）『日本人の読み書き能力』東京大学出版

聾教育振興會（1933）「文部大臣訓示──全國盲啞學校長會議ニ於ケル」西川吉之助
　　（編）『聾口話教育』9 巻 3 号：2-4

ロメイン・スーザン［土田滋・高橋留美訳］（1997）『社会のなかの言語──現代社会言
　　語学入門』三省堂

脇中起余子（2009）『聴覚障害教育これまでとこれから──コミュニケーション論争・9

歳壁・障害認識を中心に』北大路書房

脇中起余子（2013）『「9歳の壁」を超えるために——生活言語から学習言語への移行を考える』北大路書房

脇中起余子（2016）「聴覚障害児に対する言語指導」ろう教育科学会（編）『ろう教育科学』57（4）：29-42

Alan S. Kaufman & Nadeen L. Kaufman［日本版 KABC-Ⅱ制作委員会訳編］（2013）『日本版 KABC-Ⅱ マニュアル』丸善出版

Bagga-Gupta, S.（2004）*Literacies and Deaf Education: A theoretical analysis of the international and Swedish literature,* The Swedish National Agency for School Improvement.

David Wechsler［日本版 WISC-Ⅳ刊行委員会訳編］（2010）『日本版 WISC-Ⅳ知能検査理論・解釈マニュアル』日本文化科学社

Fingeret, H. A.（1983）Social network: a new perspective on independence and illiterate adults. *Adult Education Quarterly,* 33（3）：133-146

Gray, W. S.（1956）*The Teaching of Reading and Writing,* UNESCO.

Heath, S. B.（1982）Protean shapes in literacy events: evershifting oral and literate traditions. In Tannen.D.（ed）. *Spoken and written language: exploring orality and literacy,* Norwood, N. J.:ABLEX Pub. Corp. 1993：91-117

Hymes, Dell H.（1972）Models of the Interaction of Language and Social Life. John J. Gumperz and Dell Hymes,（eds）. *Directions in Sociolinguistics,* New York: Holt, Rinehart and Winston.：35-71

Hymes, Dell H.（1974）*Fundations in Sociolinguistics: An Ethnographic Approach,* Philadelphia: Universitty of Pennsylvania Press.［唐須教光訳（1979）『ことばの民族誌——社会言語学の基礎』紀伊國屋書店］

Jack Goody and Ian Watt（1963）The Consequences of Literacy. *Comparative Studies in Society and History,* 5（3）：304-345

Kaufman, A. S. and Kamphaus, R. W.（1984）Factor Analysis of the Kaufman Assessment Battery for Children（K-ABC）for Ages2 1/2 Through 12 1/2 Years. *Journal of Educational Psychology,* 76（4）：623-637

Mayer, C., & Wells, G.（1996）Can the linguistic interdependence theory support a bilingual-bicultural model of literacy education for deaf students? *The Journal of Deaf Studies and Deaf Education,* 1（2）：93-107

Nakamura Karen（2006）*Deaf in Japan: Signing and the Politics of Identity,* Ithaca, New York: Cornell University Press

Paul, Peter V.（1998）*Literacy and Deafness -The development of reading, writing and literate thought-,* Allyn and Bacon.

Paul, Peter V.（1999）First-and Second-Language English Literacy.『聴覚障害』54（7）：4-9

Paulo Freire（1970）*PEDAGOGIA DO OPRIMIDO.*［小沢有作・楠原彰・柿沼秀雄・伊藤周訳（1979）『被抑圧者の教育学』亜紀書房］

Scribner, Sylvia, and Michael Cole.（1981）*The Psychology of Literacy,* Cambridge: Harvard UP

Walter J. Ong（1982）*Orality and Literacy: The Technologizing of the World,* Methuen

参考 HP

公共財団法人日本英語検定協会　http://www.eiken.or.jp/eiken/（2015.6.17 現在）

厚生労働省「身体障害者手帳」http://www.mhlw.go.jp/stf/seisakunitsuite/bunya/
hukushi_kaigo/shougaishahukushi/shougaishatechou/（2015. 6.17 現在）

国際ビジネスコミュニケーション協会 http://www.toeic.or.jp/priority_support.html
（2015.6.17 現在）

独立行政法人大学入試センター　http://www.dnc.ac.jp/data/shiken_jouhou/h27/
#jyukenannai（2015.6.17 現在）

文部科学省（2002）『学校教育法施行令第二十二条の三に規定する就学基準』
http://www.mext.go.jp/a_menu/shotou/tokubetu/003/002.htm（2013.1.6 現在）

文部科学省（2014）『学校基本調査──平成 25 年度（確定値）結果の概要「平成 25 年
度学校基本調査（確定値）について」』http://www.mext.go.jp/b_menu/toukei/
chousa01/kihon/kekka/k_detail/1342607.htm（2014.8.31 現在）

文部科学省初等中等教育局特別支援教育課（2008）『特別支援教育資料（平成 19 年度）』
http://www.mext.go.jp/a_menu/shotou/tokubetu/material/020.htm（2016.3.20 現在）

文部科学省初等中等教育局特別支援教育課（2009）『特別支援教育資料（平成 20 年度）』
http://www.mext.go.jp/a_menu/shotou/tokubetu/material/1279975.htm（2016.3.20 現
在）

文部科学省初等中等教育局特別支援教育課（2009）『特別支援教育資料（平成 21 年度）』
http://www.mext.go.jp/a_menu/shotou/tokubetu/material/1297212.htm（2016.3.20 現
在）

文部科学省初等中等教育局特別支援教育課（2009）『特別支援教育資料（平成 22 年度）』
http://www.mext.go.jp/a_menu/shotou/tokubetu/material/1309805.htm（2016.3.20 現
在）

文部科学省初等中等教育局特別支援教育課（2012）『特別支援教育資料（平成 23 年度）』
http://www.mext.go.jp/a_menu/shotou/tokubetu/material/1322973.htm（2016.3.20 現
在）

文部科学省初等中等教育局特別支援教育課（2012）『特別支援教育資料（平成 24 年度）』
http://www.mext.go.jp/a_menu/shotou/tokubetu/material/1335679.htm（2016.3.20 現
在）

文部科学省初等中等教育局特別支援教育課（2014）『特別支援教育資料（平成 25 年度）』
http://www.mext.go.jp/a_menu/shotou/tokubetu/material/1348283.htm（2016.3.20 現
在）

文部科学省初等中等教育局特別支援教育課（2015）『特別支援教育資料（平成 26 年度）』

http://www.mext.go.jp/a_menu/shotou/tokubetu/material/1358539.htm（2016.3.20
現在）
文部科学省初等中等教育局特別支援教育課（2017）『特別支援教育資料（平成 28 年度)』
http://www.mext.go.jp/a_menu/shotou/tokubetu/material/1386910.htm（2018.6.13
現在）

謝　辞

　この本は、2016 年に大阪大学大学院言語文化研究科に提出した博士論文『ろう教育を取り巻く「ことば」の諸問題に関する社会言語学的考察――手話・英語リスニング・リテラシー』をもとにしている。この紙面をかりて、本書を書きあげるうえで、これまでお世話になった人たちに感謝をのべたい。

　2017 年度にご退官された大阪大学大学院言語文化研究科名誉教授の沖田知子先生には、主査を引き受けていただき、博士論文に対する適切なコメントから字句の修正まで、細やかな指導をいただいた。大阪大学大学院言語文化研究科の山下仁先生には、博士論文執筆の全過程で助言をいただいただけでなく、私の問題意識にそう研究者の先輩たち、研究会へと橋渡しをしていただいた。同じく、大阪大学大学院言語文化研究科の義永美央子先生には、本書の第 5 章と第 6 章の原型となった 2015 年発刊の論文集『ことばの「やさしさ」とは何か――批判的社会言語学からのアプローチ』（三元社）に山下先生とともにお誘いいただき編集もしてくださった。また、博士論文の副査を快く受けていただいた。

　博士前期課程時代にお世話になった関西学院大学言語コミュニケーション文化研究科のオストハイダ・テーヤ先生と山本雅代先生には、コミッティという名の助言会を何度も開いていただき、駆け出しの研究に道筋をつけてくださった。また、その後も関西学院大学手話言語研究センターの客員研究員として招いていただき、現在もともに研究を行えていることに感謝している。

　同志社大学の中瀬浩一先生は、私が研究を始めるきっかけとなった恩人である。私が新任教員として赴任した大阪市立ろう学校（現、大阪府立中央聴覚支援学校）の先輩教員であった中瀬先生が、筆者を研究の道に導いてくれなければ、この本は世に出ていなかったはずである。

　大阪府立東住吉支援学校の梅本愛喜先生と大阪府立思斉支援学校の山内ふみ先生は、同僚時代、ろう学校の子どもたちのために一緒に情熱を注いで戦

った同志である。その頃の体験・経験と、その後に行っている「勉強会」で2人から聞く知的障害児たちの学校現場での様子や置かれている環境の問題点などは、この本に強い影響を与えている。大阪府立中央聴覚支援学校の崎山大輔先生には、ろう学校で12年間ずっとお世話になっている。新任で社会人1年目の私を気にかけてくれ、何かともれの多い私を現在にいたるまでずっと見捨てず面倒をみてくれている。中瀬先生、梅本先生、山内先生、崎山先生に加え、元同僚の阪本紘水先生（大阪市立北稜中学校）と石井愛穂先生（大阪市立東我孫子中学校）の6人と一緒にろう学校で働いた時代の思い出が今でも私のエネルギーとなっており、本当に感謝している。

　また、数が多すぎてここでは名前をあげられないが、ろう学校現場のろう者の先生方にはいつも刺激をいただき、ろう教育について、時には「ろう」とは何かについて、疑問が浮かぶたびに丁寧に教えていただいた。今思えば、研究をしながらもそれ以上に現場のろう児たち・先生たちと強く結びつき、ろう学校内部の人間として日々を重ねてきた経験が、本書にいかされていると確信している。

　かどや ひでのりさん、ましこ ひでのりさん、あべ やすしさん、には直接的に、また3人の論文・著書からは間接的に、研究を進めるうえでの理論やヒントをたくさんいただいた。そして、研究会での発表の機会や、論文を掲載していただく機会を与えてくださったことにもお礼を申し上げたい。

　私事になるが、自分が「ろう」や「ろう教育」に関心をもつようになったきっかけは、間違いなく聞こえない父と、聞こえる手話通訳者である母の存在である。幼少期から生活のなかに手話があったこと、手話使用者の両親が社会とどうかかわりながら生きているのかを見てきたこと、これが私がろう学校での勤務や研究へと関心を強めた原体験である。そして、私の意思をいつも尊重してくれたことにも感謝している。今まで言ったことがないので「ありがとう。感謝してる。」と伝えたい。また、常に褒めてくれることで私にポジティブな思考を与えてくれたおじいちゃんにも、もう叶わないがこの本をプレゼントしたかった。多分読まないけれど、一番いいところに飾ってくれたにちがいない。

　最後に、この本を書くためにかかった時間と同じ分だけ、一緒に遊ぶの

を我慢させてしまった娘の凛と、息子の正一郎、そして、本人には内容がさっぱりわからないであろう研究に時間をさく私を支え、ほどほどにはげまし、よく笑わせてくれた妻の恵にも特大の感謝を送りたい。

2018 年 7 月 11 日　家族みんなが寝ている朝 5 時に、自宅にて。

中島武史

初出一覧

第3章 聾学校におけるろう児と教師の関係性と低学力（2013）「社会言語学」刊行会（編）『社会言語学』ⅩⅢ：85-112、を一部加筆修正。

第4章 リスニング特別措置の現状についての一考察（2014）ろう教育科学会（編）『ろう教育科学』57(1)：11-26、を一部加筆修正。

第5章・第6章 ろう教育における「やさしさ」の諸相──社会言語学の視点から見えるもの（2015）義永美央子・山下仁（編）『ことばの「やさしさ」とは何か──批判的社会言語学からのアプローチ』三元社：125-164、を二分割し大幅に改定。

第9章 ろう児の日本語リテラシー実践──読み書きのエスノグラフィー（2016）「社会言語学」刊行会（編）『社会言語学』ⅩⅥ：29-36

本書のテキストデータを提供いたします

　本書をご購入いただいた方のうち、視覚障害、肢体不自由などの理由で書字へのアクセスが困難な方に本書のテキストデータを提供いたします。希望される方は、以下の方法にしたがってお申し込みください。

◎データの提供形式＝CD-R、フロッピーディスク、メールによるファイル添付（メールアドレスをお知らせください）。

◎データの提供形式・お名前・ご住所を明記した用紙、返信用封筒、下の引換券（コピー不可）および200円切手（メールによるファイル添付をご希望の場合不要）を同封のうえ弊社までお送りください。

◉本書内容の複製は点訳・音訳データなど視覚障害の方のための利用に限り認めます。内容の改変や流用、転載、その他営利を目的とした利用はお断りします。

◎あて先
〒160-0008
東京都新宿区三栄町17-2 木原ビル303
生活書院編集部　テキストデータ係

【引換券】
ろう教育と「ことば」の
社会言語学

［著者略歴］

中島武史
なかしま・たけし

1983 年大阪生まれ。CODA（Children of Deaf Adults）。関西学院大学文学部英文科（学士［文学］）、関西学院大学大学院言語コミュニケーション文化研究科（修士［言語科学］）、大阪大学大学院言語文化研究科にて学ぶ。大阪大学博士［言語文化学］。

2007 年より大阪市立ろう学校（現在の、大阪府立中央聴覚支援学校）中学部英語科の教員として勤務。現在は、関西学院大学手話言語研究センターの客員研究員を兼務。

著書に、『ことばの「やさしさ」とは何か——批判的社会言語学からのアプローチ』三元社、2015 年（分担執筆）、義永美央子・山下仁（編）、がある。

論文に、「日本手話の解放運動は何に力を注ぐべきか——手話言語法案／ことばと政治性／日本手話の獲得環境とろう教育」『社会言語学』17 号、2017 年、「ろう教育で語られるリテラシー——その背後にある言語観」大阪大学大学院言語文化研究科言語文化共同プロジェクト 2014『批判的社会言語学の軌跡』2015 年、「ろう学校の校内研修体制についての一事例——大阪市立聴覚特別支援学校の場合」『ろう教育科学』57（3）、2015 年（共著）、などがある。

教材に、『365 日のワークシート——日本語・手話・そして障害認識』全国聴覚障害教職員協議会（編）、2011 年（分担作成）、がある。

ろう教育と「ことば」の社会言語学
——手話・英語・日本語リテラシー

発　行─────2018 年 8 月 31 日　初版第 1 刷発行
著　者─────中島武史
発行者─────髙橋　淳
発行所─────株式会社　生活書院
　　　　　　　〒 160-0008
　　　　　　　東京都新宿区四谷三栄町 6-5 木原ビル 303
　　　　　　　Ｔ Ｅ Ｌ 03-3226-1203
　　　　　　　Ｆ Ａ Ｘ 03-3226-1204
　　　　　　　振替 00170-0-649766
　　　　　　　http://www.seikatsushoin.com
印刷・製本──　シナノ印刷株式会社

Printed in Japan
2018 © Nakashima Takeshi
ISBN 978-4-86500-085-6

定価はカバーに表示してあります。
乱丁・落丁本はお取り替えいたします。

生活書院 出版案内

（価格には別途消費税がかかります）

日本手話とろう教育——日本語能力主義をこえて

クァク・ジョンナン【著】　　　　　　　　　A5判並製　192頁　本体2500円

ろう文化宣言から龍の子学園、そして明晴学園へ。日本手話と日本語の読み書きによるバイリンガルろう教育の展開をその前史から現在まで詳述。言語権を議論の軸にすえ、日本手話によるろう教育を一つの選択肢としてひろげることだけでなく、多言語社会日本のありかた自体を問い直すことを目指した必読の書。

ことばのバリアフリー——情報保障とコミュニケーションの障害学

あべ　やすし【著】　　　　　　　　　　　A5判並製　208頁　本体2000円

すべての人に知る権利を保障し、だれもが意見や情報をやりとりすることができるようにすること。だれも社会から排除されないようにするということ。そのように目標を設定し、いまの現状と課題を整理すること。将来の展望をみすえること——知的障害者入所施設での生活支援、身体障害者や知的障害者の訪問介助といった経験の中で考え続けてきた「ことば」と「障害」をめぐっての問題。

識字の社会言語学

かどやひでのり・あべやすし【編著】　　　　四六判並製　376頁　本体2800円

文字をよみかきできないひとびとにとって、文字はどのようにせまってくるものなのか。文字のよみかき能力は、いまの社会でどのような意味をもっているのか。識字者・非識字者は、文字のよみかきや文字をめぐる社会現象について、どのような態度をとるべきなのだろうか。本書がとりくもうとしている課題はこうした問題群である。

手話の社会学——教育現場への手話導入における当事者性をめぐって

金澤貴之【著】　　　　　　　　　　　　　A5判並製　392頁　本体2800円

手話を自らの言語として生きる聾者は、「耳が聞こえない」存在としての聴覚障害者と同義ではない。手話を獲得し聾文化を体得して、聾者に「なる」のである。聾者が聾者であるために、聾コミュニティが聾コミュニティとして存続し続けるために、手話が獲得できる教育環境が聾者にとって不可欠なのだ。「聾者が聾者であること」の生命線とも言える、教育現場における手話の導入をめぐる意思決定のパワーポリティクスに焦点をあて、聾者にとっての手話の存否に関わる本質的問題に迫る。

生活書院　出版案内
（価格には別途消費税がかかります）

日本手話とろう文化──ろう者はストレンジャー
木村晴美【著】　　　　　　　　　　　　　　A5 判並製　296 頁　本体 1800 円

「容貌は日本人。だけど、ちょっと違う。そう、日本にいるろう者は、日本手話を話し、ろう文化を持つストレンジャー」と高らかに宣言する木村さんが、なぜ日本語と日本手話は全く違う言語なのか、なぜ日本語対応手話じゃだめなのか、なぜろうの子どもたちに日本手話での教育を保障してと訴えているのかなどなどを、ときにはユーモアを交え、ときには怒りをこめて語りかけます。これを読まずしてろう文化は語れません。

日本手話と日本語対応手話（手指日本語）──間にある「深い谷」
木村晴美【著】　　　　　　　　　　　　　　A5 判並製　164 頁　本体 1500 円

日本手話と日本語対応手話 (手指日本語)。そもそも手話とそうでないものを並べることのおかしさを明かす。理論編の第 1 部と、著者自身の写真表現を使用した豊富な例文でその違いを明らかにする実践編の第 2 部で構成された、手話話者、手話を学ぶ人、言語に関心をもつすべての人の必読書。

改訂新版　はじめての手話──初歩からやさしく学べる手話の本
木村晴美、市田泰弘【編】　　　　　　　　　A5 判並製　208 頁　本体 1500 円

語学としての日本手話学習の最良かつ無二の入門書として絶大な支持を集めてきたテキスト、刊行 20 年目にして待望の改訂新版が誕生！手話言語学研究の深化に伴って PART1 文法編を全面的に書き改めたほか、全編にわたって改稿。コラム =Culture Notes にも 20 篇の新原稿を加え、文法編を中心に動画とのリンクも提供。すべての日本手話学習者必携の語学テキストブック。

障害のある先生たち──「障害」と「教員」が交錯する場所で
羽田野真帆、照山絢子、松波めぐみ【編著】　　　　　　A5 判並製　本体 2500 円

見えにくい存在である「障害のある先生」について知るためのきっかけとなること、「障害のある先生」について知りたいと思ったときに、最初に手にとってもらえる本であること、そして、「障害のある先生」についてのイメージや語られ方を解きほぐすこと。「障害を乗り越えて教壇に立つ立派な先生」という固定的観念を相対化し、「障害のある先生」を多様性に拓く中から「教員という職業」そのものもとらえ返す！